国家社科基金（10XJL0017）最终成果
石河子大学"中西部高校综合实力提升工程"资助出版

经济管理学术文库·管理类

西部大开发战略
实施效果评价及后续政策研究
——以新疆为例

The Implementation Effects Evaluation and Follow-up
Policy Research of the Western Development Strategy:
Take Xinjiang for Example

王永静　程广斌／著

经济管理出版社
ECONOMY & MANAGEMENT PUBLISHING HOUSE

图书在版编目（CIP）数据

西部大开发战略实施效果评价及后续政策研究：以新疆为例/王永静，程广斌著.—北京：经济管理出版社，2017.1

ISBN 978 - 7 - 5096 - 4758 - 5

Ⅰ.①西…　Ⅱ.①王…②程…　Ⅲ.①区域经济发展—研究—新疆　Ⅳ.①F127.45

中国版本图书馆 CIP 数据核字（2016）第 287846 号

组稿编辑：曹　靖
责任编辑：杨国强　张瑞军
责任印制：黄章平
责任校对：张　青

出版发行：经济管理出版社
　　　　　（北京市海淀区北蜂窝 8 号中雅大厦 A 座 11 层　100038）
网　　　址：www. E - mp. com. cn
电　　　话：（010）51915602
印　　　刷：北京玺诚印务有限公司
经　　　销：新华书店
开　　　本：720mm×1000mm/16
印　　　张：12.25
字　　　数：227 千字
版　　　次：2017 年 2 月第 1 版　　2017 年 2 月第 1 次印刷
书　　　号：ISBN 978 - 7 - 5096 - 4758 - 5
定　　　价：58.00 元

前　言

　　西部大开发战略，是 21 世纪以来中国中央政府启动实施的最重要的国家层面的区域经济发展战略，旨在贯彻邓小平"两个大局"的战略思想，加快西部地区发展，解决东、西部地区差距拉大的问题，进而有效促进扩大国内需求、应对国际竞争以及西部稳定、民族团结和边疆安全。战略实施十四年来，西部地区经济、社会、基础设施建设、生态环境保护等各项事业均获得较快发展，西部大开发战略措施成效显著，但从横向比较看，西部地区较快的经济增长速度并没有真正实现东、西部差距的缩小，二者之间的绝对差距仍在不断扩大。与此同时，随着东北振兴战略、中部崛起战略等国家层面的区域性战略的推出，中央政府国家区域战略失去了地区专向性，项目分布及资金投向逐步趋于分散，客观上削弱了最早提出的西部大开发战略的政策效果，出现了政策衰减的趋势。面对西部大开发战略政策衰减的趋势以及西部地区目前仍然存在的诸多问题，我们有必要对西部大开发战略实施以来取得的成就、不足进行梳理，针对西部大开发采取的诸项政策措施进行反思。

　　新疆位于中国最西北部，其地理位置特殊，既是维护国家统一和安全的重要保障，又是我国重要的能源资源战略基地，还是我国集"少"、"边"、"穷"、"弱"于一体的特殊省区。基于此，中央政府将新疆作为西部大开发战略的重中之重。同样，西部大开发战略实施以来，新疆在国民经济与社会发展各个领域取得显著成效的同时，依然存在诸多不尽如人意的问题，如在西部地区经济发展格局变动中处于不利地位，南北疆、城乡间区域差距进一步拉大，产业结构优化升级缓慢，生态环境依然十分脆弱等。新疆作为西部地区的一个省区，西部开发十四年来与东部发达省区差距拉大的趋势更加明显，在西部地区经济发展不断变化的格局中处于非常不利的地位。在这一背景下，本书以新疆为例，着重探讨西部大开发战略实施以来，中央对新疆实施的主要政策、新疆的开发重点、政策实施成效以及依然存在的突出问题，针对西部大开发采取的诸项政策措施进行反思，为西部大开发战略的后续政策调整提供建议，有利于厘清西部大开发后续政策的调整方向与实施重点，为新一轮西部大开发战略的深入推进提供参考，对于加快西部地区发展、缩小东西部地区的差距，进而促进民族团结、巩固边防和社会稳定均具有重要的现实意义和政策参考价值。

本书的内容与主要结论如下：

（1）西部大开发战略的实施成效与存在的问题。本书在回顾战略提出背景、战略目标与战略步骤以及战略政策措施的基础上，从经济发展、社会发展、基础设施及生态环境建设四个方面，系统分析西部大开发战略启动以来西部地区取得的成效，2000～2013年，西部地区经济总量不断攀升，发展质量不断提高，产业结构不断优化，人民生活水平显著提高，公共服务逐步完善，交通、水利、能源、通信等领域基础设施明显改善，生态环境建设成效明显，各项发展速度指标均超过全国平均水平。在此基础上，全面考察了西部大开发十四年来西部地区依然存在的诸多问题，如与东部发达地区的绝对差距仍在扩大、西部地区内部差距进一步扩大、基础设施条件仍落后于东部地区、产业结构有待调整、基本公共服务水平偏低、生态环境建设任务依然繁重、自我发展能力不足等。

（2）西部大开发战略在新疆的实施效果。本书在分析新疆在西部大开发中的地位和作用以及西部大开发战略在新疆的政策实践基础上，分别用计量模型分析与统计描述分析的方法，实证分析了西部大开发战略在新疆的实施效果。计量模型分析部分，引用了新古典增长理论与新制度经济学的观点，运用改进的柯布—道格拉斯（Cobb – Douglas）生产函数模型对政策结果和政策投入之间的关系进行模拟评价，对整个变量集合的统计回归分析，结果显示，2000年以来，西部大开发政策对促进新疆经济的进一步发展起到了显著的促进作用。在西部大开发背景下，新疆经济增长未曾解释的"剩余"部分，可以用政策投入的推动来解释。统计描述分析部分，运用了大量的、翔实的数据，从综合实力提升、基础设施建设、结构转型、社会民生改善、生态环境建设五个方面，系统分析描述了西部大开发十四年来，新疆国民经济与社会发展的各方面取得的成效。总体而言，经济平稳快速发展、总量不断攀升，交通、能源、水利、通信、市政等基础设施日趋完善，经济结构转型成效显著，人民生活、公共服务等社会民生持续改善，生态环境恶化得到有效遏制。

（3）西部大开发战略实施以来新疆依然存在的突出问题。研究进一步的数据分析表明，西部大开发战略实施十四年来新疆依然存在诸多问题：①在西部地区经济发展格局变动中处于不利地位，人均GDP排名由第一位下降到第五位；②南北疆之间、城镇与乡村之间的相对差距虽然有所缩小，但绝对差距仍在进一步拉大；③第一产业产值比重过高而第三产业产值比重过低，产业结构的优化升级滞后于西部其他省区；④基础设施条件仍不能满足经济社会发展的需求，交通运输网络密度低且布局不平衡，城镇基础设施建设滞后难以满足需求，农村基础设施薄弱难以满足生产与生活需求；⑤生态环境脆弱，生态文明建设任务繁重，表现在草地面积减少且森林覆盖率低，土地沙漠化与土壤盐渍化严重，自然灾害频发损失严重，工、农业生产污染严重等方面；⑥经济增长主要靠投资拉动，方式转变乏力，人才缺乏、流失严重，区域创新能力不强，经济发展方式转变的人才、科技基础薄弱，等等。

（4）西部大开发战略在新疆实施效果的反思及后续政策调整方向。基于西部地区与新疆取得的成效与存在问题的实证分析，深刻反思西部大开发政策及其执行过程中的深层次缺陷与障碍，这是本研究的出发点与落脚点。研究认为，西部大开发政策执行过程中，存在经济发展的路径依赖、产业规模与组织无序化、大项目的滞后效应与投资溢出效应外流、资源和生态补偿机制不完善、国家西向开放战略效应滞后、西部省区抓机遇用政策的能力不足等缺陷与障碍，是政策执行效果衰减的主要原因。据此，提出未来西部大开发后续政策的调整方向：开发思路由"夯实基础"向"谋求突破"转变，开发模式由"输血式"向"造血式"转变，产业重点由"资源型"向"加工制造型"转变，开发机制由"政府为主"向"政府与市场共同推动"转变，开发目标由"量的增长"逐步向"质的提高"转变。

（5）新一轮西部大开发后续政策完善重点及建议。新一轮西部大开发必须要有重点、有步骤地推进，根据对西部大开发战略实施效果的评价，针对西部大开发战略实施过程中出现的诸多问题，必须适时调整战略重点以及政策措施。研究提出新一轮西部大开发的重点：继续加大基础设施建设，更加注重生态环境的建设和保护，突出重点区域的发展，进一步做大做强特色优势产业，加快发展社会事业而改善西部民生，加强开放型经济要求的体制机制建设，加强西部地区城市群建设，西部各省加强合作共谋外向型经济发展之路等。本书就国家在新一轮西部大开发中后续政策提出完善建议：继续加大财政投入政策重点，实施倾斜支持的金融信贷政策，调整税收优惠政策重点，承接产业转移，落实差别化产业政策，制定实施更加优惠的农产品加工业扶持政策，制定实施更加有效的生态环境保护政策，加快市场化进程扩大对外开放政策，做好顶层设计形成"丝带"共建省区协调发展机制，着力改善民生健全基本公共服务均等化政策，完善协调机制创新实施注重实效的对口支援政策等。

本书是国家社科基金项目"西部大开发战略实施效果评价及后续政策研究（10XJL0017）"的最终成果，参加本项目研究的主要人员有王永静、程广斌、程广华、常浩娟、孙志红、朱金鹤、刘林、闫周府、程楠、吴奇峰。研究生宋杰、李鹏、张盼盼、张震、申立敬、葛文芳等也在项目研究过程中，参与了资料数据的收集与整理工作，对大家在课题研究中付出的努力表示深深的感谢。

目　录

第一章 引言

第一节 研究背景

自新中国成立以来，加快西部欠发达地区发展、缩小区域差距问题从来没有像今天这样引起中国中央政府和学界的如此高度关注。回顾新中国成立以来国家层面的区域经济发展战略，从均衡发展到非均衡发展、到效率优先兼顾公平再到统筹区域发展的战略转变，体现了中央政府关于中国特色社会主义科学发展道路的深入思考及其理论与实践的嬗变。基于非均衡发展理论，发端于1978年的区域发展战略的调整以及对外开放政策的实施，使资金、人才、技术、资源快速聚集于东南沿海地区，东部地区的崛起有效地提升了我国的综合国力和国际竞争力，但同时，西部地区为此失去了平等发展的机会并付出巨大代价，比较优势逐步弱化，与东部地区的差距越来越大。以上海市作为比较对象，上海市长期以来一直是中国大陆农村与城镇居民收入最高的省级行政区域，表1-1中的数据显示，1985年、2000年，西部地区各省（区、市）的农村居民人均纯收入以及城镇居民人均可支配收入与上海市相比，无论是绝对差距还是相对差距都有较大幅度的扩大，从纵向来看，两种差距进一步拉大的趋势非常明显。

表1-1 1985年、2000年西部地区各省（区、市）居民收入与上海市的差距比较情况

地区	农村居民人均纯收入差距				城镇居民人均可支配收入差距			
	绝对差距（元）		相对差距		绝对差距（元）		相对差距	
	1985年	2000年	1985年	2000年	1985年	2000年	1985年	2000年
内蒙古	-446	-3558	0.447	0.364	-409	-6589	0.620	0.438
广　西	-503	-3732	0.376	0.333	-392	-5884	0.635	0.498
重　庆	—	-3704	—	0.338	-263	-5442	0.755	0.536
四　川	-491	-3693	0.391	0.340	-380	-5824	0.647	0.503
贵　州	-518	-4222	0.357	0.246	-393	-6596	0.634	0.437

续表

地区	农村居民人均纯收入差距				城镇居民人均可支配收入差距			
	绝对差距（元）		相对差距		绝对差距（元）		相对差距	
	1985 年	2000 年	1985 年	2000 年	1985 年	2000 年	1985 年	2000 年
云　南	-468	-4118	0.420	0.264	-323	-5393	0.700	0.540
西　藏	-453	-4266	0.438	0.238	-91	-4292	0.915	0.634
陕　西	-511	-4153	0.366	0.258	-425	-6594	0.605	0.437
甘　肃	-551	-4168	0.317	0.255	-434	-6802	0.596	0.420
青　海	-463	-4106	0.426	0.266	-326	-6548	0.697	0.441
宁　夏	-485	-3872	0.399	0.308	-340	-6806	0.684	0.419
新　疆	-412	-3978	0.489	0.289	-340	-6073	0.684	0.482

注：上海市 1985 年和 2000 年的农村居民人均纯收入分别为 806 元和 5596 元，城镇居民人均可支配收入分别为 1075 元和 11718 元。表中"绝对差距"为西部省区相关收入指标与上海市的差额，"相对差距"为西部省区相关收入指标与上海市的比值。

数据来源：根据 2001 年《中国统计年鉴》、《1978～2008 年〈改革开放 30 年的内蒙古〉》有关数据整理计算所得。

　　东、西部地区经济差距的日益扩大，会给民族团结、社会稳定和国家安全带来诸多不利影响，联合国《1994 年人文发展报告》曾指出，地区差距过大是导致国家分裂的重要原因。中央政府也时刻关注这种差距，一系列扶贫开发政策、对口支援政策等，都旨在加快欠发达地区发展、缩小东西部差距。然而，这些区域性扶贫开发政策的绩效相对于东西部差距逐步拉大的趋势显得效果甚微，这种针对落后地区的扶贫开发机制遇到的困境也是显著的，如西部地区仍存在大量贫困人口、区域性返贫现象明显、区域差距仍在扩大等。在这一背景下，2000 年 3 月，中央政府正式启动实施西部大开发战略。虽然西部大开发在特定的历史时期，有着多重意义，如贯彻邓小平"两个大局"的战略思想、扩大国内需求、应对国际激烈竞争以及促进西部稳定、民族团结和边疆安全等，但是加快西部地区发展，解决东、西部地区差距拉大的问题，应该是战略的根本使命。

　　按照西部大开发总体规划所制定的阶段性目标，2001～2010 年是奠定基础阶段，这一阶段的目标是：促进西部地区经济又好又快发展，人民生活水平持续稳定提高，基础设施和生态环境建设实现新突破，重点地区和重点产业的发展达到新水平，基本公共服务均等化取得新成效，构建社会主义和谐社会迈出扎实步伐。而 2010～2030 年的加速发展阶段，则要在第一阶段的基础上进入西部开发的冲刺阶段，要巩固基础、培育特色产业，实施经济产业化、市场化、生态化和专业区域布局的全面升级，实现经济增长的跃进。应该说，战略实施以来的十四年间（2000~2013年），西部地区经济、社会、基础设施建设、生态环境保护等各项事业均获得较快发展，西部大开发战略措施成效显著。据统计，十四年间西部地区GDP、人均GDP年均增长率分别比全国同期平均水平高出2.13个百分点和2.53个百分点。从纵向比较看，西部大开发战略的实施确实从总体上提升了西部各省区的经济实力，但是从横向比较看，西部地区较快的经济增长速度并没有真正实现东、西部差距的缩小，二者之间的绝对差距仍在不断扩大，如东、西部人均地区生产总值相对差距（东西部比值）从2003年的2.50下降到2013年的1.81，但二者的绝对差额从2000年的6944元扩大为2013年的27759元。

与此同时，在西部大开发战略实施不久，国家陆续推出东北振兴战略、中部崛起战略两个同样重要的国家层面的区域性战略，从而导致中央政府同一时期采取的国家区域战略失去了地区专向性，项目分布及资金投向逐步趋于分散，客观上削弱了最早提出的西部大开发战略的政策效果，出现了政策衰减的趋势。虽然《西部大开发"十二五"规划》中强调，把深入实施西部大开发战略放在区域发展总体战略优先位置，将继续从财政、税收、投资等十个方面给予西部地区特殊优惠政策支持。但是，面对西部大开发战略政策衰减的趋势以及西部地区目前仍然存在的诸多问题，我们有必要对西部大开发战略实施以来取得的成就、不足进行梳理，针对西部大开发采取的诸项政策措施进行反思。

新疆位于中国最西北部，其地理位置特殊，是维护国家统一和安全的重要保障，新疆又是我国重要的能源资源战略基地，是我国集"少"、"边"、"穷"、"弱"于一体的特殊省区。基于此，中央政府将新疆作为西部大开发战略的重中之重。同样，西部大开发战略实施以来，新疆在国民经济与社会发展各个领域取得显著成效的同时，依然存在诸多不尽如人意的问题，如在西部地区经济发展格局变动中处于不利地位、南北疆、城乡间区域差距进一步拉大、产业结构优化升级缓慢、生态环境依然十分脆弱等。新疆作为西部地区的一个省区，西部开发十四年来与东部发达省区差距拉大的趋势更加明显，在西部地区经济发展不断变化的格局之中处于非常不利的地位，2000~2013年，新疆人均GDP增长率为西部地区十二省最低，排名由2000年的第一位下降到2013年的第五位，下降位次最多。在这一背景下，本研究以新疆为例，着重探讨西部大开发战略实施以来，中央对新疆实施的主要政策、新疆的开发重点、政策实施成效以及依然存在的突出问题，针对西部大开发采取的诸项政策措施进行反思，以期为未来西部大开发战略的后续政策调整提供建议。

第二节 研究意义

一、为新一轮西部大开发战略的深入推进提供参考

西部大开发作为党和国家实施的一项关系中华民族伟大复兴的世纪战略，经过 2000 年以来十几年的实践与努力，取得了举世瞩目的伟大成就。与此同时，西部地区也存在一些亟待解决的问题。因此，有必要对西部大开发战略实施以来取得的成效进行评价分析，找出目前西部地区经济发展中依然存在的主要问题，从实际需要出发提出建设性对策建议，以利于西部大开发战略进一步向纵深层次推进。

二、是厘清后续政策实施重点的关键

在西部大开发战略已经实施了十四年的今天，当我们再看看当初的期望，看看东、西部实际上更加拉大的差距，看看西部大开发确定的近期任务和已经出台的政策措施，可以得到的一个明确的信息是，西部大开发的现行政策措施难以有效缩小东、西部差距，并迫使我们更冷静地思考西部的发展问题。政策衰减或是国家停止优惠政策倾斜，缩小东、中、西部地区经济社会发展差距就是不可能的了。西部大开发是一项长期艰巨和复杂的历史任务，短期的需求政策如政策倾斜和优惠只能解决短期的需求问题，进一步实施西部大开发需要用长期供给的政策来加以解决，那么什么样的政策才更有效，这是值得我们深入探讨的一个问题。

三、有利于民族团结、巩固边防和社会稳定

西部是中国多民族集聚地区，少数民族众多、风俗习惯各异，社会结构相对复杂，且地处祖国边陲地带，与周边十几个国家接壤。由于地理位置偏远、生态环境脆弱、自然条件恶劣，地区经济发展滞后，生产、生活条件艰苦，与经济发达地区不断扩大的收入差距容易使其成为境内外三股势力，暴力恐怖势力、民族分裂势力、宗教极端势力扩张和渗透的重灾区，其中新疆和西藏地区表现最为突出，新疆"7·5"事件就是一个明证。因此，加快西部地区的发展，对于保持西部地区政治和社会稳定，促进民族团结和保障国家安全具有重大的战略意义。对新疆西部大开发战略的关注不仅是切实贯彻稳疆兴疆、富民固边战略的重要举措，更有助于削弱和化解境内外三股势力对新疆的渗透和破坏活动，切实维护国家的长治久安和边疆的繁荣稳定。

第三节　西部大开发战略研究文献回顾

自 2000 年国家正式启动西部大开发战略以来，这一国家层面的区域经济发展战略及其政策执行成为国内学者研究的重要领域，相关文献非常丰富。从纵向时间轴看，从西部大开发战略的正式启动到实施运行，到 2009 年第一阶段结束，新一轮西部大开发战略启动实施至今，学者们关于西部大开发的研究主题呈现出较为显著的阶段性，大体分为三个阶段：第一阶段为西部大开发初期阶段（2000～2004 年），该阶段学者们的研究主题主要集中于两个方面，即有关西部大开发的背景、必要性、重要意义（作用）的分析和有关西部大开发的路径、方略、政策建议的分析，这是在战略实施之初，学者们在学术上予以理论支持并为之出谋划策；第二阶段为西部大开发战略实施中期阶段（2005～2009 年），研究主题主要集中于三个方面，即前期研究问题的深化与拓展、战略实施成效（绩效）的阶段性评价以及西部大开发相关政策效果的考量及调整思路；第三阶段为新一轮西部大开发启动实施阶段（2010 年至今），研究主题主要集中于三个方面，即西部大开发奠定基础阶段（2000～2009 年）的整体绩效评价、单项政策绩效评价以及经验总结、实践反思与政策调整建议。

一、西部大开发初期阶段（2000～2004 年）的相关研究

（一）西部大开发的背景、必要性、意义

西部大开发战略启动之初，众多学者对中国政府启动实施西部大开发的重大背景必要性与战略意义进行了分析，周民良等（2000）认为，沿海与西部地区的经济差距进一步扩大、沿海地区要素成本迅速上升、西部地区购买力有限进而造成内需不旺，是中国政府启动西部大开发的基本背景，从效率与公平的两个方面看，实行西部大开发是国家经济发展过程中必不可免的战略选择；黄健英（2000）、王燃（2001）从国际、国内两个方面，分析西部大开发的实施背景，认为世界经济一体化步伐加快，知识经济和"新经济"出现，世界范围的民族矛盾、民族冲突加剧，以及建立社会主义市场经济体制目标的确立、通货紧缩与结构调整、东西部发展差距的存在等国内外背景，促使中国中央政府启动西部大开发战略，以应对国内外形势的变化；余小江（2002）从中国共产党关于民族地区经济发展战略演进的角度出发，认为党的三代领导集体在坚持马克思主义民族理论的指导下，围绕着消除各民族的不平等，实现共同繁荣富裕这条主线，经历了由"双输"之嫌的均衡战略到"输赢并举"的"渐进"战略，再到"双赢"

的"协调"战略三个阶段，而西部大开发战略思想及其实施，是党的三代领导集体关于民族地区经济发展思想的体现与实践。

郭树森（2000）通过赴新疆、四川、重庆等地深入调研，提出西部大开发四个方面的必要性：第一，基于全国不同区域的经济发展现状，西部地区明显落后于东部地区，有必要大力开发西部；第二，基于区域经济协调发展的理论，为保证全国经济总量的平衡，有必要大力开发西部；第三，基于社会主义国家的本质要求，为实现共同富裕的最终目标，有必要大力开发西部；第四，基于党的少数民族地区发展政策，为加强民族团结，有必要大力开发西部。万伟力（2000）分析了西部大开发决策的依据及其重大战略意义，认为邓小平"两个大局"的思想、我国经济社会协调发展的内在矛盾分别是西部大开发决策的理论与现实根据，其重大意义在于通过地区间的协调发展最终实现共同富裕和促进各民族的团结。田运康（2002）从地缘经济、地缘政治的角度分析了西部大开发的国际意义，认为加快中国西部地区的经济发展可以为我国周边国家提供难得的发展机遇，同样有利于实现中国西部的边疆稳定与国家安全。

（二）西部大开发战略实施的路径、方略与政策安排

关于政府、市场、企业在西部大开发中的角色定位，姚慧琴（2000，2004）认为，西部大开发战略是21世纪中央政府启动的一项复杂的系统工程，必须依靠政府的主导作用和强有力的推动功能，强化政府的经济职能，具体包括制度政策创新职能、规划协调和调控职能等。针对西部地区存在的投资软环境不好、各省（区、市）产业结构趋同、产业政策效率低下、交易成本偏高、企业没有竞争力等问题，中央政府和西部地区地方政府可以通过确定产业结构、强化交通基础设施、完善城市功能和政府职能等途径为西部地区企业创造更好的发展环境；康银劳和李海波（2001）则认为，在西部大开发过程中，政府的作用应该是引导、宏观调控以及做好规划和布局，更重要的是发挥市场的作用，让企业成为西部大开发的主体；熊俊（2002）认为，在西部大开发过程中，应当舍弃各种如"市场主体论"和"政府主导论"的极端论断，尽可能最大地发挥市场和政府的比较优势，并指出：中央政府的职能应该是通过资本与制度的供给来实现产权界定、市场体系完善以及税收优惠支持等，而西部地方政府应该着力加快市场化进程和改善投资环境。

加快产业结构调整与城市化步伐是西部大开发的重要任务，产业结构调整方面，罗松山（2000）、方小教（2000）认为，在西部大开发过程中，产业结构的调整应从经济全球化的角度对传统产业结构进行重大调整，积极参与国际分工，建立与国际经济相协调的产业结构体系。吴凤梅和王丽福（2003）认为，从西部地区经济发展阶段而言，西部处于工业化与城市化的初级阶段，要加快工业化进

程，必须改变落后的产业结构，从本地出发确定产业发展方向，尤其是要加快第三产业的发展。傅泽平（2004）指出，发挥比较优势是西部地区调整产业结构的方向，另外，各省（区、市）应选择好本地区的主导产业予以扶持。城市化方面，官卫华和姚士谋（2002）研究指出，西部大开发的过程，就是西部地区城市化的过程，认为如何推进城镇化进程应该重点体现在西部大开发战略的政策措施中；矫海霞（2002）认为，西部大开发战略的实施要以城市为中心，而城市化、工业化是西部大开发战略目标实现的两个路径；韩剑萍和李秀萍（2004）认为，城市化滞后是西部地区经济发展的瓶颈，西部大开发中应重点发展西部地区的大中城市。

"三农"问题和开发的金融支持问题也是这一时期学者们关注的主题内容，严瑞珍（2000）对西部大开发中的"三农"问题进行了较深入的分析，认为西部大开发必须将农业发展放在首要位置，着力培育西部农村市场经济的环境条件。谢群（2003）认为，西部地区的农业基础薄弱且农业发展条件恶劣，必须以高新技术为西部农业的发展提供支撑条件，推进西部农业高新技术产业化进程。苗长川和张永良（2004）认为，西部大开发对于西部地区的农业而言，既带来了难得的历史机遇，又带来了巨大的挑战，而解决好西部地区农业发展问题，关键是解决好农业产业结构调整问题，调整的方向应该是突出林、牧业生产，大力发展特色种植业。金融支持方面，陈文俊和牛永涛（2000）对金融支持西部开发的重要性进行了分析，指出西部地区金融运行的外部经济环境状况以及西部地区金融支持体系不完善，是制约金融支持更好地发挥作用的两个重要因素，并提出了若干强化金融支持效果的政策建议。杨充和李汉文（2004）研究认为，西部地区的各省（区、市）之间、城乡之间、各省内部地区之间在经济、社会等方面存在较大差异，为更好地发挥资金的作用，应在农村、中小城市和特大型城市三个层面建立梯度性金融格局。

二、西部大开发战略实施中期阶段（2005～2009 年）的相关研究

进入战略实施的中期阶段（2005～2009 年），关于西部大开发战略的文献数量有所减少，研究主题一方面为上一阶段相关问题的进一步深化及新问题（如污染转移问题）的探讨，另一方面，主要集中于西部大开发战略实施成效（绩效）的阶段性评价与分析以及对包括财政、金融、税收、产业等在内的西部大开发政策效果的考量及调整思路。

（一）相关问题的进一步深化

易宏军（2006）从西部大开发的理论依据与实施的战略意义两个方面对中央政府启动实施西部大开发战略的相关问题进行再认识，认为中国实施西部大开发

战略有四个方面的必要性，即东西部地区差距的扩大，制约着我国扩大内需、促进经济增长的政策的实施，会给落后的和发展缓慢的西部地区造成损害，西部地区有限的生产要素向东部地区的逆向性流动，加剧了西部经济发展的艰巨性，而西部地区的落后，不仅会影响我国分三步走发展战略的实施和现代化目标的实现，同样不利于民族团结、社会稳定和边防巩固，认为人民生活水平提高、地区经济持续增长都为进一步实施西部大开发创造了有利条件。部分学者进一步探讨了西部大开发进程中政府与市场的职能问题，张守成（2005）认为，政府的重要职能之一，就是要为市场机制发挥作用提供必要的前提条件，在西部大开发过程中，西部地方政府应该是主导力量，承担着经济结构调整中枢的职能，也是西部潜在优势挖掘的关键，同时，西部地方政府应突出三个方面的职能，即制定战略规划、加快基础设施建设、促进结构优化等宏观调控功能，加快科教文卫事业的发展、加强生态环境保护等社会管理职能，以及优化配置社会资源的公共服务职能。曾长秋和朱林生（2005）分析了西部大开发中市场的作用与缺陷，认为大量市场主体的存在，为开发提供了坚实的微观基础，通过加快西部各生产要素的开发以及产业结构的调整，能够实现资源优化配置的目的。与此同时，鉴于我国西部经济发展滞后的现状，市场在资源开采加工体制、国有企业体制、农产品流通体制、财税金融体制等领域仍然存在缺陷。

随着西部开发的推进，一些新的问题引起了学者们的注意，最为显著的就是"污染西迁"，杨丽媪（2007）指出，西部一些地方政府为获取短期的经济利益，不惜以牺牲环境为代价，盲目上马污染项目，给西部环境造成了严重污染。为此，西部地区应该加强环境教育、强化环境意识，在环境评估程序中引入社会公众的参与，尤为重要的是，要建立和完善生态补偿机制，改革政府官员的政绩考核办法。倪志凌和谢金静（2008）从生态环境的视角对西部大开发过程中产业转移进行了反思，认为产业转移对西部大开发是一把"双刃剑"，对西部脆弱的生态环境造成威胁和破坏，为此，应深刻认识环境保护对西部大开发的重要意义，要改革政绩考核办法，提高产业西迁的环境壁垒。

（二）战略实施成效（绩效）的阶段性评价

白永秀（2005）运用统计描述的方法分析了1999~2003年西部大开发在经济增长、基础设施建设、工业化进程、人民生活水平、生态环境保护等方面取得的显著成效，并且基于西部开发实践总结了若干经验，包括培育市场主体并正确处理市场和政府的关系、加快经济体制改革从而完善西部市场经济体制、加快工业化进程、重视教育并加大人力资源开发力度、加强环境保护以实现可持续发展、重视解决"三农"问题六个方面。岳利萍和白永秀（2008）从人均GDP增速、GDP总量、企业经营绩效、财政能力、对外贸易以及人民生活水平六个方面对比分析了1999年西部大开发战略以来东、西部地区的差异，指出西部地区虽然在相关指标上均有所提高，但东、西部的绝对差距和相对差距仍在进一步扩大，通过构建西部大开发绩效评价指标体系，分析指出市场政策、市场容量和市场体制三方面存在的差异是造成东、西部地区差距进一步扩大的主要原因，提出应以市场为切入点，发挥市场机制在资源配置中的基础作用。魏后凯和蔡翼飞（2009）运用统计描述的方法，分析了2000~2008年西部大开发战略实施取得的成效，包括固定资产投资增速加快、地区经济呈高速增长态势、地区工业化快速推进、居民生活水平明显改善、东西部相对差距趋于缩小、对外开放水平显著提高、投入产出效益稳步提升七个方面，但同时也存在基础设施薄弱软环境有待改善、发展层次低产业配套不完善、城镇化滞后城乡二元结构明显、地方财力薄弱公共服务力低、资源消耗高"三废"排放量大等问题，在此基础上，提出了相关政策建议。

（三）西部大开发相关政策效果的考量及调整思路

金融支持政策方面，何德旭和姚战琪（2005）比较分析了西部地区政策性金融可供选择的四种发展模式，即组建一个全新的独立的西部开发银行、重组现有的国家开发银行在西部各省的分支机构、建立股份制的西部政策性金融机构、国家开发银行筹措部分资金设立专门账户，认为第一种模式是对西部政策性金融最彻底的改革，第二种模式是对局部金融机构的调整、重组，第三种模式引进非政府群体对政策性银行的有效股权约束，第四种模式缺乏对专门账户的独立监管机构，而无论选择哪种模式，对西部政策性金融的发展都具有积极的作用，最后从政策性银行资金的使用方向和重点、资金来源、资金使用方式、监管方式以及相关的法律地位和体制保障等方面设计了西部政策性金融的具体改革方案。杨立生（2005）研究认为，直接融资是西部开发的融资主渠道，直接融资渠道不仅可以融得资本性资金，还可以筹集债务性资金，这种方式具有融资范围较大、中间环节少、交易费用低的优势，并提出西部地区应该采取股票债券和政策多管齐下的方式拓宽西部地区融资渠道与规模。刘芬华（2006）研究认为，西部地区维持经济持续发展的增长点在于民营经济，而制约民营经济发展的主要因素在于资金供给不足，因此，西部大开发依然需要金融支持，而随着中部崛起战略、东北振兴战略的推出，中央财政对于西部地区的支持将趋于弱化，商业金融将成为西部后开发期金融支持的主体。白津生（2009）的研究指出，西部地区内部资金积累能力与对外来资金的吸引力弱的特点以及商业性金融逐利性的制约，决定了西部开发进程中政策性金融支持的作用不可或缺，政策性金融是支持欠发达地区的融资先导力量，因此，中央及西部地方政府应该继续巩固和增强政策性金融在金融体系中的地位和职能，建立政策性金融资金来源的多元化长效机制。

税收优惠政策方面，刘军和邱长溶（2006）、赵恒（2006）通过对税收优惠政策与西部地区经济增长、企业行为以及地方财政收入之间关系的实证分析，发现西部开发实施的税收优惠政策对西部地区经济增长具有明显的促进作用，与企业资产利润率之间存在显著的正相关关系，但是 2002～2004 年，税收政策对经济增长的促进效果有下降趋势，其原因在于税收优惠政策涉及的多为垄断企业、能源开发与高污染企业或中央大型能源开采垄断企业，而市场化企业、实现地方可持续发展的企业得不到有效支持。史桂芬（2006）研究指出，西部大开发战略针对西部十三个省（区、市、兵团）及国内其他三个少数民族自治区实施的税收优惠政策，在实施五年后应做出动态调整，而税收调整应依据区域性、科学性、差别性、阶段性四个方面的原则，并从税收优惠区域的设定、税收优惠产业的设定、税收优惠方式的设定、优惠税种结构的设定和相关配套政策的设定五个方面提出相应的政策建议。陈黛斐和韩霖（2006）以贵州省为例分析指出，西部开发五年来，税收优惠政策的实施对西部经济发展起到了积极的作用，并通过贵州省若干企业的典型调查，分析指出西部地区未来发展税收方面面临的问题可分为三类，即可以纳入整体税制改革框架解决的问题、西部地区独有的税收优惠问题以及东中西部地区税收利益平衡问题，据此提出相应的政策建议。张波和李敬（2009）基于重庆市近 5000 家企业的调研资源，对西部地区税收优惠政策的执行效果进行了分析，指出西部开发税收优惠政策对重庆市经济发展具有积极效应，体现在促进经济增长、有利于企业发展和优势产业形成和推动开放经济发展三个方面，存在的问题在于税收优惠面较窄、一些高污染资源型产业不合理地享受税收优惠政策、未体现差别化原则等方面，据此提出相应的对策建议。

　　除了金融支持与税收优惠两个方面的政策以外，何家理（2005）对西部大开发战略与退耕还林政策的走势进行了预测分析，指出西部开发的投资将由积极财政政策走向稳妥财政政策、投资重点将由经济领域转向社会事业领域、土地使用由宽松型走向从严型、退耕还林同粮食生产安全相兼顾、开发机制由投资拉动型向政策调节型转变。纳麒和董棣（2005）分析了西部大开发战略的实施效果，从提高总体开发效果的角度，分析了西部开发需要重点处理的关系和问题，即西部大开发在 WTO 框架中的政策定位、中央与地方之间的关系协调、中央支持政策的执行效率、重点项目的优化与配置等，据此提出需要进一步完善和新增的若干个政策建议。江世银（2006）对西部大开发中的产业政策进行了分析，认为西部大开发实质是一次产业革命的过程，伴随着西部地区生产方式与产业结构的转变，产业政策需进行相应的调整，虽然西部大开发中的有关产业政策促进了西部发展，但已经实施的西部大开发并没有完整的产业政策体系，从长远看西部开发缺乏持续稳定快速发展的产业支撑。段晓红（2008）分析指出，投资是技术进步的源泉、经济增长的决定性因素，而西部开发的实践表明政策效应并不显著，其重要原因在于财政投资和税收优惠未能催生市场化的投资格局。西部民族地区多处于偏远地带，属于西部开发政策覆盖范围内的劣势区域，更加需要因地制宜地创新财税政策，通过市场与非市场两个方面引导民间资本和外资投向民族地区，避免差距进一步拉大。

三、新一轮西部大开发启动实施阶段（2010 年至今）的相关研究

（一）西部大开发第一阶段的整体绩效评价

陈栋生（2010）全面分析了西部大开发十年来西部地区取得的成就，基础设施建设、生态治理和环境保护取得实质性进展，经济实力大幅提升，科技文化教育事业蓬勃发展，城乡居民的收入水平、生活水平和享受公共服务明显提高，并对过去十年的开发经验做了总结，即重点培育特色优势产业，科技和创新驱动，坚持公有制和非公有制经济的"双轮驱动"，重点突破、优先发展重要资源富集区等。淦未宇、徐细雄和易娟（2011）对西部开发十年来取得的成效进行了统计分析，认为在中央政府财政倾斜和相关政策优惠的驱动下，西部地区经济增长、工业化进程、居民生活水平、生态环境建设等方面的指标几乎都翻了两番，但从横向比较来看，东西部差距不仅没有得到缩减，反而有所扩大，进而提出发挥区域联动效应、东西部间的产业联结、点面结合重点突出等改进对策。李国平、彭思奇和曾先峰等（2011）基于经济增长质量视角，从宏观经济生产率、产业结构优化、企业经济效益三个层面分析评价了西部大开发战略的经济效应，结果表明，西部大开发战略在一定程度上促进了西部经济增长质量的提高，但同时也存在物质资本边际生产率低、地区分工处于不利地位、非公有制及中小企业效益较差等问题。田双全和黄应绘（2010）从城乡居民收入差距视角分析了西部大开发的整体绩效以及西部各省（区、市）的绩效差别，西部大开发对西部地区城乡居民收入绝对差距产生了逆向调节作用，扩大的趋势进一步加强，而城乡居民收入的相对差距得到有效遏制，且有缩减的趋势，长期来看，西部大开发将会对缩小城乡收入差距产生积极的效果，而短期内并没有产生积极的效果。陆张维、徐丽华和吴次芳等（2013）从经济产出、经济投入、人民生活水平和生态环境四个方面构建指标体系，运用重心法分析了西部大开发以来我国区域经济发展格局的时空分异情况，研究发现，在中央政府财政倾斜和有关优惠政策的驱使下，西部地区的社会经济发展取得显著成效，但东西部地区的人民生活水平差距进一步拉大，与此同时，西部地区工业化加快的同时，污染也进一步加剧。周端明、朱芸羲和王春婷（2014）研究表明，西部大开发促进了西部地区经济增长，缩小了东西区域间经济差距，人均 GDP 表征的中国区域间经济差距由趋异转向趋同态势，

存在的问题：西部地区内部差距呈扩大趋势，西部交通运输、对外开放程度、投资效率、就业系数以及金融发展水平等方面并未得到明显改善，经济的高速增长主要靠投资拉动，且投资主体主要是各级政府。

（二）单项政策绩效评价

西部开发税收政策的绩效是这一时期讨论的重要内容，魏后凯和袁晓勐（2010）研究指出，西部大开发中的税收优惠政策对促进西部经济发展起到了重要作用，但由于税收优惠政策本身存在结构性问题，西部企业税负重的局面并未得到根本性改变，政策促进效果不甚明显，建议进一步延长税收优惠时限，并对政策进行结构性调整，采取直接与间接优惠相结合的方式，并针对关键区域采取特别税收优惠制度。闫龙飞和张天舒（2010）以经济数据为基础实证评估了西部开发税收优惠政策的实施效果，结果表明，以企业所得税优惠为主的税收优惠政策对西部经济增长起到了积极的推动作用，随着税负率的上升，投资对税负率的弹性增大。对于西部企业来说，税收优惠政策虽然有利于西部企业的发展壮大，但也存在诸多问题，如政策实施期限短进而对企业影响小，优惠范围窄进而享受优惠的企业偏少，优惠力度小进而影响税收优惠政策的效应。许文（2010）分析指出，西部开发税收优惠政策实施后，结合基础设施财政投资力度、增加转移支付、金融和投资等开发政策的作用，西部经济总量增长迅速，工业生产发展迅猛，地方财政收入持续增加，但并未遏制住东西部差距的进一步扩大，其原因在于税收优惠政策并非影响西部经济发展的最关键因素、税收优惠政策未形成西部税负水平上的优势等方面。蓝常高（2011）对西部开发税收优惠政策特征及其效果进行了评估，认为政策优惠的区域范围空前、优惠的企业类型有所扩展，税收优惠存在产业限制、产业优惠和区域优惠相结合，西部地区的优惠力度远小于东部地区（优惠年限短、优惠税种少、税率优惠小），税收优惠政策执行不力。肖育才（2012）研究指出，西部开发税收优惠政策的积极作用明显，减轻了西部企业的税收负担，促进了产业结构优化以及招商引资，但是也存在政策方式单一、政策力度不够、执行期限太短、覆盖面窄等问题。

除了税收优惠政策方面的研究以外，宋媛和马骁（2010）分析了我国财政转移支付制度对于西部大开发所起的作用，认为转移支付制度不完善束缚了西部地区发展，表现在税收返还及补助数额大但用于缩小地区差距数额小、财政转移支付标准不科学降低了转移支付效率、专项转移支付不规范不到位、省际之间的横向转移支付兑现较难等方面。孙天琦（2011）分析了西部大开发中货币政策和财政政策的配合问题，指出要通过货币政策和财政政策相互配合来调结构、促销费、扶三农、支持中小企业健康发展、促进区域协调发展，进而确保西部地区经济的平稳较快发展。苏明（2012）对于西部开发中的财政政策定位问题进行了探讨，认为财政政策的基本功能定位在于：第一，资源配置功能，增加对西部基础设施建设和生态环境保护等公共物品的供给；第二，协调功能，确保西部人民享受到基本的公共服务；第三，导向作用，引导资源向西部地区流动；第四，综合协调与配套功能，促进经济结构的调整和优化。而西部开发以来虽然针对西部的财政政策取得一定成效，但也存在诸多问题，如以平衡地区间财力水平为目标的规范化转移支付制度尚未完全建立，现行分税制财政体制保留了财政包干体制下的地方既得利益，西部地区生态环境投入亟待加强等。

（三）经验总结、实践反思与政策调整建议

白永秀和赵伟伟（2010）对于新一轮西部大开发的背景、特点进行了分析归纳，认为新一轮西部大开发实施的背景在于世界经济进入"后危机时代"而中国社会进入"后改革时代"，同时西部地区经济进入"快速发展时代"，开发的目标更明确、实施思路更清晰、更注重发展质量。深入推进新一轮西部大开发，需从五个方面实现转型，即由投资拉动转向产业拉动的发展模式转型、由资源性产业转向竞争性民生行业的产业领域转型、由国企转向民企的开发主体转型、由城市转向农村的主要开发对象转型、由全面开发转向重点开发的开发区域转型。李含琳（2010）从开发的思路、战略、模式、对策和政策五个方面对十年西部大开发进行了总结，并从经济结构调整、基础设施建设、生态环境建设、深化改革开放、发展科技教育等方面对西部开发的实践进行了反思，认为新一轮西部大开发需加强相对比较优势、发展目标的保障能力、开发的持续性以及国家级战略的协同问题的深入研究。韩保江（2010）评估了十年西部开发的成就，分析了新一轮西部大开发所处的历史方位和约束条件，认为支撑新一轮西部开发的政策选择的物质基础更加雄厚、经济结构的变革和发展方式的转变为西部承接产业转移和构建现代产业体系创造了有利条件，而约束条件在于西部基础设施落后、生态环境脆弱、经济结构不合理、自我发展能力不足、基本公共服务能力薄弱、贫困面广量大、维稳任务繁重等方面，进而从加强基础设施建设、发展循环低碳经济、加大环境保护与建设投入、加快调结构转方式步伐、加强民生建设以及创新财税政策、投融资政策、产业政策、生态补偿政策等方面提出新一轮西部大开发政策选择思路与创新。赵曦、严红和成卓（2012）研究认为，广泛存在的制度与机制缺陷是新一轮西部开发面临的重大挑战。深入推进新一轮开发，必须创新制度安排和发展机制，重点在于法律、管理、政策体系、资源体制、监督评估等方面创新设计。程瑜和李瑞娥（2013）研究指出，中国的西部开发不仅要实现区域经济发展方式的转变，还需通过奠定制度基础构建西部地区稳定增长的有效模式和运行机制。西部大开发存在若干背反现象，即自然资源丰富与"资源诅咒"并存、资本支持增加与资本流失共生、产业规模扩张与产业质量下降同在、增长极和弱极、无极增长的背反、政策供给增加与政策效用降低并行，对其原因进行了剖析，进而提出解决方案。

四、研究文献评述

上述文献回顾表明，自2000年中央政府正式启动实施西部大开发战略以来，国内学者围绕西部大开发战略实施过程中的系列重大问题展开了全方位的研究，取得了丰富的研究成果，为我们把握西部大开发进程、了解各项政策执行情况、取得的阶段性成果、存在的不足之处与制约因素等提供了全面翔实的文献素材，其中的一些研究视角、分析方法、学术观点，为我们进一步梳理西部大开发战略实施至今取得的成效、深刻反思西部开发政策的实践效果、深入研究新一轮西部开发政策的调整方向奠定了理论与方法基础。然而，从研究的整体情况来看，存在四个方面的不足：

（1）从国内舆论以及理论界的研究热度来看，近年来随着中部崛起战略、东北振兴战略等同样重要的国家层面的区域经济发展战略陆续启动，西部大开发受到的关注度（尤其是理论界研究的热度）已经远不如开发之初，理论研究热度与政策执行效果均出现衰减趋势（见图1-1）。

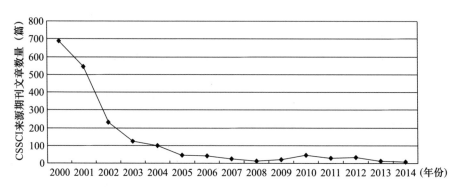

图1-1 2000~2014年题名含"西部大开发"的CSSCI来源期刊文章数量变动情况

（2）现有文献针对西部大开发实施效果进行系统评价和研究的较少，多数文章受到篇幅限制对于西部开发以来取得的成效与存在的问题的表述过于笼统与宏观，数据的统计分析与描述不够具体深入。

（3）现有文献对于西部大开发实施效果的评价分析，多集中于西部十二省整体绩效的分析，在此基础上归纳总结出不足与问题，亦过于宏观而不易把握具体情况。

（4）新疆作为西部大开发的重中之重，从自身的纵向比较看，自开发以来虽然取得了较为显著的成效，但从横向比较看，经济社会各方面取得的成效显著落后于其他西部各省（区、市），在西部省级行政区域的格局变动中处于不利地位，然而目前深入系统研究西部大开发战略在新疆的实践情况的文献相对较少。

鉴于此，本研究拟在新一轮西部大开发（即加速发展阶段）启动之初，以新疆作为具体的分析对象，深入考察西部大开发政策在新疆的实践及其效果，反思西部大开发政策及其执行过程中的深层次缺陷与障碍，从而为深入推进西部大开发战略提供理论参考与政策依据。

第四节　研究思路、框架设计及主要研究内容

一、研究思路与框架设计

首先，从战略回顾、实施成效、存在问题三个方面，运用较翔实的数据系统梳理西部大开发战略的实施情况，以较全面的把握战略实施以来的基本情况；其次，以新疆作为具体的省级行政区域对象，深入系统地剖析西部大开发战略在新疆的实践，具体包括新疆在西部大开发中的地位和作用、开发战略在新疆实施的政策梳理与开发重点、开发战略在新疆实施的效果评价与存在的突出问题，以期更加具体地把握战略实施的成效与不足；再次，以上述实证分析结果为基础，对西部大开发政策在新疆的实践及其效果进行反思，剖析西部大开发政策及其执行过程中深层次的缺陷与障碍，进而提出目前西部大开发业已进入的加速发展阶段相关政策的调整方向；最后，作为整个研究的出发点与落脚点，为继续深入推进西部大开发战略、加快西部地区发展提出新一轮西部大开发的重点、政策完善思路以及后续政策完善建议。

研究的框架设计如图 1-2 所示。

二、主要研究内容

按照上述研究框架设计，本书分为五个部分，共十章内容，具体如下：

第一部分，即第一章，引言。本部分对研究的背景和意义进行了分析，按照研究主题的阶段性特征对西部大开发战略启动实施以来的相关研究文献进行了梳理与回顾，在此基础上厘清研究思路、设计研究框架。

第二部分，即第二章，西部大开发战略实施情况。从西部大开发的战略回顾、实施成效、存在问题三个方面，运用较翔实的数据系统梳理西部大开发战略的实施情况，实证分析西部地区整体取得的成效与不足，以较全面的把握战略实施以来的基本情况。

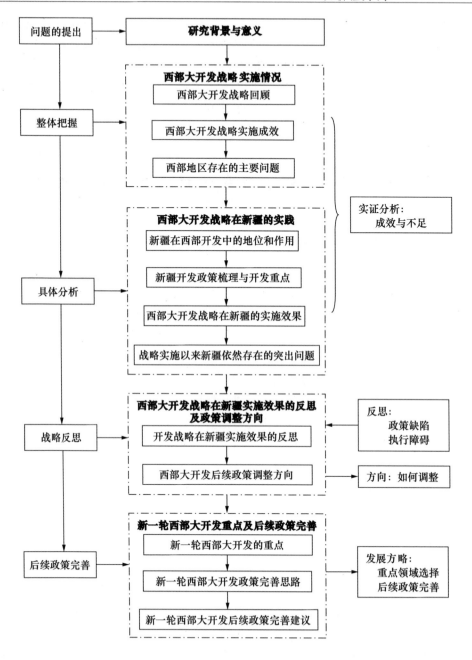

图 1-2　研究框架设计

　　第三部分，即第三章至第七章，以新疆为对象，系统剖析西部大开发战略在新疆的实践情况，具体包括新疆区情概况及其在西部大开发中的地位和作用（第三章）、西部大开发战略在新疆实施的政策梳理与开发重点（第四章）、开发战略政策在新疆实施的整体效果评价与具体成效（第五章与第六章）与依然存在的突出问题（第七章），实证分析新疆作为"西部开发的重中之重"取得的成效与不足。

第四部分，即第八章，西部大开发战略在新疆实施效果的反思及政策调整方向。本部分基于前文成效与不足的实证分析，对西部大开发政策及其执行进行反思，剖析缺陷与障碍，进而提出未来政策调整的方向。

第五部分，即第九章至第十章，新一轮西部大开发重点及后续政策选择。本部分是该研究的最终目的，即为深入推进西部大开发战略、加快西部地区发展提出政策性建议，具体包括新一轮西部大开发的重点、政策完善思路以及后续政策完善建议。

第二章　西部大开发战略实施情况

第一节　西部大开发战略回顾

一、战略实施范围与提出背景

长期以来，我国社会、经济、科技发展水平在区域上表现出显著的不平衡，客观上产生了东部、中部和西部三大经济地带。出于区域政策制定与相关区域经济研究的需要，1986 年 4 月，我国首次明确提出三大经济地带的划分，其中，东部沿海省区包括辽宁、河北、北京、天津、山东、江苏、上海、浙江、福建、广东、海南十一个省（市），西部地区包括新疆、宁夏、甘肃、青海、陕西、四川、重庆、云南、贵州和西藏十个省（区、市），其他省区则属于中部地区。始于 20 世纪 70 年代末的中国改革开放运行至 20 世纪末之际，中国经济实现巨大飞跃，综合国力和国际竞争力显著提升。但是与此同时，东部地区与西部地区的发展差距过分扩大，亦成为困扰中国经济与社会健康发展的一个重大问题（差距之大见表 1 – 1）。也就是在这一历史时刻，中央政府从国家的基本国情出发，做出了实施西部大开发战略、加快西部地区发展的重大决策，决定从生态环境建设、基础设施建设、经济结构调整、民生改善、增长极培育、人才队伍建设等多个方面，加大对西部地区的投入与支持力度，全面推进中国广大西部地区的开发进程。按照西部大开发的战略部署，内蒙古与广西两个自治区同样享受国家"西部大开发"的政策，另外，湖南的湘西、湖北的恩施两个土家苗族自治州和吉林的延边，也被纳入西部大开发战略的实施区域范围内，亦享受相关优惠政策。这样，中国西部地区的区域范围在西部大开发战略中被重新定位，即上述的"10 + 2 + 2 + 1"，其面积约占全国国土总面积的 71%，1999 年末人口约占全国的 29%，其中少数民族人口占全国的 75% 左右。

考察当时的中国国情，我们可以从战略实施的必要性与具备条件两个方面把握西部大开发战略提出与实施的基本背景。从战略实施的必要性看，当时的中国社会经济有五个方面的问题迫切需要解决：①区域间的绝对差距与相对差距拉大，造成东西部地区的严重不平衡，这种严重不平衡如果得不到及时而有效的解决甚至进一步恶化，必然会引发出一系列的经济和社会矛盾。②邓小平提出，改革开放加快东部沿海地区发展，这是第一个大局，当东部沿海地区发展起来以后，需集中更多力量帮助中西部地区加快发展，这是另一个大局，各地区均要服从全国发展的大局。20世纪90年代末，中国东部地区经济发展水平已经达到了较高的层次，而西部地区与东部地区的差距巨大且仍处于扩大趋势，按照邓小平"两个大局"的战略思想，加快西部地区发展已经时机成熟。③20世纪90年代末，中国高投入、低产出的经济增长模式已经遇到了"瓶颈"，东部地区要素成本迅速上升、国内需求不旺是当时制约中国经济进一步快速增长的重要原因，加快西部地区的发展，推动产业向西部转移，是扩大内需、促进全国经济发展的重要途径。④正值中国加入WTO，中国西部经济发展落后、产业基础薄弱，加入WTO后国际资本进入中国势必成为趋势，西部地区如何应对国际资本的激烈冲击？实施西部大开发、加快西部地区经济社会发展，是西部地区应对跨国资本冲击的必要措施。⑤广大西部地区多是我国少数民族地区，担负着维护国家安全、社会稳定、民族团结的重任，与东部地区发展差距太大，势必会使民族问题复杂化，成为引发民族分裂、社会动荡的潜在风险，也不利于国家安全。加快西部地区的发展，遏制东西部差距的扩大，逐步缩小差距，有利于维护国家安全、社会稳定和民族团结。

而从战略实施所具备的条件来看，20世纪90年代末，中国中央政府启动西部大开发战略具备了如下条件：①经过改革开放以来二十多年的经济建设，我国东部地区的经济发展水平迅速提升，区域经济在全球范围内来看，长江三角洲经济圈、珠江三角洲经济圈、京津冀环渤海湾经济圈三大区域具备了较强的实力和影响力，国家的整体实力、综合国力已经大大增强，国际地位显著提高，中央政府已经具备实施西部大开发战略的能力和条件；②东部地区的迅速崛起，使其在要素供给成本、产品市场容量等方面遇到了前所未有的制约，东部地区的资本、企业、项目迫切需要拓展空间、寻求新的机会，相比而言，西部地区各方面情况恰恰可以满足东部地区的需求，要素成本相对较低、市场容量巨大，中央政府适时的开发西部，可以为东部地区乃至全国的发展创造巨大的空间；③从西部地区自身而言，改革开放惠及西部，干部群众的思想观念不断更新，发展的愿望和要求空前强烈，尤其是西部经济亦具备了一定的基础，投资环境大大改善，大规模的开发已经条件成熟。

二、战略目标与战略步骤

在21世纪到来之际，中国中央政府决定启动实施西部大开发战略，是党中央总揽全局后做出的一项高瞻远瞩而又具有重大经济和政治意义的决策。与此同时，实施西部大开发是一项长期艰巨的历史任务，是一项规模宏大的系统工程，并非一朝一夕就能够完成这一宏大工程。西部大开发总体战略目标是：经过几代人的努力，到 21 世纪中叶全国基本实现现代化时，从根本上改变西部地区相对落后的面貌，努力建成一个山川秀美、经济繁荣、社会进步、民族团结、人民富裕的新西部。为实现这一宏伟目标，中央政府将未来 50 年的西部大开发规划期划分为三个步骤（或阶段），每个阶段的重大任务与阶段性目标如下：

第一阶段，即奠定基础阶段（2001～2010 年），这一阶段是奠定整个战略基础的"打好基础阶段"，也是为西部地区实现经济起飞创造前提条件的阶段，其基本目标是消除西部地区的贫困，为此需打好人力资源开发、产业结构调整、基础设施建设、生态环境改善与制度完善创新等几方面的基础。具体来讲，21 世纪的最初 10 年，是西部大开发极为重要的关键时期，其阶段性目标为：实现西部地区经济又好又快发展，人民生活水平持续稳定提高，基础设施和生态环境建设实现新突破，重点地区和重点产业的发展达到新水平，基本实现基本公共服务均等化。为实现这一阶段性目标，应重点做好调整结构、基础设施与生态环境建设，进一步推进市场化改革进程，培育西部地区特色产业增长点等几方面的工作。

第二阶段，即加速发展阶段（2010～2030 年），这一阶段是西部大开发战略实施的中期阶段，也是西部地区实现经济起飞阶段，这一时期在前段基础设施改善、结构战略性调整和制度建设成就的基础上，进入西部地区经济发展的加速阶段，其基本目标是实现西部地区和东部地区之间的发展差距明显缩小、人民生活富裕。为此，本阶段的重点建设任务是：进一步巩固与夯实发展基础，着力培育西部地区各个地方的特色产业，加快推进重点区域的增长极培育，全面推进工业化、城镇化和农业现代化的发展，实现经济增长的跃进。

第三阶段，即全面推进现代化阶段（2031～2050 年），这一阶段是西部地区人民与全国其他地区一起实现共同富裕阶段，西部地区达到全国平均水平，贫困问题已全部解决，人口的受教育程度、卫生健康指标等均大幅度提高，人民生存条件与生活质量均得到根本改善。与此同时，在一部分率先发展地区增强实力，融入国内国际现代化经济体系自我发展的基础上，着力加快边远山区、落后农牧区开发，普遍提高西部人民的生产、生活水平，全面缩小差距。

三、战略实施的政策措施

（一）第一阶段（2001～2010 年）实施的政策措施

为推进西部大开发战略的实施，党中央、国务院及相关部门在第一阶段相继出台了一系列政策性文件，为西部大开发战略实施奠定了坚实的政策基础。2000年10月26日，中央政府出台了《国务院关于实施西部大开发若干政策措施的通知》（国发〔2000〕33号），从制定政策的原则和支持的重点、增加资金投入、改善投资环境、扩大对外对内开放、吸引人才和发展科技教育等方面制定了西部大开发第一阶段（2001~2010年）实施的若干政策措施。2001年9月28日，国务院办公厅进一步发布了《关于西部大开发若干政策措施的实施意见》（国办发〔2001〕73号），根据上述国发〔2000〕33号文件，国务院西部开发办会同有关部门，进一步研究制定了西部大开发若干政策措施的实施意见。结合上述两个文件，对西部大开发第一阶段的若干政策措施归纳如下：

1. 增加资金投入类的政策措施

增加资金投入类的政策措施包含加大建设资金投入力度、优先安排建设项目、加大财政转移支付力度、加大金融信贷支持四个方面，具体内容如下：①加大建设资金投入力度，即加大中央财政性建设资金、政策性银行贷款、国际金融组织和外国政府优惠贷款等多种途径对于西部地区的支持力度；②发挥计划和市场两种机制的资源配置作用，在西部地区优先布局一些建设项目，包括基础设施建设、生态环境建设、特色产业发展和能源资源开发等领域；③逐步加大中央对西部地区一般性转移支付的规模，加大农业、社保、教育等多个专项补助资金对西部的倾斜力度，中央财政扶贫资金的安排，重点用于西部贫困地区等；④加大金融信贷支持，即商业银行加大对西部地区基础产业建设的信贷投入，国家开发银行新增贷款逐年提高用于西部地区的比重，增加对西部地区农业、生态环境保护建设、优势产业、小城镇建设、企业技术改造、高新技术企业和中小企业发展的信贷支持等。

2. 改善投资环境类的政策措施

改善投资环境类的政策措施包含改善投资的软环境、实行税收优惠、实行土地和矿产资源优惠、运用价格和收费机制进行调节四个方面，具体内容如下：①深化西部地区国有企业改革，加快建立现代企业制度，做好国有经济的战略性调整和国有企业的资产重组；②实行税收优惠政策，对设在西部地区国家鼓励类产业的内资企业和外商投资企业，在一定期限内，减按15%的税率征收企业所得税，对在西部地区新办交通、电力、水利、邮政、广播电视等企业，企业所得税实行两年免征收、三年减半征收等；③实行土地和矿产资源优惠政策，对西部地区荒山、荒地造林种草及坡耕地退耕还林还草，实行谁退耕、谁造林种草、谁经营、谁拥有土地使用权和林草所有权的政策；④运用价格和收费机制进行调节。深化价格改革，进一步提高市场调节价格的比重，合理制定"西气东输""西电东送"价格，建立天然气、电力、石油、煤炭产销环节的价格形成机制；

等等。

3. 扩大对外对内开放类的政策措施

扩大对外对内开放类的政策措施包含扩大外商投资领域、拓宽利用外资渠道、发展对外经济贸易、推进地区协作与对口支援四个方面，具体内容如下：①扩大外商投资领域，鼓励外商投资于西部地区的农业、水利、生态、交通、能源、市政、环保、矿产、旅游等基础设施建设和资源开发，以及建立技术研究开发中心；②拓宽利用外资渠道，在西部地区进行以 BOT、TOT 方式利用外资的试点，允许外商投资项目开展包括人民币在内的项目融资，支持符合条件的西部地区外商投资企业在境内外股票市场上市；③发展对外经济贸易，扩大西部地区生产企业对外贸易经营自主权，鼓励发展优势产品出口、对外工程承包和劳务合作、到境外特别是周边国家投资办厂、放宽人员出入境限制；④推进地区协作与对口支援，防止重复建设和污染转移西部，积极采取多方面的有力措施，支持东中部地区企业到西部地区发展，推进地区协作与对口支援。

4. 吸引人才和发展科技教育类的政策措施

吸引人才和发展科技教育类的政策措施包含吸引和用好人才、发挥科技主导作用、增加教育投入、加强文化卫生建设四个方面，具体内容如下：①制定有利于西部地区吸引人才、留住人才、鼓励人才创业的政策。建立艰苦边远地区津贴，提高西部地区工资水平，逐步使其达到或高于全国平均水平。扩大东部地区和西部地区之间的干部交流。②加大各类科技计划经费向西部地区的倾斜支持力度，逐步提高科技资金用于西部地区的数额，加快重大技术成果的推广应用和产业化步伐。③加大国家对西部地区义务教育的支持力度，增加资金投入，努力加快实现九年义务教育，对西部地区高等学校建设予以支持，建设西部地区远程教育体系。④国家安排的补助地方文化设施建设、广播电视建设投资和文物经费，向西部地区倾斜，加强对西部地区卫生、计划生育建设的支持力度。

随着西部大开发战略的逐步推进，党中央、国务院及相关部门又出台了相关文件，文件所包含的具体措施如下：

（1）《关于进一步推进西部大开发的若干意见》（国发〔2004〕6 号），进一步推进西部大开发的战略措施包括推进生态建设和环境保护，实现生态改善和农民增收；加快基础设施重点工程建设；加强农业和农村基础设施建设；发展特色优势产业；推进重点地带开发；加强科技教育卫生文化等社会事业；深化经济体制改革；拓宽资金渠道；加强人才队伍建设；加快法制建设步伐。

（2）《西部大开发"十一五"规划》（2006 年 12 月 8 日），规划提出"十一五"时期西部大开发的指导思想和主要目标，从推进社会主义新农村建设、加强基础设施建设、发展特色优势产业、引导重点区域加快发展、加强生态环境保护与建设、强化资源节约和综合利用、改善基本公共服务、加强人才队伍建设、扩大对内对外开放以及建立健全西部大开发保障机制等诸多方面，提出"十一五"时期西部大开发的重点任务和主要措施。

（3）《国务院办公厅应对国际金融危机保持西部地区经济平稳较快发展的意见》（国办发〔2009〕55号），为应对国际金融危机、化解国际金融危机的影响，继续保持西部地区经济平稳较快发展，从加强基础设施建设、加大环境保护和生态建设力度、调整产业结构、加强民生工程建设、加快提高基本公共服务水平、培育区域经济增长极、深化改革开放、加快地震灾区灾后重建、加大投入力度等方面提出政策建议与措施。

（二）第二阶段（2010～2030年）启动以来的政策措施

2010年是实施西部大开发战略十周年，也是进入西部大开发第二阶段的第一年，随后的十年（2010～2020年）将是进一步深入推进西部大开发承前启后的关键时期。在新的历史时期，中央明确了西部大开发的总体战略定位，即西部大开发在我国区域协调发展总体战略中具有优先位置，在促进社会和谐中具有基础地位，在实现可持续发展中具有特殊地位。自2010年战略的第二阶段启动以来，党中央、国务院及相关部门又陆续出台了系列政策性文件，为加快西部大开发战略向纵深方向推进奠定了坚实的政策基础。

（1）《中共中央国务院关于深入实施西部大开发战略的若干意见》（中发〔2010〕11号），对深入推进今后十年西部大开发的关键时期做出了重大战略部署，提出了加快基础设施建设、加强生态建设和环境保护、夯实农业基础、发展特色优势产业、强化科技创新、保障和改善民生、加强重点经济区开发、扩大对内对外开放、提高公共管理水平等未来十年的九大战略任务，并从财政、税收、投资、金融、产业、土地、价格、生态补偿、人才、帮扶十个方面提出具体的政策措施。

（2）《关于深入实施西部大开发战略有关税收政策问题的通知》（财税〔2011〕58号），随着西部大开发第一阶段的结束，相关税收优惠政策纷纷到期，为此，2011年7月27日，财政部、海关总署和国家税务总局联合发布该文件通知，明确了新一轮西部大开发的有关税收优惠政策：对西部地区内资鼓励类产业、外商投资鼓励类产业及优势产业的项目在投资总额内进口的自用设备，在政策规定范围内免征关税；2011～2020年，对设在西部地区的鼓励类产业企业减按15%的税率征收企业所得税；对西部地区2010年12月31日前新办的、享受企业所得税"两免三减半"优惠的交通、电力、水利、邮政、广播电视企业，其优惠政策可以继续享受到期满为止。

（3）《西部大开发"十二五"规划》（2012年2月），规划提出"十二五"

时期西部大开发的指导思想、基本原则和主要目标，从重点区域、基础设施、生态环境、特色优势产业、美好新农村、城镇化与城乡统筹、科教和人才、民生事业以及改革开放等诸多方面，提出"十二五"时期西部大开发的重点任务和主要措施。

（4）《国家发展改革委关于印发 2012 年西部大开发工作进展情况和 2013 年工作安排的通知》（发改西部〔2013〕1529 号），对 2012 年西部大开发工作进展进行了分析，从落实和完善西部大开发政策措施、发展特色优势产业、推进基础设施建设、开展生态文明建设、提高社会事业水平、深化改革扩大开放、开展芦山地震灾后恢复重建七个方面，对 2013 年西部大开发的工作重点进行了部署，进一步细化相关的政策措施。

（5）《国家发展改革委关于印发西部大开发 2013 年进展情况和 2014 年工作安排的通知》（发改西部〔2014〕1267 号），从细化实化新一轮西部大开发政策措施、提出 2014 年西部大开发新开工重点工程、推进生态环境保护修复和生态文明试点示范、推进产业结构调整、推进城镇化建设、加快重点地区发展、深化改革扩大开放、实施西部地区人才开发重点工程、稳步推进芦山地震灾后恢复重建九个方面，对 2014 年西部大开发的工作重点进行了部署，进一步细化了相关的政策措施。

第二节　西部大开发战略的实施成效

实施西部大开发战略，是党中央、国务院在世纪之交做出的重大决策，是我国社会主义现代化建设全局的重要组成部分。战略实施十多年来，在中央正确领导和全国人民大力支持下，西部地区干部群众奋力拼搏，国家不断加大投入，西部大开发取得巨大成就，基础设施建设取得突破性进展，生态建设和环境保护取得显著成效，特色优势产业快速发展，综合经济实力大幅提升，社会事业和人才开发得到加强，人民生活水平明显提高。

一、经济发展

西部大开发十多年来，是西部地区历史上经济发展速度最快的时期，经济总量不断攀升，第一、二、三产业均获得快速、持续的发展，西部地区逐步走出"资源富区，经济穷区"的怪圈，西部地区经济正进入强劲发展的新时期。

（一）经济总量不断攀升

2000～2013 年，西部地区十二省（区、市）国内生产总值（GDP）由

17276.41 亿元增加到 126002.78 亿元（当年价，下同），年均增长率达到 16.51%，增长速度超过全国同期的平均水平（14.38%）和东部地区水平（14.90%），分别高出 2.13 个百分点和 1.61 个百分点；西部地区国内生产总值占全国的比重由 2000 年的 17.41% 增加到 2013 年的 22.15%，提高了 4.74 个百分点，经济总量实力显著增强，如表 2-1 所示。

表 2-1 2000～2013 年西部地区生产总值与东部地区、全国比较情况

单位：亿元

年份	西部地区	东部地区	全国	西部占全国比重（%）
2000	17276.41	57412.53	99214.55	17.41
2001	18939.40	63628.50	109655.17	17.27
2002	20956.71	71182.01	120332.69	17.42
2003	23975.21	82971.61	135822.76	17.65
2004	28945.20	99488.41	159878.34	18.10
2005	34086.72	118596.24	184937.37	18.43
2006	40346.38	138522.87	216314.43	18.65
2007	49184.06	165194.03	265810.31	18.50
2008	60447.77	194085.16	314045.43	19.25
2009	66973.48	211886.90	340902.81	19.65
2010	81408.49	250487.94	401512.80	20.28
2011	100234.96	293581.45	473104.05	21.19
2012	113904.80	320738.47	519470.10	21.93
2013	126002.78	349336.54	568845.21	22.15
年均增长率（%）	16.51	14.90	14.38	—

数据来源：2001～2014 年《中国统计年鉴》。

随着经济的持续快速增长，西部地区一般预算内财政收入也快速增加，2000～2012 年，西部地区财政预算收入由 1127.26 亿元增加到 12762.79 亿元，增加了 10 多倍，年均增长率达到 22.41%，分别超出东部地区和全国平均速度 2.24 个百分点和 1.61 个百分点，西部地区财政预算收入占全国总量的比重也由 2000 年的 17.82% 提高到 2012 年的 20.90%，如表 2-2 所示。

表 2 - 2　2000～2012 年西部地区财政预算收入与东部地区、全国比较情况

单位：亿元

年份	西部地区	东部地区	全国	西部占全国比重（%）
2000	1127.26	3947.01	6326.98	17.82
2001	1300.72	5005.80	7708.19	16.87
2002	1462.24	5506.99	8479.04	17.25
2003	1649.52	6356.19	9721.78	16.97
2004	1982.89	7458.17	11693.38	16.96
2005	2464.83	9630.33	14884.24	16.56
2006	3059.38	11662.04	18303.57	16.71
2007	4085.49	15135.55	23572.63	17.33
2008	5159.19	18085.79	28649.79	18.01
2009	6056.39	20377.84	32602.58	18.58
2010	7873.42	25010.24	40613.05	19.39
2011	10819.03	31384.27	52547.11	20.59
2012	12762.79	35784.46	61078.30	20.90
年均增长率（%）	22.41	20.17	20.80	—

数据来源：2001～2014 年《中国统计年鉴》。

（二）经济发展水平逐步提高

人均地区生产总值大幅度提高，2000～2013 年，西部地区人均生产总值由 4848.16 元提高到 34392.22 元，增长了 6 倍多，从相当于全国平均水平的 61.70% 提高到 82.07%，年均增长率达到 16.27%，分别高出东部地区和全国平均水平 2.63 个百分点和 2.53 个百分点，表明西部地区与其他地区的相对差距有所缩小（见表 2 - 3）。全社会固定资产投资快速增长，2000～2013 年，西部地区完成的全社会固定资产投资由 6110.72 亿元增加到 109227.78 亿元，增长了近 17 倍，年均增长率达到 24.83%，分别比东部地区和全国平均水平高出 4.67 个百分点和 2.61 个百分点，同时，西部地区全社会固定资产投资额占全国总量的比重也由 2000 年的 18.56% 上升到 2013 年的 24.43%，保证了西部大开发的推进和西部地区经济实力的提升，如表 2 - 4 所示。

表2-3 2000～2013年西部地区人均生产总值与东部地区、全国比较情况

单位：元

年份	西部地区	东部地区	全国	西部与全国的 绝对差额	西部相当于全国 平均的百分比（%）
2000	4848.16	11792.41	7857.68	3009.52	0.62
2001	5315.73	12971.38	8621.71	3305.98	0.62
2002	5859.23	14390.09	9398.05	3538.82	0.62
2003	6660.34	16618.25	10541.97	3881.63	0.63
2004	8024.28	19714.73	12335.58	4311.30	0.65
2005	9490.41	23277.44	14185.36	4694.95	0.67
2006	11202.04	26788.93	16499.70	5297.66	0.68
2007	13628.92	31490.72	20169.46	6540.54	0.68
2008	16679.85	36503.44	23707.71	7027.86	0.70
2009	18406.89	39319.14	25607.53	7200.64	0.72
2010	22570.21	45510.16	30015.05	7444.84	0.75
2011	27672.40	52949.08	35197.79	7525.39	0.79
2012	31268.47	57428.55	38459.47	7191.00	0.81
2013	34392.22	62150.68	41907.59	7515.37	0.82
年均增长率（%）	16.27	13.64	13.74	—	—

数据来源：2001～2014年《中国统计年鉴》。

表2-4 2000～2013年西部地区全社会固定资产投资额与东部地区、全国比较情况

单位：亿元

年份	西部地区	东部地区	全国	西部占全国比重（%）
2000	6110.72	18752.47	32917.70	18.56
2001	7158.76	20874.16	37213.50	19.24
2002	8515.36	24183.47	43499.90	19.58
2003	10843.51	32140.13	55566.61	19.51
2004	13754.27	40411.49	70477.43	19.52
2005	17645.04	49826.74	88773.61	19.88
2006	21996.96	60326.76	109998.16	20.00
2007	28250.92	72311.20	137323.94	20.57
2008	35948.77	87754.55	172828.40	20.80
2009	49686.34	107840.52	224598.77	22.12
2010	61892.30	131897.00	251683.77	24.59
2011	72103.99	147989.19	311485.13	23.15
2012	89008.59	173758.70	374694.74	23.75
2013	109227.78	204199.63	447074.36	24.43
年均增长率（%）	24.83	20.16	22.22	—

数据来源：2001～2014年《中国统计年鉴》。

西部地区经济实力的提升，有力地促进了西部商贸流通市场的繁荣，扩大了内需市场，增强国民经济增长的需求拉动。2000～2013 年，西部地区社会消费品零售总额由 5997.2 亿元增加到 42508.6 亿元，年均增长率达到 16.26%，高出东部地区和全国平均水平，西部地区社会消费品零售总额占全国总量的比重也由2000 年的 15.34% 增加到 2013 年的 17.88%，西部居民的消费能力显著提升，如表 2 - 5 所示。

表 2 - 5　2000～2013 年西部地区社会消费品零售总额与东部地区、全国比较情况

单位：亿元

年份	西部地区	东部地区	全国	西部占全国比重（%）
2000	5997.2	20429.7	39105.7	15.34
2001	6591.4	22562.4	43055.4	15.31
2002	7239.8	25104.6	48135.9	15.04
2003	7783.2	27766.4	52516.3	14.82
2004	8908.4	31739.7	59501.0	14.97
2005	11672.1	40163.0	68352.6	17.08
2006	13547.9	46467.5	79145.2	17.12
2007	16108.0	54689.9	93571.6	17.21
2008	19857.9	66738.6	114830.1	17.29
2009	23038.7	76871.1	132678.4	17.36
2010	27374.8	90749.6	156998.4	17.44
2011	32345.4	105746.1	183918.6	17.59
2012	37401.3	119970.6	210307.0	17.78
2013	42508.6	135034.5	237809.9	17.88
年均增长率（%）	16.26	15.64	14.90	—

数据来源：2001～2014 年《中国统计年鉴》。

经济外向度不断提升。西部地区与蒙古、俄罗斯、哈萨克斯坦、吉尔吉斯斯坦、塔吉克斯坦、阿富汗、巴基斯坦、印度、缅甸、尼泊尔、越南、老挝等国家和地区为邻，发展对外贸易具有得天独厚的地缘优势。近年来，随着国家区域经济政策和对外开放政策的调整，西部地区对外贸易的基础设施条件和软环境得到了极大改善，开放度不断扩大，外向型产业不断发展壮大，对外经济贸易合作日

益深化，尤其是与中亚及东南亚的边境贸易迅速发展，已经成为我国对外贸易的重要渠道，西部边境省区与邻国的民间交流与交往日益加强，西部各省进出口增长率逐年攀高。2000～2013年，西部地区进出口总额由171.66亿美元增加到2780.50亿美元，年均增长率达到23.89%，分别高出东部地区和全国平均水平6.28个百分点和5.71个百分点，西部地区进出口总额占全国总量的比重也由2000年的3.62%上升到2013年的6.68%，如表2-6所示。

表2-6 2000～2013年西部地区进出口总额与东部地区、全国比较情况

单位：亿元

年份	西部地区	东部地区	全国	西部占全国比重（%）
2000	171.66	4368.20	4742.90	3.62
2001	168.43	4701.26	5096.50	3.30
2002	206.07	5738.88	6207.70	3.32
2003	279.30	7864.60	8509.88	3.28
2004	367.02	10693.22	11545.50	3.18
2005	451.33	13191.70	14219.10	3.17
2006	576.67	16279.83	17604.40	3.28
2007	785.89	19932.42	21765.70	3.61
2008	1067.28	23211.35	25632.55	4.16
2009	916.72	20099.89	22075.35	4.15
2010	1283.86	26863.63	29739.98	4.32
2011	1838.98	32347.08	36418.60	5.05
2012	2364.04	33751.70	38671.19	6.11
2013	2780.50	35973.06	41596.93	6.68
年均增长率（%）	23.89	17.61	18.18	—

数据来源：2001～2014年《中国统计年鉴》。

（三）产业结构不断优化

积极推进经济结构的战略性调整，特别是产业结构调整，是实施西部大开发战略的关键所在。2000年以来，西部地区产业结构不断趋向合理，正在向优化的方向迈进，第一产业增加值占GDP比重不断减少，由2000年的21.44%下降到2013年的12.46%，十三年间减少了近9个百分点。第二产业得到迅速发展，

增加值占 GDP 比重由 2000 年的 38.97% 增加到 2013 年的 49.49%，十三年间增加了 10 个百分点，几乎占据了 GDP 的半壁江山，第二产业经济实力显著增强。从就业结构来看，2000 ~ 2012 年，西部地区第一产业就业人员数量占全社会总数的比重从 60.77% 下降到 50.51%，减少了 10.26 个百分点，第二产业所占比重从 15.05% 增加到 19.55%，提高了 4.5 个百分点，第三产业所占比重从 24.18% 增加到 29.94%，提高了 5.76 个百分点，进一步说明西部大开发以来，西部地区三次产业结构不断趋向合理，如表 2 - 7 所示。

表 2 - 7　2000 ~ 2013 年西部地区三次产业结构变化情况

年份	GDP 构成（合计 = 100）			就业人员构成（合计 = 100）		
	第一产业	第二产业	第三产业	第一产业	第二产业	第三产业
2000	21.44	38.97	39.59	60.77	15.05	24.18
2001	20.18	38.79	41.03	61.64	14.32	24.04
2002	19.23	38.91	41.86	60.54	14.28	25.18
2003	18.51	40.23	41.26	59.65	14.73	25.62
2004	18.65	41.53	39.82	58.44	14.77	26.78
2005	17.36	43.20	39.44	57.78	15.37	26.85
2006	15.62	45.34	39.05	56.50	15.64	27.86
2007	15.55	46.12	38.33	55.26	17.04	27.70
2008	14.73	47.65	37.62	53.88	17.49	28.63
2009	13.73	47.46	38.81	52.77	18.74	28.49
2010	13.15	49.99	36.87	51.61	19.53	28.86
2011	12.74	50.92	36.34	50.49	20.13	29.38
2012	12.58	50.13	37.28	50.51	19.55	29.94
2013	12.46	49.49	38.05	—	—	—
变动情况	- 8.98	+ 10.52	- 1.85	- 10.26	+ 4.5	+ 5.76

注："变动情况"即 2013 年（或 2012 年）相关指标值与 2000 年相比的变化情况。

数据来源：2001 ~ 2014 年《中国统计年鉴》，2013 年西部地区各省统计年鉴。

二、社会发展

（一）居民生活质量稳步提高

西部地区居民生活质量的提高是西部大开发战略实施的目标之一。西部大开发战略实施以来，西部地区居民收入显著提高，2000～2012 年，西部地区城镇居民人均可支配收入由 5551.1 元增长到 20557.4 元，增长了 2.7 倍，年均增长率 11.53%，除西藏自治区以外，其他各省份的年均增长率均超过 10%，其中，内蒙古、宁夏、陕西、贵州四省区的年均增长率超过了全国平均增速（12.04%），分别为 13.38%、12.33%、12.35% 和 13.09%。西部地区农村居民人均纯收入由 2000 年的 1617.1 元增长到 2012 年的 5685.1 元，增长了 2.5 倍，年均增长率 11.05%，除四川省以外，其他各省份的年均增长率均超过 10%，其中，有 8 个省（区、市）（分别为新疆、西藏、内蒙古、宁夏、陕西、青海、重庆、云南）的年均增长率超过了全国平均增速（11.04%）。另外，西部地区城镇居民恩格尔系数由 2000 年的 39.6% 下降到 2012 年的 38.2%，农村居民恩格尔系数由 2000 年的 53.8% 下降到 2012 年的 41.9%，其中，农村居民恩格尔系数下降了 11.9 个百分点，说明西部大开发以来，西部居民的生活水平有了显著的提高，如表 2－8 所示。

表 2－8　2000～2012 年西部地区城乡居民收入及恩格尔系数变化情况

年份	城镇居民人均可支配收入（元）	农村居民人均纯收入（元）	城镇居民恩格尔系数（%）	农村居民恩格尔系数（%）
2000	5551.1	1617.1	39.6	53.8
2001	6123.5	1673.1	38.2	52.5
2002	6642.2	1761.2	37.7	51.3
2003	7198.0	1864.8	37.8	50.5
2004	7975.1	2064.0	39.0	52.2
2005	8718.6	2390.1	38.2	48.8
2006	9720.1	2591.4	37.1	47.5
2007	11349.6	3037.6	38.7	47.7
2008	13016.1	3304.2	40.7	48.6
2009	14058.2	3755.6	38.4	43.4
2010	15994.9	4158.5	37.6	44.8
2011	18112.9	4928.1	38.3	42.8
2012	20557.4	5685.1	38.2	41.9
年均增长率（%）	11.53	11.05	—	—

数据来源：2001～2013 年《中国统计年鉴》。

（二）就业、医疗、养老等公共服务逐步完善

西部大开发战略实施以来，西部地区的公共服务水平与质量逐步提升，就业人数不断增加，医疗、养老、失业等社会保障体系趋于完善。2000～2012年，西部地区就业规模总体上呈不断扩大趋势，全社会就业人员数量从18754.38万人增加到20642.24万人，年均增长率达到0.80%，高于全国同期平均增速（0.52%）（见表2-9），有8个省区就业人数增速高于全国水平，其中，西藏和新疆两个自治区分别高达4.14%和3.51%。

表2-9　2000～2012年西部地区及全国就业人员数量变动情况

年份	西部地区（万人）	全国（万人）
2000	18754.38	72085
2001	18966.64	72797
2002	19118.31	73280
2003	19146.12	73736
2004	19339.43	74264
2005	19210.46	74647
2006	19411.10	74978
2007	19530.81	75321
2008	19751.05	75564
2009	20012.73	75828
2010	20222.95	76105
2011	20563.70	76420
2012	20642.24	76704
年均增长率（%）	0.80	0.52

数据来源：根据2001～2013年西部十二省各省统计年鉴、《中国统计年鉴》相关整理计算所得。

西部地区医疗卫生事业发展迅速，2000～2012年，西部地区医疗机构、医疗床位和医疗卫生人员数量分别从115711个、82.85万张、140.5万人增加到300255个、160.96万张、237.45万人，年均增长率分别达到8.27%、5.69%、4.47%，均超过同期全国平均增速，占全国总量的比重也分别从2000年的11.19%、26.08%、20.33%提高到2012年的31.60%、28.12%、26.05%，分别提高了20.41个百分点、2.04个百分点和5.72个百分点，如表2-10所示。

表 2-10 2000~2012 年西部地区医疗机构、床位和卫生人员数量变动情况

年份	医疗机构		医疗床位		医疗卫生人员	
	数量（个）	占比（%）	数量（万张）	占比（%）	数量（万人）	占比（%）
2000	115711	11.19	82.85	26.08	140.5	20.33
2001	113624	11.04	83.62	26.12	139.38	20.27
2002	104641	10.41	82.22	26.22	131.43	20.13
2003	103055	12.78	82.84	26.18	131.22	21.11
2004	100135	11.79	85.47	26.15	131.83	20.82
2005	99894	11.32	87.66	26.03	133.28	20.67
2006	101103	11.01	91.28	25.99	135.82	20.33
2007	96126	10.54	98.67	26.66	144.2	20.71
2008	90311	10.13	108.13	26.77	149.96	20.68
2009	280053	30.55	119.74	27.11	195.46	25.12
2010	288631	30.81	130.62	27.29	207.22	25.25
2011	296651	31.08	142.64	27.64	221.14	25.67
2012	300255	31.60	160.96	28.12	237.45	26.05
年均增长率（%）	8.27	—	5.69	—	4.47	—

注：表中"占比"为西部地区相关指标数值占全国总量的比重。

数据来源：2001~2013 年《中国统计年鉴》。

社会保障体系建设方面，西部地区失业保险参加人数由 2001 年的 2103.8 万人增加到 2012 年的 2678.75 万人，城镇企业职工养老保险人数由 2001 年的 2699.98 万人增加到 2012 年的 5600.83 万人，城镇企业职工基本医疗保险参保人数由 2002 年的 2005.3 万人增加到 2012 年的 4960.2 万人，分别增长了 27.33%、107.44% 和 147.35%，年均增长率分别为 1.81%、6.86% 和 9.48%，社会保障体系覆盖面不断扩大，如表 2-11 所示。

表 2-11 2001~2012 年西部地区失业保险、养老保险和医疗保险参保人数变动情况

单位：万人

年份	参加失业保险人数	城镇职工养老参保人数	城镇职工基本医疗参保人数
2001	2103.8	2699.98	—
2002	2095.7	2763.1	2005.3
2003	2099.69	2824.77	2390.3
2004	2098.9	2967.23	2713.9

续表

年份	参加失业保险人数	城镇职工养老参保人数	城镇职工基本医疗参保人数
2005	2086.59	3164.21	2952
2006	2124.95	3328.39	3203.7
2007	2167.35	3538.35	3520
2008	2244.83	3851.18	3802.6
2009	2306.05	4249.95	4115.4
2010	2365.7	4718.7	4391.8
2011	2518.96	5200.05	4745.8
2012	2678.75	5600.83	4960.2
年均增长率（%）	1.81	6.86	9.48

数据来源：2001～2013 年《中国统计年鉴》。

（三）教育投入不断增加、人口素质显著提升

实施西部大开发战略，教育具有重要的作用。大力发展教育事业、显著提高国民素质，是实现西部地区人民摆脱贫困的必要条件，也是西部地区经济社会快速发展、实现腾飞的重要动力。2000 年以来，中央及西部地区地方财政不断加大教育经费投入力度，着力改善各层次教育教学条件，西部地区教育水平及人口素质得到显著提升。2000～2011 年，西部地区投入中央及地方财政等各类教育经费从 794.9442 亿元增加到 5610.0441 亿元，年均增长率为 19.44%，高出全国平均增速 1.4 个百分点，其中，青海省教育经费投入增速最快，达到 25.45%，且十二个省（区、市）增速均快于全国平均水平（18.04%）。西部地区十二省教育经费之和占全国教育投入总经费的比重由 20.65% 提高到 23.50%，如表 2 - 12 所示。

表 2 - 12　2000～2011 年西部地区教育经费投入及占全国比重变化情况

单位：亿元

年份	西部地区	全国	西部占全国比重（%）
2000	794.9442	3849.0806	20.65
2001	878.4548	4637.6626	18.94
2002	1194.5330	5480.0278	21.80
2003	1323.1372	6208.2653	21.31
2004	1530.6110	7242.5989	21.13
2005	1787.5744	8418.8391	21.23

续表

年份	西部地区	全国	西部占全国比重（%）
2006	1900.4483	9815.3087	19.36
2007	2488.6322	12148.0663	20.49
2008	3189.7536	14500.7374	22.00
2009	3851.5803	16502.7065	23.34
2010	4573.6770	19561.8471	23.38
2011	5610.0441	23869.2936	23.50
12年累计	29123.3901	132234.4337	22.02
年均增长率（%）	19.44	18.04	—

数据来源：2002～2013年《中国统计年鉴》。

随着教育经费投入的不断增加，西部地区人口素质不断提升，6岁及以上人口中具有大专及以上学历的人口所占比例从2000年的3.07%提高到2012年的9.07%，提高了6个百分点，具有高中或中专学历的人口所占比例从2000年的9.77%提高到2012年的13.71%，提高了3.94个百分点，具有初中学历的人口所占比例从2000年的30.34%提高到2012年的37.03%，提高了6.69个百分点，而小学及未上过学（或扫盲班）的人口所占比例显著下降，共下降了16.63个百分点。虽然2012年西部地区大专及以上、高中（中专）、初中三类受教育程度人口所占比例仍小于同期全国平均水平，但相较2000年来讲，西部地区已经有了较大进步，如表2-13所示。

表2-13 2000年、2012年西部地区及全国不同受教育程度人口所占比例的比较情况

单位:%

受教育程度	西部地区			全国		
	2000年	2012年	变化量	2000年	2012年	变化量
大专及以上	3.07	9.07	6.00	3.88	10.59	6.71
高中（中专）	9.77	13.71	3.94	11.96	16.12	4.16
初中	30.34	37.03	6.69	36.45	41.11	4.66
小学	44.02	33.19	-10.83	38.31	26.88	-11.43
其他	12.80	7.00	-5.80	9.40	5.29	-4.11
合计	100	100	—	100	100	—

数据来源：2000年数据来自《2001年中国人口年鉴》，即全国第五次人口普查数据，为全部6岁及以上人口；2012年数据来自《2013年中国统计年鉴》，为全国人口变动情况抽样调查样本数据，抽样比为0.831‰。表中"其他"为"未上过学"或"扫盲班"。

三、基础设施

基础设施建设是西部大开发战略的重点任务之一。2000年以来，西部地区基础设施建设得到了良好的发展契机，国家在投入和政策方面对于西部地区有了很大程度的倾斜，中央政府及各级地方政府对西部地区基础设施建设投资力度不断加强。截至2012年底，青藏铁路、"西气东输"、"西电东送"、水利枢纽、交通干线等187项重大项目全面开工，投资总规模约3.7万亿元。西部地区在交通、水利、能源、通信等领域的基础设施建设取得了实质性的进展，西部基础设施落后的状况明显改善。

（一）综合交通运输网络体系逐步完善

经过新中国成立后几十年的努力，西部地区已经逐步形成了以公路为主体，铁路、航空、内河航道组成的相对齐全的综合交通运输网络。国家实施西部大开发战略后，西部地区交通运输基础设施建设进入加速发展期。铁路建设方面，2000~2012年，西部地区铁路营业里程从2.21万千米增加到3.74万千米，累计新增营业里程1.54万千米，年均增长率达到4.52%，超过全国平均同期增长率1.55个百分点，营业里程占全国总量的比重由2000年的32.02%增加到2012年的38.32%，提高了6.3个百分点（见表2-14）。青藏铁路、宁西铁路、株六复线、太原至中卫（银川）、张家口至集宁等一批重大铁路项目相继建成并投入运营，兰新铁路第二双线新疆段联调联试工作已于2014年提前完成。

表2-14 2000~2012年西部地区铁路营业里程与东部地区及全国比较情况

单位：万千米

年份	西部地区	东部地区	全国	西部占全国比重（%）
2000	2.21	1.49	6.87	32.02
2001	2.58	1.90	7.01	36.80
2002	2.67	1.98	7.19	37.13
2003	2.67	2.06	7.30	36.58
2004	2.71	2.12	7.44	36.42
2005	2.76	2.12	7.54	36.60
2006	2.92	2.13	7.71	37.87
2007	2.95	2.15	7.80	37.82
2008	2.95	2.22	7.97	37.01
2009	3.28	2.35	8.55	38.36
2010	3.58	2.46	9.12	39.25
2011	3.64	2.61	9.32	39.06
2012	3.74	2.76	9.76	38.32
年均增长率（%）	4.52	5.27	2.97	—

数据来源：2001~2013年《中国统计年鉴》。

公路建设方面，以国道主干线和西部通道为主体的西部干线公路建设持续加速，农村公路建设成就显著，2000~2012年，西部地区公路通车里程由55.39万千米增加到168.57万千米，累计新增公路里程113.18万千米，年均增长率达到9.72%，增速分别超过同期东部地区和全国平均水平1.49个百分点和1.7个百分点，公路里程占全国总量的比重由2000年的32.97%增加到2012年的39.78%，阿荣旗至北海公路、兰州至云南磨憨公路、阿勒泰至红其拉甫公路、西宁至库尔勒公路、银川至武汉公路、西安至合肥公路、重庆至长沙公路、成都至西藏樟木公路西部规划八条通道已经基本建成，大大改善了西部地区通行条件；与此同时，西部地区高速公路发展迅速，2000~2012年，西部地区高速公路里程由0.36万千米增加到2.9万千米，年均增长率达到18.99%，增速分别高出同期东部地区（11.75%）、全国平均（15.94%）水平7.24个百分点和3.05个百分点，西部地区高速公路里程占全国总量的比重由2000年的22.09%增加到2012年的30.15%，提高了8.06个百分点，如表2-15所示。

表2-15 2000~2012年西部地区公路通车里程变化情况

年份	公路里程		高速公路里程	
	西部地区（万千米）	占全国比重（%）	西部地区（万千米）	占全国比重（%）
2000	55.39	32.97	0.36	22.09
2001	69.89	41.16	0.43	22.16
2002	72.58	41.12	0.57	22.71
2003	73.94	40.86	0.69	23.23
2004	75.73	40.48	0.87	25.36
2005	78.02	23.32	1.05	25.61
2006	126.09	36.47	1.17	25.83
2007	133.93	37.37	1.49	27.64
2008	142.11	38.10	1.65	27.36
2009	150.46	38.97	1.85	28.42
2010	156.83	39.13	2.13	28.74
2011	162.29	39.52	2.53	29.80
2012	168.57	39.78	2.9	30.15
年均增长率（%）	9.72	—	18.99	—

数据来源：2001~2013年《中国统计年鉴》。

航空与内河航道方面，西部地区在完善原有枢纽机场和干线机场的同时，新建或扩建了一批新的机场：如新疆的阿泰勒、库车和且末，甘肃的敦煌，青海的格尔木，内蒙古的鄂尔多斯，四川的攀枝花、九寨沟、绵阳、广元、泸州，重庆市的万州五桥机场、黔江舟白机场、贵州的铜仁、云南的临沧、思茅等，民用航空机场的数量快速增长，由 2000 年的 54 个增加到 2013 年的 92 个，"十二五"期间，除干线机场外，将完成榆林、格尔木机场扩建工程，实施延安、汉中、安康、天水机场迁建工程，新建府谷、定边、甘南、陇南、平凉、德令哈、果洛、花土沟、祁连等机场，西部航空网络将进一步得到完善；另外，西部地区以长江三峡和黄河上游河道为中心，大力发展内河航运业，2000～2012 年，西部地区内河航道总里程由 2.19 万千米增加到 3.2 万千米，年均增长率达到 3.21%，增速高出同期全国平均水平 2.82 个百分点，西部地区内河航道总里程占全国总量的比重由 2000 年的 18.36% 增加到 2012 年的 25.60%，提高了 7.24 个百分点。2012 年，西部地区水运客运总量达到 8963 万人，比 2000 年西部水运客运的 6664 万人增加了 34.50%，如表 2－16 所示。

表 2－16 2000～2012 年西部地区内河航道里程及水运客运量变化情况

年份	内河航道里程			西部水运客运量
	西部地区（万千米）	全国（万千米）	西部占全国比重（%）	（万人）
2000	2.19	11.93	18.36	6664
2001	2.35	12.15	19.34	6917
2002	2.35	12.16	19.33	7331
2003	3.09	12.4	24.92	6861
2004	3.07	12.33	24.90	7441
2005	3.08	12.33	24.98	8057
2006	3.09	12.34	25.04	8649
2007	3.1	12.35	25.10	8890
2008	3.1	12.28	25.24	7209
2009	3.11	12.37	25.14	7222
2010	3.16	12.42	25.44	7602
2011	3.19	12.46	25.60	8465
2012	3.2	12.5	25.60	8963
年均增长率(%)	3.21	0.39	—	2.50

  数据来源：2001～2013 年《中国统计年鉴》。

(二) 通信基础设施建设速度加快

实施西部大开发战略后,西部地区的通信基础设施建设是新中国成立以来发展最快的。随着光缆的投入,西部通信走廊、数字化城市、宽带服务和农村电话等工程的建设力度不断加强,使西部地区的网络通信服务能力和通信服务水平都得到了全面提升。2001~2012 年,西部地区长途光缆线路总长度由 15.38 万千米增加到 39.84 万千米,年均增长率达到 9.04%,增速超过东部地区及全国同期水平,西部长途光缆线路长度占全国总量的比重由 2001 年的 38.54% 增加到 2012 年的 45.89%,提高了 7.35 个百分点。移动电话交换机容量由 2001 年的 4710.88 万户增加到 2012 年的 49705.93 万户,增长了近 10 倍,年均增长率达到 23.89%。互联网宽带接入端口数由 2006 年的 1079.7 万个增加到 2012 年的 6543.5 万个,年均增长率达到 35.03%。互联网上网人数由 2002 年的 708 万人增加到 2012 年的 12525 万人,年均增长率达到 33.28%。另外,西部地区邮政营业网点数量由 2001 年的 19412 处增加到 2012 年的 26079 处,年均增长率达到 2.72%,如表 2-17 所示。

表 2-17 2001~2012 年西部地区相关通信基础设施变化情况

年份	长途光缆线路		移动电话交换机容量(万户)	互联网宽带接入端口数(万个)	邮政营业网点数量(处)
	长度(万千米)	占比(%)			
2001	15.38	38.54	4710.9	—	19412
2002	19.39	39.76	5753.1	—	20979
2003	23.28	39.17	6855.9	—	21109
2004	26.08	37.51	8096.3	—	20887
2005	27.31	37.77	9510.8	—	21161
2006	29.91	41.40	12875.2	1079.7	20926
2007	34.08	43.02	18431.6	1462.2	21227
2008	35.37	44.32	27131.2	1929.8	20788
2009	38.1	45.85	35007.8	2450.1	20441
2010	35.94	43.93	37126.5	3524.8	21474
2011	38.16	45.30	44156.6	4691.5	23022
2012	39.84	45.89	49705.9	6543.5	26079
年均增长率(%)	9.04		23.89	35.03	2.72

注:"占比"为西部地区长途光缆线路长度占全国总量的比重。

数据来源:2001~2013 年《中国统计年鉴》。

基础设施的逐步完善，极大地推动了西部地区邮电行业的发展，2001~2012年，西部地区邮电业务总量由793.52亿元增加到3231.7亿元，年均增长率达到13.62%，其中，邮政业务总量和电信业务总量分别由80.44亿元、713.08亿元增加到245.76亿元、2985.95亿元，年均增长率分别为10.69%、13.90%，如表2-18所示。

表2-18　2001~2012年西部地区邮电业务量变化情况　　　　单位：亿元

年份	邮电业务总量	邮政业务总量	电信业务总量
2001	793.52	80.44	713.08
2002	1074.80	85.3	989.51
2003	1318.23	92.45	1225.79
2004	1843.36	96.60	1746.78
2005	2351.45	105.21	2246.25
2006	3000.42	125.32	2875.10
2007	3977.43	150.03	3827.38
2008	4897.29	174.22	4723.09
2009	5891.84	204.32	5687.51
2010	6890.94	256.90	6634.04
2011	2849.84	211.30	2638.54
2012	3231.70	245.76	2985.95
年均增长率（%）	13.62	10.69	13.90

数据来源：2002~2013年《中国统计年鉴》。

（三）水利、水电基础设施明显改善

西部地区水利发展是支撑我国实施西部大开发战略、统筹区域发展战略全局的重要基础。西部大开发以来，国家不断加大投入力度，加快西部地区水利、水电基础设施建设，围绕枢纽及防洪、水土保持和生态建设、水资源等领域实施了一大批重点水利工程，其中，枢纽及防洪工程包括广西右江百色水利枢纽工程、嫩江尼尔基水利枢纽、宁夏黄河沙坡头水利枢纽工程、内蒙古三座店水利枢纽工程、新疆喀腊塑克水利枢纽工程、四川武都引水二期等工程建设，部分工程已完工并开始发挥效益；水土保持和生态建设工程包括黑河、塔里木河、石羊河等流域综合治理，以及东北黑土地、长江上中游和黄河上中游地区重点水土保持工程建设；水资源工程包括甘肃省引洮供水一期工程、重庆鲤鱼塘水库、宁夏青铜峡灌区、恰甫其海水资源二期工程南岸干渠及灌区工程、西部地区农村饮水安全工程等。与此同时，实施了一批水利专项工程，包括西藏水利专项、西藏一江两河专项、三峡库区专项、西部地区小水电及农村电气化、西部地区水利血防等工程[1]。2000～2012年，中央财政向西部地区投入的水利建设资金累计达到2448亿元，其中，2000～2010年累计投入1270亿元，年均增长率为21%，远高于同期全国中央水利投资11%的增长速度；2011～2012年，中央水利投资继续向西部地区倾斜，2012年安排西部地区中央水利投资682亿元，占全国中央水利投资总规模的43%，较2011年的496亿元增加了186亿元，增幅达37%[2]。

农田水利基本建设方面取得显著成效，2000～2012年，西部地区新增有效灌溉面积3347.91千公顷，2012年末有效灌溉面积达到18522.51千公顷，创历史新高；累计新增水库1157座，2012年水库总库容量达到2059.57亿立方米，比2000年增加了959.77亿立方米，年均增长率为5.37%；2000～2012年，西部地区累计综合治理水土流失面积达到583127.81千公顷，其中，2012年达到53517.12千公顷，比2000年增长了51.51%。如表2-19所示。

表2-19 2000～2012年西部地区农田水利基本建设成效

年份	有效灌溉面积（千公顷）	水库数（座）	水库总库容量（亿立方米）	水土流失治理面积（千公顷）
2000	15174.60	23524	1099.80	35323.00
2001	15443.42	23618	1167.24	36731.80
2002	15431.59	23751	1225.92	38747.00
2003	15446.30	23697	1254.31	41052.10
2004	15581.30	23744	1276.38	42497.60
2005	15841.54	23702	1288.92	44024.45
2006	16086.83	23900	1475.93	45457.74
2007	16344.15	23996	1490.42	46644.23
2008	17065.47	24233	1869.89	47686.84
2009	17419.24	24378	1984.22	49193.89
2010	17747.27	24461	2018.90	50295.40
2011	18155.99	24563	2047.45	51956.64
2012	18522.51	24681	2059.57	53517.12

数据来源：2002～2013年《中国统计年鉴》。

---

[1] 西部大开发10年实施的重大水利工程，http://www.china.com.cn/economic/zhuanti/xbkaifa/2009-11/27/content_18967737.htm.

[2] 为深入实施西部大开发战略提供有力保障.水利部，http://www.gov.cn/gzdt/2012-11/30/content_2279634.htm.

农村水电基础设施建设显著加强，2000～2012 年，西部地区新增乡村办水电站3180 个，装机容量达到3188.15 万千瓦，比2000 年增长了近17 倍，西部农村用电条件显著改善。另外，2003～2012 年，西部地区农村水电建设投资额累计达到2583.7 亿元，占全国同期农村水电建设投资总规模的61.11%，西部农村累计新增发电设备容量达到2565.52 万千瓦，如表2-20 所示。

表 2-20 2000～2012 年西部地区农村水电基础设施建设成效

年份	乡村办水电站个数（个）	乡村办水电站装机容量（万千瓦）	农村水电建设投资额（万元）	农村发电设备容量（千瓦）
2000	10381	179.42	—	—
2001	9410	182.71	—	—
2002	7908	186.9	—	—
2003	7290	206.65	1327252	13808891
2004	6786	213.77	1826158	15937773
2005	6249	237.98	2085462	18685415
2006	6598	260.45	2745499	20590210
2007	6285	264.82	3395441	25042181
2008	13253	2233.4	2951590	22088243
2009	13234	2473.04	2986382	24483832
2010	13137	2755.44	2937553	27274052
2011	13324	2961.1	2825276	29318850
2012	13561	3188.15	2756505	31586304

数据来源：2002～2013 年《中国统计年鉴》。

（四）能源供应设施建设取得突破性进展

2000 年以来，在西部大开发战略的推动下，西部地区水能资源、煤炭资源、石油天然气资源丰富的优势进一步得到发挥，内蒙古、新疆、陕西、甘肃、云南、四川等西部省区依托各自能源禀赋优势，快速成长为我国重要的能源基地。"西电东送"、"西气东输"等一批重要的电油气能源通道工程顺利实施。其中，"西电东送"是实施西部大开发战略的重要标志性工程，目前已初步构建了北、中、南3 条送电通道。截至2013 年6 月，"西电东送"工程核准并开工建设输变电项目 48 个, 概算总投资 2825 亿元, 其中有 43 个项目已建成投产, 完成投资 1793 亿元[①];"西气东输"是我国进入 21 世纪后启动的最大工程: 上游气田勘探开发投资 273 亿元, 管道建设投资 435 亿元, 下游用气项目及城市管网建设投资 688 亿元, 投资规模不亚于三峡工程, 长达 4000 多千米、管径 1016 毫米, 横跨中国东西部九个省 (区、市)[②], 截至 2012 年底, 已累计输送天然气 1800 亿立方米, 可替代燃煤 2.3 亿吨。

四、生态环境建设

(一) 自然保护区建设初具规模

我国西部地区自然条件恶劣, 生态环境脆弱, 中国四大生态脆弱带, 即高寒、沙漠、黄土、喀斯特多分布在西部地区。长期以来, 西部地区水土流失、沙漠化、草原退化、生物多样性减少及沙尘暴频繁发生等生态环境问题日趋严重, 已经严重影响到西部地区乃至全国的生态安全。因此, 加强西部地区生态环境的保护和建设, 从根本上扭转生态环境日益恶化的状况, 是西部大开发战略的重要任务之一, 关系到战略实施的成败。

2000 年以来, 国家启动实施了"全国野生动、植物保护及自然保护区建设工程", 有力地推动了西部地区生态建设和自然保护工作。2000~2011 年, 西部地区新增自然保护区 327 个, 自然保护区面积由 1999 年的 740140 百公顷增加到 2011 年的 1062277 百公顷, 占全国自然保护区总面积的比重达到 85.07%, 新增面积 322137 百公顷, 增加了 43.52%, 年均增长率达到 3.06% (见表 2 – 21), 超过了同期全国平均水平 (2.94%), 有 8 个省份年均增长率超过全国平均水平, 其中, 青海、重庆、陕西、贵州、宁夏等省 (区、市) 显著快于全国平均增速, 基本形成了布局合理、类型较为齐全、功能逐步完善的自然保护区网络。

表 2 – 21　1999 年、2011 年西部地区各省 (区、市) 自然保护区建设情况

地区	自然保护区个数 (个)		自然保护区面积 (百公顷)		年均增长率 (%)
	1999 年	2011 年	1999 年	2011 年	
全国	1146	2150	881524	1248650	2.94
内蒙古	74	140	61455	106347	4.68

---

① 西电东送是实施西部大开发战略标志性工程, http://energy.chinairn.com/news/20140617/101809331.shtml.

② 西气东输工程是我国进入 21 世纪后启动的最大工程, http://news.cnpc.com.cn/system/2013/07/15/001437576.shtml.

续表

地区	自然保护区个数（个）		自然保护区面积（百公顷）		年均增长率
	1999 年	2011 年	1999 年	2011 年	（%）
广西	62	63	16122	13149	-1.68
重庆	14	52	1963	6906	11.05
四川	71	125	39600	78562	5.87
贵州	59	105	3378	9042	8.55
云南	111	126	21853	26321	1.56
西藏	14	61	385266	410051	0.52
陕西	14	47	3100	10742	10.91
甘肃	35	50	50457	87858	4.73
青海	4	10	50225	216874	12.96
宁夏	8	6	2048	4907	7.55
新疆	20	28	104671	91518	-1.11
西部合计	486	813	740140	1062277	3.06

注：表中"年均增长率"为 1999 年、2011 年自然保护区面积的年均增长率。

数据来源：根据 2012 年《中国林业统计年鉴》、2000 年《中国农村统计年鉴》有关数据整理计算所得。

（二）退耕还林与人工造林效益明显

西部大开发以来，在国家大力支持下，西部地区通过实施退耕还林、天然林保护、退牧还草等生态工程，大力增加和恢复林草植被，荒漠化趋势有所遏制，风沙危害减轻，取得了明显的生态效益。2001～2012 年，西部地区人工造林面积累计 13651225 公顷，占全国同期人工造林总面积的 59.09%，其中，2001～2007 年，西部地区退耕造林面积累计 4532503 公顷，占全国同期退耕地造林总面积的 62.08%，极大地改善了西部地区的生态环境，如表 2-22 所示。

表 2-22 2001～2012 年西部地区退耕还林与人工造林情况　　单位：公顷

年份	人工造林面积			退耕地造林面积		
	西部地区	全国	占比（%）	西部地区	全国	占比（%）
2001	681046	890292	76.50	308404	405442	76.07
2002	2712814	4423607	61.33	1269846	2039768	62.25
2003	3793514	6196128	61.22	1871522	3085926	60.65

续表

年份	人工造林面积			退耕地造林面积		
	西部地区	全国	占比（%）	西部地区	全国	占比（%）
2004	1905193	3217542	59.21	507697	824895	61.55
2005	1068455	1898360	56.28	443286	667390	66.42
2006	451624	976991	46.23	103102	218492	47.19
2007	553628	1056020	52.43	28646	59457	48.18
2008	608582	1189695	51.15	—	—	—
2009	511739	886666	57.71	—	—	—
2010	560353	982617	57.03	—	—	—
2011	418602	730177	57.33	—	—	—
2012	385675	655271	58.86	—	—	—
累计	13651225	23103366	59.09	4532503	7301370	62.08

注：2007 年后，国家退耕地造林规模较小，未做统计，表中"占比"为西部地区造林面积占全国总量的比重。

数据来源：2001～2012 年《中国林业统计年鉴》有关数据整理计算所得。

第三节　西部地区目前存在的主要问题

西部大开发以来，在党中央的英明领导下、全国人民的大力支持下以及广大西部地区人民的努力下，西部地区在综合实力提升、基础设施完善、结构转型、社会民生改善、生态环境建设等方面取得了举世瞩目的巨大成就，诸多事实证明：国务院实施西部大开发的战略决策是无比正确的，采取的政策措施也是十分得力的，取得的成就更是显而易见的。但是，由于受历史、环境、社会发展阶段等多种因素影响，在全国各地竞相发展的情况下，西部地区与发达地区仍存在较大差距，少数民族和民族地区经济社会发展仍然存在诸多矛盾和问题。如经济社会的发展水平仍然滞后，市场经济很不发达，劳动生产率低，经济效益差，文化、教育、科技、卫生等事业远远跟不上形势发展的需要。生产的落后同人民日益增长的物质文化需求的矛盾，仍然是社会的主要矛盾。我们更应该看到，当前西部地区发展的基础依然薄弱，西部地区发展的生态依然脆弱，西部地区的社会和谐有待加强，西部地区的可持续发展能力仍需要稳固。当前，西部大开发仍面临如下主要问题。

一、与东部发达地区的绝对差距仍在扩大

西部是中国经济最落后的地区,中国绝大多数的贫困人口都生活在西部。西部大开发之前,西部地区的经济增长速度一直低于东部发达地区,国内生产总值占全国的比重逐年下降,人均GDP与东部发达地区的绝对差距呈不断扩大态势。西部大开发以来,西部地区各项事业获得较快发展,与东部地区的差距扩大的趋势得到有效遏制,人们的生活条件都有了较大改善,尤其是相对差距缩小趋势明显,这是西部大开发的一个了不起的成就。但是,一个不容忽视、不容回避的现实却是西部大开发战略实施以来,东西部之间的绝对差距并没有缩小,反而进一步扩大。

从地区生产总值看,2000~2013年东西部地区生产总值的比值从3.32下降到2.77;从人均地区生产总值来看,东西部人均地区生产总值的相对差距从2003年开始呈现逐步缩小的态势,东西部比值从2003年的2.50下降到2013年的1.81。但是从绝对差距来看,2000~2013年,东西部人均地区生产总值的绝对差额继续呈扩大趋势,从2000年的6944元扩大到2013年的27759元。另外,西部地区城镇人口人均可支配收入与全国平均水平相比,差额由2000年的728.9元扩大到2012年的4007.3元,农村居民人均纯收入与全国平均水平的差额由2000年的636.3元扩大到2012年的2231.5元,绝对水平差距进一步拉大(见表2-23)。当然,这种绝对差距的扩大和东、西部地区的基数有关,由于当前东部发达地区仍处于较快发展状态,西部地区与东部地区的人均绝对差距仍将在一个较长时期内维持扩大的趋势。

表2-23 2000~2013年东、西部地区生产总值与人均生产总值比较情况

年份	地区生产总值			人均地区生产总值			
	东部(亿元)	西部(亿元)	比值	东部(元)	西部(元)	比值	绝对差距(元)
2000	57412.5	17276.4	3.32	11792	4848	2.43	6944
2001	63628.5	18939.4	3.36	12971	5316	2.44	7655
2002	71182.0	20956.7	3.40	14390	5859	2.46	8531
2003	82971.6	23975.2	3.46	16618	6660	2.50	9958
2004	99488.4	28945.2	3.44	19715	8024	2.46	11691
2005	118596.2	34086.7	3.48	23277	9490	2.45	13787
2006	138522.9	40346.4	3.43	26789	11202	2.39	15587
2007	165194.0	49184.1	3.36	31491	13629	2.31	17862
2008	194085.2	60447.8	3.21	36503	16680	2.19	19823

续表

年份	地区生产总值			人均地区生产总值			
	东部（亿元）	西部（亿元）	比值	东部（元）	西部（元）	比值	绝对差距（元）
2009	211886.9	66973.5	3.16	39319	18407	2.14	20912
2010	250487.9	81408.5	3.08	45510	22570	2.02	22940
2011	293581.5	100235.0	2.93	52949	27672	1.91	25277
2012	320738.5	113904.8	2.82	57429	31268	1.84	26161
2013	349336.5	126002.8	2.77	62151	34392	1.81	27759

注：表中"比值"为当年东部地区与西部地区生产总值（人均地区生产总值）之比，"绝对差距"为当年东部地区与西部地区人均地区生产总值之差额。

数据来源：2001～2014年《中国统计年鉴》有关数据整理计算所得。

二、西部地区内部差距进一步扩大

虽然西部大开发以来，西部地区各省（区、市）均获得较快发展，但区域内不平衡现象加剧，主要体现在各省（区、市）之间的差距以及整个西部城乡居民收入差距均有进一步扩大趋势。2000年，西部地区人均GDP最高的省份新疆为7372元，最低的省份贵州为2759元，前者为后者的2.67倍，两者绝对差额为4613元，而到了2013年，西部地区人均GDP最高的省份内蒙古为67498元，最低的省份贵州为22922元，前者为后者的2.94倍，两者绝对差额为44576元，相对差距与绝对差距均在拉大。期间，各省份的年均增长率存在一定的差异，内蒙古最高，达到19.72%，最低的是新疆，年均增长率仅为13.25%，其人均GDP排名也从西部第一位下降到第五位，如表2-24所示。

表2-24　2000年、2013年西部地区各省（区、市）人均生产总值及其排名变动情况

地区	2000年		2013年		年均增长率
	人均GDP（元）	排名	人均GDP（元）	排名	（%）
内蒙古	6502	2	67498	1	19.72
广西	4652	9	30588	8	15.59
重庆	6274	3	42795	2	15.92
四川	4956	7	32454	7	15.55
贵州	2759	12	22922	12	17.69
云南	4770	8	25083	10	13.62
西藏	4572	10	26068	9	14.33
陕西	4968	6	42692	3	17.99

续表

地区	2000 年		2013 年		年均增长率
	人均 GDP（元）	排名	人均 GDP（元）	排名	（%）
甘肃	4129	11	24296	11	14.61
青海	5138	5	36510	6	16.28
宁夏	5376	4	39420	4	16.56
新疆	7372	1	37181	5	13.25
相对差距（倍）	2.67	—	2.94	—	—
绝对差距（元）	4613	—	44576	—	—

注：表中"相对差距"为当年人均 GDP 最高省份与人均 GDP 最低省份的人均 GDP 之比；"绝对差距"当年人均 GDP 最高省份与人均 GDP 最低省份的人均 GDP 之差；"排名"为依据当年人均 GDP 高低的西部排名。

数据来源：2001～2014 年《中国统计年鉴》有关数据整理计算所得。

城乡居民收入差距方面，2000 年西部地区城镇居民人均可支配收入 5551.1 元，农村居民人均纯收入 1617.1 元，城乡居民收入比为 3.43，在此后的十几年里，城乡居民收入比一直维持在 3.60 以上，其中，2008 年高达 3.94，从绝对差距来看，2012 年为 14872.3 元，比 2000 年的 3934.0 元拉大了 278%。期间，西部地区城镇居民人均可支配收入年均增长速度为 11.53%，比农村居民人均纯收入年均增长速度快 0.48 个百分点，城镇居民人均可支配收入增长总额达 15006.3 元，是农村居民人均纯收入增加额的 3.69 倍，又由于城镇居民人均可支配收入基数高，所以城乡居民收入差距的绝对值仍呈扩大态势，如表 2－25 所示。

表 2－25　2000～2012 年西部地区城乡居民收入差距变化情况　　单位：元

年份	城镇居民人均可支配收入	农村居民人均纯收入	城乡收入绝对差	城乡收入比
2000	5551.1	1617.1	3934.0	3.43
2001	6123.5	1673.1	4450.4	3.66
2002	6642.2	1761.2	4881.0	3.77
2003	7198.0	1864.8	5333.2	3.86
2004	7975.1	2064.0	5911.1	3.86
2005	8718.6	2390.1	6328.5	3.65
2006	9720.1	2591.4	7128.7	3.75
2007	11349.6	3037.6	8312.0	3.74

续表

年份	城镇居民人均可支配收入	农村居民人均纯收入	城乡收入绝对差	城乡收入比
2008	13016.1	3304.1	9712.0	3.94
2009	14058.2	3755.6	10302.6	3.74
2010	15994.9	4158.5	11836.4	3.85
2011	18112.9	4928.1	13184.8	3.68
2012	20557.4	5685.1	14872.3	3.62
年均增长率（%）	11.53	11.05	—	—

数据来源：2001~2013年《中国统计年鉴》有关数据整理计算所得。

三、基础设施条件仍落后于东部地区

西部大开发以来，西部地区基础设施落后的状况虽然获得明显改善，但由于基础设施底子薄弱，目前相对于东部发达地区而言，西部地区基础设施条件仍落后于东部地区，仍然是制约西部地区发展的薄弱环节。交通方面，与东部地区相比，公路、铁路与水路等交通基础设施总供给依然不足，2012年，西部地区公路路网密度、铁路路网密度、内河航道密度分别为2550.88千米/万平方千米、56.60千米/万平方千米、48.42千米/万平方千米，分别为东部地区的23.58%、21.69%、9.57%，与东部地区差距较大；通信基础设施方面，2011年，西部地区的互联网接入户数按每百万人口计算是东部地区的53.76%，与东部地区还有较大差距，2012年，西部地区每百人拥有电话数量为89.23部（包括移动电话），比东部地区少39.2部，东、中、西部地区快递业务收入的比重分别为82.3%、9.3%和8.4%，业务量比重分别为81.9%、10.5%和7.6%，西部地区与东部地区差距较为明显；农村水利水电方面，2012年，西部地区水库数量为24681座，比东部地区少了825座，水库库容量为2059.5亿立方米，比东部地区少了111亿立方米，乡村办水电站数为13561个，比东部地区少了7008个，与东部地区的差距较为明显，如表2－26所示。

表2－26　2012年东部、西部地区基础设施比较情况

地区	交通密度（千米/万平方千米）			电话普及率（部/百人）	水库数量（座）	水库库容量（亿立方米）	乡村办水电站数（个）
	公路密度	铁路密度	河道密度				
西部	2550.88	56.60	48.42	89.23	24681	2059.5	13561
东部	10818.84	260.97	505.86	128.43	25506	2170.5	20569

数据来源：2013年《中国统计年鉴》、《中国农村统计年鉴》有关数据整理计算所得。

四、产业结构有待调整

从纵向看，西部大开发以来，西部地区产业结构不断趋于优化，但与东部发达地区相比还有较为明显的差距。具体表现在以下几方面：①第一产业所占比重仍然相对较大，与东部地区相比仍有一定的差距，但这种差距较西部大开发前有所缩小。2013 年西部地区第一产业所占比重为 12.46%，比东部地区高 6.10 个百分点；而 2000 年西部地区第一产业所占的比重为 21.44%，比东部地区高 10.42 个百分点。②西部地区第三产业增加值所占比重仍然偏低，且与东部地区的差距进一步扩大，2000 年，西部地区第三产业增加值所占比重为 39.59%，比东部地区低 1.37 个百分点，但是 2013 年西部地区第三产业增加值所占比重仅为 38.05%，比东部地区低 8.28 个百分点。③2000 年以来，西部地区第二产业发展较快，增加值所占比重提高了 10.52 个百分点，超过了东部地区第二产业比重（见表 2 - 27）。上述分析表明，与东部地区相比，西部地区三次产业结构仍然较落后，尤其是第三产业发展滞后，对 GDP 的贡献份额偏小。

表 2 - 27　2000 ~ 2013 年西部地区与东部地区三次产业结构比较情况

年份	西部地区 GDP 构成（合计 = 100）			东部地区 GDP 构成（合计 = 100）		
	第一产业	第二产业	第三产业	第一产业	第二产业	第三产业
2000	21.44	38.97	39.59	11.02	48.02	40.96
2001	20.18	38.79	41.03	10.45	47.34	42.21
2002	19.23	38.91	41.86	9.67	47.30	43.03
2003	18.51	40.23	41.26	8.81	49.21	41.99
2004	18.65	41.53	39.82	8.76	50.48	40.76
2005	17.36	43.20	39.44	7.97	51.12	40.91
2006	15.62	45.34	39.05	7.23	51.35	41.41
2007	15.55	46.12	38.33	7.04	50.75	42.21
2008	14.73	47.65	37.62	6.93	50.83	42.24
2009	13.73	47.46	38.81	6.74	49.53	43.72
2010	13.15	49.99	36.87	6.49	49.72	43.79
2011	12.74	50.92	36.34	6.40	49.35	44.24
2012	12.58	50.13	37.28	6.39	48.23	45.38
2013	12.46	49.49	38.05	6.36	47.31	46.33

数据来源：2001 ~ 2014 年《中国统计年鉴》。

西部地区产业结构不合理还体现在轻、重工业结构比例失调，轻工业的发展严重滞后于重工业。数据表明，西部地区重工业产值占整个工业总产值的比重逐年上升，2011 年达到 76.34%，霍夫曼系数高达 3.23，均显著高于东部地区，按照霍夫曼工业化阶段指数评价，西部地区已经进入工业化的高级阶段，这显然也与实际情况不相符。究其原因，一方面，在于西部地区轻工业发展严重滞后，轻、重工业结构比例失调；另一方面，从国家宏观层面看，西部地区是我国能源及主要矿产资源的生产基地，大量的重工业产品（包括能源）输向国内其他地区，即西部的重工业产品并非本地区消化，霍夫曼系数并不能完全反映西部地区的工业化水平。另外，从制造业内部构成来看，西部地区技术含量高的加工制造业行业较少，多为能源、矿产资源的初级加工行业（如石油加工、黑色金属冶炼及压延加工等），与东部相比还有较大的差距。

五、基本公共服务水平偏低

按照公共服务均等化的原则，不断提高西部地区的基本公共服务水平，使西部地区广大群众能够和东、中部地区的人民群众一起分享国家繁荣富强带来的成果，这是西部大开发的重要战略，也是新时期推动我国社会和谐的一项十分重要的任务。但是由于自然条件、经济基础等方面的原因，一直以来，西部地区公共服务水平与全国和东部地区相比差距很大，虽然西部大开发以来取得一些进步，但基本公共服务体系仍存在不少薄弱环节。教育方面，尽管西部大开发以来国家及西部地方政府加大了财政在教育上的投入，但由于西部地区的经济基础薄弱、教育资源存量太少，教育投入仍远不能满足教育发展的需要，与东部发达地区相比差距仍然较大。2011 年，东、西部所占教育总经费的比重分别为 39.21% 和 25.59%，西部地区低于东部 13.62 个百分点（西部地区基础教育发展报告，吉执来），另外，西部地区小学、初中生均仪器设备值与东部地区差距较大，尚不足东部地区的一半，一些西部省份尚不足上海和北京的 1/10[①]。医疗卫生方面，2012 年，西部地区医疗机构数、卫生人员数、卫生机构医疗床位数分别为 300255 个、237.45 万人、160.96 万张，分别比东部地区少了 42809 个、157.66 万人、71.44 万张；社会保障方面，2012 年，西部地区城镇职工参加养老保险人数、城镇基本医疗保险年末参保人数、失业保险参保人数以及新型农村社会养老保险试点参保人数分别为 5600.83 万人、12484.2 万人、2678.75 万人和 8828.91 万人，占总量比重分别为 34.37%、76.60%、16.44% 和 42.75%，分别比东部地区低 16.12 个百分点、2.70 个百分点、9.69 个百分点和 10.88 个百分点，如表 2 - 28 所示。

---

① 佘宇. 改善教育民生需要注意轻重缓急. 全球政务网，http：//www.govinfo.so/news_info.php? id=3858.

表 2-28　2012 年西部地区与东部地区养老、医疗、失业等保险参保情况比较

地区	城镇职工参加养老保险		城镇基本医疗保险参保		城镇人口失业保险参保		新型农村社会养老保险试点参保	
	人数（万人）	占比（%）	人数（万人）	占比（%）	人数（万人）	占比（%）	人数（万人）	占比（%）
西部	5600.83	34.37	12484.2	76.60	2678.75	16.44	8828.91	42.75
东部	17527.21	50.49	27527.8	79.30	9070.2	26.13	11592.31	53.63
差距	11926.38	16.12	15043.6	2.70	6391.45	9.69	2763.4	10.88

注：表中"差距"为东部地区与西部地区相关指标的差额。

数据来源：2013 年《中国统计年鉴》有关数据整理计算所得。

六、生态环境建设任务依然繁重

西部是我国生态环境的脆弱地区，限制开发区域和禁止开发区域占国土面积比重高，且西部各地区自然生态环境迥异，生态问题各有各的特点，如西北干旱、西南多山，中国高寒、沙漠、黄土、喀斯特四类生态脆弱带多分布于西部，虽然西部大开发十多年来的生态环境建设取得显著成效，但只是局部有所改善，总体仍然呈恶化趋势，生态环境建设任务依然十分繁重。具体而言，主要表现在以下几个方面。

（1）森林覆盖率低，水土流失严重。西部大开发以来，西部开展了一系列重大林业生态修复工程建设，2011 年，西部地区森林覆盖率达到 17.3%，比 2000 年提高了 7 个百分点，但仍显著低于东部地区（35.68%），其中，西藏、甘肃、青海、宁夏、新疆五省区分别仅为 11.9%、10.4%、4.6%、9.8%、4.0%。森林覆盖率低、植被减少，直接造成西部地区严重的水土流失。资料显示，我国是世界上水土流失最为严重的国家之一，现有流失面积 356 万平方千米，其中，西部地区占全国的 62.5%，全国每年流失土壤约 50 亿吨，其中，西部地区占全国的 80%。

（2）草原退化严重。草原在西部地区的生态功能价值远高于森林，但目前西部草原存在相当严重的退化问题，其中，草原退化最为严重的地区为新疆、西藏和内蒙古，据中国新闻网 2014 年 4 月 3 日报道，新疆草地面积约 5700 万公顷，因受自然条件、旅游开发、超载放牧等因素影响，近年来，牧区草场退化、生态环境逐渐恶化等问题日益严重，大约有 90% 的草地出现退化，严重退化的

在 50% ~60%①。西藏草原总面积 12.44 亿亩，其中有一半以上的草场严重退
化，1/10 左右的草场明显沙化，西藏全区已退化而不能放牧的草场面积已达 1.7
亿亩，藏北草原退化面积已达 2.05 亿亩，约占当地草地总面积的 49%②。内蒙
古草原退化严重，虽然西部大开发以来，内蒙古草原生态环境大为好转，但与
20 世纪 70 年代初相比，没治理过的草原产草量只有以前的一半；而经过治理的
草原，产草量也只达到了以前的 3/4③。

（3）自然灾害十分严重。西部地区自然条件相对恶劣，各种自然灾害频频
发生，主要有地震、旱灾、风灾、滑坡、崩塌和泥石流等，局部地区还有洪灾。
如 2008 年汶川特大地震以及新疆于田、四川攀枝花、西藏当雄等地区的地震，
新疆旱灾，内蒙古段黄河决堤，云南省泥石流和洪水，贵州、云南、广西、新疆
等地先后遭受风雹灾害，甘肃酒泉沙尘暴，四川、贵州、甘肃、青海等地崩塌、
滑坡等；2009 年新疆、内蒙古、宁夏、甘肃等地的严重干旱，云南的地震与山
体滑坡，四川的暴雨洪涝泥石流，新疆、内蒙古、宁夏、甘肃、陕西等地的暴雪
等；2010 年青海玉树地震、甘肃舟曲特大山洪泥石流、西南地区秋冬春特大干
旱、陕西安康山洪泥石流、贵州关岭山体滑坡等；2011 年重庆、四川、陕西等
地的秋雨灾害、西南地区夏秋连旱、云南盈江地震、广西、重庆、四川、贵州、
云南等地的冷冻和雪灾等；2012 年云南彝良地震、甘肃岷县特大冰雹山洪泥石
流灾害、川渝暴雨洪涝灾害等；2013 年四川芦山地震、四川盆地洪涝灾害、甘
肃岷县漳县地震灾害、西藏墨竹工卡山体滑坡灾害等。频发的自然灾害给西部
广大群众的生命财产带来重大损失，同时也给西部地区的生态环境建设带来巨大
的压力，严重影响了西部地区乃至全国的可持续发展。

（4）江河断流，湖泊枯萎。由于中上游的植被破坏，人为对水资源开发不
当及气候变异，西部一些地区出现了江河断流，湖泊枯萎等严重生态问题。除了
众所周知的黄河断流以外，内蒙古的呼伦贝尔七大河流全部断流，新疆的塔里木
河与玛纳斯河流域下游也断流严重，继罗布泊和艾丁湖相继干枯后，又一个大型
湖艾比湖也在不断枯萎。西部地区的水资源供需矛盾日趋突出，生态环境进一步
恶化，沙进人退和生态难民现象已经出现。

（5）生物多样性严重减少。西部地区原有丰富的生物资源，其特有的物种
数量非常多，但近年来随着生态环境不断恶化和过渡的乱采、滥捕、乱猎，野生
动、植物种群数量急剧减少，一些濒危的野生动、植物正面临灭绝。根据国家环

①　新疆草地退化率约 90%，专家称人工草地可缓解. 中国新闻网，http：//www. chinanews. com/
shipin/cnstv/2014/04－03/news404544. shtml.

②　西藏过半草地生态退化令人忧. 中国经济导报，http：//www. ceh. com. cn/jryw/2013/192018. shtml.

③　内蒙古草原退化沙化严重，呼伦贝尔七大河流现断流. 人民日报，2010－07－18.

境保护总局、中国科学院植物研究所编著的《中国珍稀濒危保护植物名录》和《国家重点保护野生动物名录》，西部地区的濒危动物有 12 纲 53 目 258 种，濒危植物有 188 种。

（6）工、农业生产污染严重。近年来，由于长期的不合理使用农药、化肥、农用薄膜及其他农业化学物质，西部地区农业生产造成的农业面源污染日益严重。化肥、农药污染日趋明显，近年来西部地区化肥、农药使用量呈逐年增长趋势，如广西、四川、云南，农产品农药残留超标率达到了 20% ~ 70%。农膜污染危害显著，如新疆产棉区每平方米土地里的废膜、残膜就有 1 ~ 2 千克；工业领域，近年来西部地区工业化进程及承接东部地区产业转移步伐逐步加快，对西部地区的生态环境造成威胁。长期以来，西部地区工业基础薄弱，工业生产以能源、原材料初级加工为主，近年来承接的东部产业也多属于高耗能、高污染项目。以新疆为例，2001 年以来，新疆的工业"三废"排放量呈现显著的上升趋势，年均增长率分别为 6.68%、17.57% 和 20.88%。

七、自我发展能力不足[①]

当前，制约西部地区国民经济与社会发展的一个主要障碍是西部自我发展能力严重不足。区域自我发展能力是一个综合性概念，可解构为区域资源的存量能力、利用能力和创生能力三个方面的子能力。项目组从存量能力、利用能力和创生能力三个方面构建了 25 项指标的区域自我发展能力评价指标体系，并对我国大陆 31 个省（区、市）自我发展能力及各子能力的评价指数值进行了测算，结果如表 2-29 所示。

表 2-29　西部地区自我发展能力指数得分及排名情况

地区	资源存量能力		资源利用能力		资源创生能力		自我发展能力	
	指数	排名	指数	排名	指数	排名	指数	综合排名
内蒙古	0.0392	16	0.2453	11	0.0993	28	0.1586	21
广　西	0.0444	11	0.2103	18	0.1380	21	0.1593	20
重　庆	0.0325	24	0.2009	21	0.2455	7	0.1983	9
四　川	0.0462	10	0.1829	23	0.1471	17	0.1508	22
贵　州	0.0189	29	0.0987	28	0.1143	26	0.0951	28
云　南	0.0340	23	0.1722	24	0.1415	19	0.1420	24
西　藏	0.0133	31	0.0974	29	0.0381	31	0.0622	31

---

① 本部分作为阶段性成果，发表在《工业技术经济》2014 年第 1 期。

续表

地区	资源存量能力		资源利用能力		资源创生能力		自我发展能力	
	指数	排名	指数	排名	指数	排名	指数	综合排名
陕　西	0.0375	19	0.2301	15	0.2021	10	0.1942	10
甘　肃	0.0235	27	0.1163	27	0.1065	27	0.1005	27
青　海	0.0241	26	0.0974	30	0.0771	30	0.0797	29
宁　夏	0.0137	30	0.0648	31	0.1155	25	0.0794	30
新　疆	0.0401	15	0.1582	25	0.0884	29	0.1143	26

数据来源：程广斌，任严岩，程楠等. 西部地区自我发展能力：内容解构、评价模型与综合测评 [J]. 工业技术经济，2014 (1)：123－129.

从计算结果看，我国大陆省级行政区域单位中，自我发展能力综合指数排名前10位的分别为上海（0.2980）、江苏（0.2718）、天津（0.2630）、北京（0.2560）、广东（0.2488）、浙江（0.2475）、山东（0.2261）、福建（0.2148）、重庆（0.1983）和陕西（0.1942），而西部地区除重庆和陕西两省（市）排名（分别为第9位和第10位）比较靠前外，其他10省（区）排名均在第20位之后，说明西部地区自我发展能力整体较弱。

从自我发展能力三个方面的构成要素（子能力）看，由人均水资源占有量、人均耕地面积、森林覆盖率、劳动力数量、劳动力平均受教育年限、自然保护区面积占辖区面积比重、环境污染治理投资总额占生产总值的比例、资本形成总额、企业数量9项指标表征的资源存量能力指数，西部地区除四川（0.0462）、广西（0.0444）、新疆（0.0401）和内蒙古（0.0392）排名比较靠前外（分别为第10、第11、第15和第16位），其他8省（区、市）排名比较靠后。从资源存量能力指数得分来看，西部地区各省与其他省（区、市）相比差距不大，且由于资源存量能力的权重仅为0.1260，说明资源存量能力的大小并非影响最终区域自我发展能力的关键。

在资源的利用能力方面，由劳动生产率（工业）、总资产贡献率（工业）、土地生产率（农业）、每万元GDP能源消耗、人均可支配收入、恩格尔系数、人均GDP 7项指标表征的资源利用能力指数，西部地区除内蒙古（0.2453）、陕西（0.2301）排名比较靠前外（分别为第11和第15位），其他10省（区、市）排名均比较靠后。西部地区12省、东部地区11省和中部地区8省的资源利用能力指数平均值分别为0.1562、0.2801和0.2138，西部地区均值分别为东部地区和中部地区的55.77%和73.06%，西部地区资源利用能力显著落后于东部地区和中部地区，且由于资源利用能力的权重为0.4579，说明资源利用能力较弱是影响西部地区自我发展能力的关键因素。

在资源的创生能力方面，由每万人拥有科技机构数、每万人拥有科技人员数、在校学生人数占总人口比重、技术市场成交额、专利数、教育经费占 GDP 比重、市场化进程指数、企业新增速度、路网密度 9 项指标表征的资源创生能力指数，西部地区除重庆（0.2455）、陕西（0.2021）排名比较靠前外（分别为第 7 和第 10 位），其他 10 省（区、市）排名均比较靠后。西部地区 12 省、东部地区 11 省和中部地区 8 省的资源创生能力指数平均值分别为 0.1261、0.2292 和 0.1577，西部地区均值分别为东部地区和中部地区的 55.01% 和 79.96%，西部地区资源利用能力显著落后于东部地区和中部地区，且由于资源创生能力的权重为 0.4161，说明资源创生能力较弱同样是影响西部地区自我发展能力的关键因素。

上述分析表明，西部地区自我发展能力整体较弱，无论是资源存量能力、利用能力和创生能力等子能力指数，还是区域自我发展能力综合指数，西部 12 省（区、市）与东部发达省区相比差距较大，其中，资源的利用能力和创生能力较弱是影响西部地区自我发展能力的关键因素。

第三章　新疆区情概况及其在西部大开发中的地位和作用

新疆维吾尔自治区位于中国最西北部，其地理位置、自然表征、社会结构十分独特，新疆地处亚欧大路桥腹地，多民族、多宗教、多文化、多语言、多经济、多体制、多生态、多资源是其重要特征，是维护国家统一和安全的重要保障，是我国重要的能源资源战略基地，与此同时，新疆又是我国集"少"、"边"、"穷"、"弱"于一体的国民经济与社会发展相对落后的特殊省区。基于此，在西部大开发战略启动之初，中央政府就将新疆作为战略实施的重中之重。在新一轮西部大开发启动之初，在新的历史背景下，我们需要重新审视新疆的自身优势，明确其在新一轮西部大开发中的地位与作用。

第一节　新疆维吾尔自治区的区情概况

一、地理位置及自然条件

新疆维吾尔自治区（简称新疆）位于中国的西北部，地处欧亚大陆中心，北纬34°22′~49°33′，东经73°41′~96°18′，南北最宽1650千米，东西最长2000千米，总面积166.49万平方千米，是我国面积最大的省级行政区域。东部和南部依次与甘肃、青海和西藏三省区连接，东北与蒙古人民共和国相邻，西与俄罗斯、哈萨克斯坦、吉尔吉斯斯坦、塔吉克斯坦接壤，西南与阿富汗、巴基斯坦、印度相邻，边境线长约5600千米，是中国交界邻国最多、边境线最长的省区。

新疆远离海洋，四周被高山环抱，境内耸立着冰峰雪山，沙漠一望无垠，草原广袤辽阔，绿洲点布。其地形特点是：山脉与盆地相间排列，盆地被高山环抱，可概括为"三山夹两盆"。北部有阿尔泰山，南部有昆仑山，天山横亘于中部，阿尔泰山与天山中间夹着准噶尔盆地，面积约20万平方千米；天山与昆仑山中间夹着塔里木盆地，面积约53万平方千米。塔里木盆地中部的塔克拉玛干沙漠，面积约33万平方千米，是中国最大、世界第二大流动沙漠。人们习惯上以天山为界限划分新疆的区域，称天山以南为南疆，天山以北为北疆，把哈密、吐鲁番盆地称为东疆。

新疆地处亚欧大陆腹地，位于我国西北部，也是全球北纬干旱带的组成部分，属温带大陆性干旱气候，气温温差较大，日照时间充足（年日照时间达2500~3500小时），降水量少，气候干燥。新疆年平均降水量为150毫米左右，但各地降水量相差很大，南疆的气温高于北疆，北疆的降水量高于南疆。区内山脉融雪形成众多河流，绿洲分布于盆地边缘和河流流域，绿洲总面积约占全区面积的5%，具有典型的绿洲生态特点。

二、自然及人文资源状况

资源是一个区域经济发展的基础，也是开展对外经贸合作的重要条件，充分利用本地区优势资源可以促进经济又好又快发展。新疆地大物博，有着丰富的自然资源和历史文化资源，开发潜力极大。新疆具有得天独厚的水、土、热、风等自然资源。新疆年平均降水量为150毫米，仅仅为我国年平均降水量630毫米的20%，但是储水量充足，地表水、地下水以及冰川储量相当丰富。新疆耕地面积412.46万公顷，占全国耕地面积的3.39%，人均占有耕地面积为全国的2.1倍。宜农荒地900多万公顷，占全国宜农荒地面积的26.4%。牧草地总面积达5112.5万公顷，占土地总面积的30.7%，可利用草地面积居全国第三位。新疆日照时间长，太阳能总辐射量多，日温差大，十分适宜农作物生长。风能作为一种清洁的可再生能源，受到世界各国越来越多的重视，新疆依托其独特的优势，大力发展风力发电，并得到了飞速发展。

新疆的石油天然气资源蕴藏丰富，拥有内陆沉积盆地49个，总面积约95万平方千米，占全国陆上沉积盆地面积（4450万平方千米）的21%。其石油天然气资源主要分布在准噶尔盆地、塔里木盆地、吐鲁番盆地。新疆油气资源总量为365亿吨，约占我国陆上油气资源总量的1/3，占西部地区油气资源总量的80%，其中的石油资源量为227亿吨，天然气资源量为13.8万亿立方米。塔里木盆地的油气资源总量为229亿吨，准噶尔盆地的油气资源总量为106.9亿吨，吐哈盆地的油气资源总量为15.36亿吨。

新疆生态环境特殊造就了高品质的植物资源，众多农产品享誉国内外，例如，新疆的棉花产量占全国总量的50%，大枣、哈密瓜、番葡萄、香梨、石榴等新疆特色瓜果誉满全球，啤酒花、红花、枸杞、番茄酱等重要的农产品占全国的比重均达到50%以上，是我国最主要的商品棉、啤酒花和番茄酱生产基地。另外，新疆天然药物资源也很丰富，麻黄、罗布麻、甘草、贝母、紫草、雪莲等药材在全国具有重要的地位。

新疆的历史文化与自然景观资源也很丰富，它位居古代亚欧大陆交通要冲地带，这样的地理位置造就了它独特的历史文化，丝绸之路时期就已创造了光辉灿烂的西域文明。在新疆特殊气候的作用下，古代居民的生活区域逐渐迁徙，遗留下了许多文化遗址。新疆自然景观奇特，气候生态多样，冰峰与火洲共存，瀚海与绿洲为邻，保持着粗犷自然的风貌。境内野生动、植物1000多种，不乏奇树异草、珍禽异兽。新疆境内已建立了众多的自然保护区。天池、喀纳斯湖、博斯腾湖、赛里木湖、巴音布鲁克草原等自然风景享誉国内外。新疆日益成为全国乃至世界人民汲取历史文化养分的好地方。

三、国民经济发展概况

解放前的新疆，国民经济一直是以种植业和畜牧业为主体的自然经济，农业经济发展水平落后，工业经济几乎处于空白状态。1949年9月25日新疆和平解放，1955年10月1日成立新疆维吾尔自治区。新中国成立60多年来，新疆国民经济与社会发展等各项事业发生了天翻地覆的巨变，特别是改革开放以来，新疆以经济建设为中心，经济和社会等各项事业都取得了较快、较好的发展。

国民经济快速增长，总体实力明显增强。"十五"以来，新疆地区生产总值年均增长率14.97%（当年价计算，下同），其中，2013年，全区实现生产总值达到8360.24亿元，比上年增长11.39%。其中第一产业增加值1468.3亿元，比上年增长11.19%，第二产业增加值3776.98亿元，比上年增长8.49%，第三产业增加值3114.96亿元，比上年增长15.23%。人均GDP从2000年的7372元增加到2013年的37181元，年均增长率达到13.25%。财政预算收入由2000年的79.07亿元增加到2012年的908.97亿元，年均增长率达到22.57%。

农业综合生产能力进一步增强，农村经济全面发展。目前已形成了棉花、粮食、甜菜、林果和畜牧等优势主导产业。"十五"以来，新疆农、林、牧、渔业总产值年均增长率达到13.54%（当年价计算，下同），其中，2013年，全区农、林、牧、渔业总产值达到2538.88亿元，比上年增长11.57%。其中，种植业产值1806.11亿元，比上年增长7.83%；林业产值48.13亿元，比上年增长11.83%；畜牧业产值604.2亿元，比上年增长24.48%；渔业产值17.17亿元，比上年增长12.53%。2013年，粮食总产量达到1377万吨，棉花总产量351.75万吨，油料总产量60.63万吨，糖料总产量476.47万吨，肉类总产量139.4万吨，较2000年均有较大幅度的增长。新疆已成为全国最大的商品棉、啤酒花和番茄酱生产基地，全国重要的畜牧业、甜菜糖和瓜果生产基地。

新疆工业经济快速增长，已经形成了包括钢铁、煤炭、石油、机械、化学、建材、纺织、制糖、造纸、皮革、卷烟等门类比较齐全的工业体系。通过发挥资源优势，开发了一批具有新疆特色的龙头产品和优势产业，主要工业产品产量均有大幅度提高。"十五"以来，新疆工业经济整体实力显著增强，工业增加值年均增长率达到 16.43%（当年价计算，下同），其中，2013 年，全区工业增加值达到 3024.27 亿元，比上年增长 6.11%。主要工业产品产量大幅度增加，2013 年，原油总产量 2658.47 万吨，天然气总产量 282.91 亿立方米，铁矿石总产量 3829.86 万吨，发电总量 1613.01 亿千瓦小时，纱总产量 43.46 万吨，等等，较 2000 年均有较大幅度的增长。另外，建筑业发展迅速，产业规模迅速扩大，"十五"以来，新疆建筑业总产值、增加值年均增长率分别达到 18.23% 和 12.90%，其中，2013 年，建筑业总产值、增加值分别为 2071.52 亿元和 338.64 亿元，分别比上年增长了 27.69% 和 30.64%。

近年来，新疆的服务业获得了较快发展，在调整结构、吸纳就业等方面发挥着越来越重要的作用。"十五"以来，新疆服务业增加值年均增长率达到 14.50%，其中，2013 年，服务业增加值达到 3125.98 亿元，比上年增长了 15.64%。2012 年，交通运输仓储和邮政业、批发和零售业、住宿和餐饮业、金融业、房地产业等主要服务行业的增加值分别达到了 357.90 亿元、426.65 亿元、108.39 亿元、360.40 亿元、194.38 亿元，较 2000 年均有较大幅度的增长。

四、人口与民族状况

新疆是一个多民族聚居的地区，共有 47 个民族成分，其中世居民族有维吾尔族、汉族、哈萨克族、回族、柯尔克孜族、蒙古族、塔吉克族、锡伯族、满族、乌孜别克族、俄罗斯族、塔塔尔族 13 个民族。2013 年，新疆总人口为 2264.3 万人，从性别看，男性 1151.77 万人，占总人口比重 50.87%，女性 1112.53 万人，占总人口比重 49.13%；从地域分布看，南、北疆人口总数大体相当，其中南疆人口 1117.09 万人，北疆人口 1149.55 万人，自治区 14 个地州市当中，喀什地区、伊犁州直属县（市）和乌鲁木齐市人口数量排名前三位，分别为 422.82 万人、298.53 万人和 262.93 万人；从城乡看，城镇人口 1006.93 万人，占总人口比重 44.47%；乡村人口 1253.37 万人，占总人口比重 55.53%。表 3-1 是新疆人口按各个地、州、市的区域分布状况。

从总人口的民族结构看，2013 年，全区的人口中，汉族人口 860.06 万人，占总人口的 37.94%，各少数民族人口 1406.56 万人，占总人口的 62.06%，其中，维吾尔族人口 1074.41 万人，占少数民族总人口的 76.39%，占全区总人口的 47.40%，表 3-2 是 2013 年新疆主要民族的人口数量及占比情况。

表 3-1　2013 年新疆各个地、州、市的人口分布状况

地区	人口（万人）	地区	人口（万人）
南疆地区	1117.09	吐鲁番地区	64.29
巴音郭楞蒙古自治州	140.42	哈密地区	60.84
阿克苏地区	245.76	昌吉自治州	140.5
克孜勒苏柯尔克孜自治州	57.62	伊犁州直属县（市）	298.53
喀什地区	422.82	塔城地区	105.99
和田地区	215.45	阿勒泰地区	67.05
阿拉尔市	18.61	博尔塔拉蒙古自治州	49.04
图木舒克市	16.41	石河子市	62.26
北疆地区	1149.55	五家渠市	9.1
乌鲁木齐市	262.93	全疆合计	2266.63
克拉玛依市	29.02		

注：表中统计除新疆维吾尔自治区 14 个地、州、市以外，还有石河子市、阿拉尔市、图木舒克市和五家渠市等 4 个自治区直辖的兵团县级城市。

数据来源：2014 年《新疆统计年鉴》。

表 3-2　2013 年新疆主要民族的人口数量及占比情况

民族	人口数量（万人）	占比（%）	民族	人口数量（万人）	占比（%）
维吾尔族	1074.41	47.40	俄罗斯族	1.18	0.05
汉族	860.06	37.94	塔吉克族	4.90	0.22
哈萨克族	158.54	6.99	乌孜别克族	1.82	0.08
回族	104.57	4.61	塔塔尔族	0.51	0.02
柯尔克孜族	19.85	0.88	满族	2.71	0.12
蒙古族	18.43	0.81	达斡尔族	0.68	0.03
锡伯族	4.35	0.19	其他民族	14.61	0.64

数据来源：2014 年《新疆统计年鉴》。

第二节　新疆在西部大开发中的地位和作用①

一、新疆的稳定是西部大开发战略成功的根本保障

新疆的稳定历来关系到国家的统一与安宁，关系到新疆、西部乃至整个国家

---

① 本部分内容作为阶段性成果，发表在《科技经济市场》2013 年第 10 期。

的经济发展与社会稳定，是西部大开发战略能否获得成功的根本保障。自古以来，由于新疆地理位置特殊，其战略地位一直非常重要，成为我国西北的重要屏障和战略前哨，是维护国家统一和安全的重要保障。近年来，随着一些极端宗教思想的持续输出，对中亚各国以及我国新疆产生了巨大冲击，新疆民族分裂主义者采取暴力方式和非暴力方式，极力煽动宗教狂热，宣扬极端宗教思想，不断制造暴力恐怖事件，已经给新疆乃至全国的经济建设与社会稳定带来了极大的负面影响，发生的暴恐案件给新疆的经济发展环境蒙上了阴霾，成为西部大开发战略在新疆实施的主要的制约因素。习近平总书记于 2014 年 4 月 27～30 日考察新疆时强调，新疆社会稳定和长治久安，关系到全国改革发展稳定大局，关系祖国统一、民族团结、国家安全，关系到中华民族伟大复兴。反对民族分裂，维护祖国统一，是国家最高利益所在，也是新疆各族人民根本利益所在。而在考察新疆生产建设兵团（以下简称兵团）时，习总书记更是强调，在新疆组建担负屯垦戍边使命的兵团，是党中央治国安邦的战略布局，是强化边疆治理的重要方略。新形势下，兵团工作只能加强，不能削弱。做好新疆工作，必须把兵团工作摆在重要位置，在事关根本、基础、长远的问题上发力。要发挥好兵团调节社会结构、推动文化交流、促进区域协调、优化人口资源等特殊作用，使兵团真正成为安边固疆的稳定器、凝聚各族群众的大熔炉、先进生产力和先进文化的示范区。同样，西部大开发作为我国 21 世纪以来最重要的国家层面的区域经济发展战略，能否得以顺利实施并取得成功，新疆的社会稳定和长治久安是根本保障。

二、新疆是西部开发重要的能源资源战略基地

由于独特的地质和成矿条件，新疆拥有丰富的矿产资源，是中国主要能源矿产的储备地，目前共发现 138 种矿产资源，4000 多处矿产地，查明有资源储量的矿种 90 多种，储量居全国首位的有 5 种，居前五位的有 27 种，石油、天然气、煤、铁、金、铬、盐类矿产等蕴藏丰富，已成为中国十分重要的战略性能源储备区和能源接续区。2013 年，新疆石油基础储量 58393.63 万吨，分别占西部地区和全国总基础储量的 44.48% 和 17.34%；天然气基础储量 9053.88 亿立方米，分别占西部地区和全国总基础储量的 22.79% 和 19.50%；煤炭基础储量 156.53 亿吨，分别占西部地区和全国总基础储量的 15.26% 和 6.62%；另外，新疆铁矿、锰矿、铬矿三类矿石储量分别占全国总储量的 2.29%、2.63% 和 10.96%，如表 3-3 所示。

"西气东输"工程是我国跨区域实施的一项重要能源工程，主要是将新疆塔里木盆地的天然气输往长江三角洲地区，2000 年 2 月正式启动，一线工程开工于 2002 年，竣工 2004 年，二线工程开工于 2009 年，2012 年底实现全线投产，

形成横贯我国西东近 4 万千米的天然气供气网络，基本覆盖我国 28 个省（区、市）和香港特别行政区。这项工程不仅为我国东、中部广大居民提供了生活能源保障，而且对于改善环境质量意义重大，可显著减少二氧化碳、二氧化硫等污染气体的排放。

表 3 - 3　2013 年新疆主要能源、黑色金属矿产基础储量占西部及全国总储量的比重情况

	全国储量	西部储量	新疆储量	新疆占西部比重（%）	新疆占全国比重（%）
石油（万吨）	336732.8	131287.1	58393.63	44.48	17.34
天然气（亿立方米）	46428.84	39730.75	9053.88	22.79	19.50
煤炭（亿吨）	2362.90	1025.71	156.53	15.26	6.62
铁矿（矿石，亿吨）	199.17	64.83	4.56	7.03	2.29
锰矿（矿石，万吨）	21547.74	17247.96	567.17	3.29	2.63
铬矿（矿石，万吨）	401.47	396.83	44.01	11.09	10.96

数据来源：2014 年《中国统计年鉴》。

　　随着煤炭消费量的连年递增，中国东部地区煤炭资源日渐枯竭，能源缺口越来越大，"疆煤东运"战略应运而生。新疆的煤炭资源主要集中在准东、吐哈、伊犁、库拜四个地区。但由于距内地煤炭需求市场遥远，长期以来，新疆煤炭主要为满足本地需求。在国家政策和大量资金的推动下，新疆煤炭产业将获得迅速发展，一是通过"一主两翼"铁路线的建设，提高原煤外运能力；二是输电与输煤并举，"疆电外送"成为"疆煤东运"最经济、能耗最少的最佳方式；三是煤制天然气东运，借助新疆完善的天然气主管网，煤制天然气可以利用现有和未来建设的天然气管网实现东运。国家发改委已对准东煤田做出了总体规划，到 2015 年将把准东盆地建成亿吨级产煤、千万吨级煤化工和千万千瓦级煤电的大型煤电煤化工基地，预计总投资近 3000 亿元。以准东、吐哈、伊犁、库拜四大煤田为重点，高起点、高标准、高效益规划建设国家第 14 个大型煤炭基地，截至 2015 年，新疆煤炭产能将达到 4 亿吨以上，外运 5000 万吨。

　　丰富的能源资源，使新疆在西部大开发战略中的地位进一步凸显，第二次中央新疆工作座谈会明确提出，着力打造新疆丝绸之路经济带核心区，而核心区的内涵之一就是要建设大型油气生产加工和储备基地、大型煤炭煤电煤化工基地、大型风电和光伏发电基地三大能源资源基地，因此，新疆是西部开发重要的能源资源战略基地。

三、新疆是我国向西开放的最前沿

　　在经济全球化和区域一体化深入发展的新形势下，中国要进一步扩大对外开放水平，一个很重要的着力点是提高西部开放水平，形成西部开放与东部开放并

进的对外开放格局。新疆东与内地相连，西与俄罗斯、哈萨克斯坦、吉尔吉斯斯坦、塔吉克斯坦、巴基斯坦、阿富汗、蒙古、印度8个国家接壤，是中国通向中亚、南亚、西亚乃至欧洲的必经之地。自20世纪90年代初我国实施内陆沿边开放战略以来，新疆以其特有的区位优势、人文优势和资源优势逐步成为我国向西开放的最前沿。近年来，在乌洽会、中国—亚欧博览会以及中国—亚欧经济发展合作论坛的推动下，新疆作为中国向西开放桥头堡的战略地位得到进一步凸显。在我国向西开放战略的实施过程中，新疆众多的边境城市成为真正意义上的向西开放的前沿与窗口，众多的对外开放口岸成为连接内地与中亚国家的重要通道。截至目前，国务院批准开放了17个对外开放一类口岸，其中，已正式对外开放一类口岸14个（分别为老爷庙、乌拉斯台、塔克什肯、红山嘴、吉木乃、巴克图、阿拉山口、霍尔果斯、都拉塔、吐尔尕特、伊尔克什坦、红其拉甫12个陆路边境口岸和乌鲁木齐、喀什两个国际航空口岸），另有自治区批准开放的二类口岸12个。"十一五"期间，新疆口岸累计出入境人员773万人次，进出口货运量1.13亿吨，创进出口贸易额887亿美元。2000～2013年新疆进出口贸易额年均增长率达到21.20%，出口额与进口额的年均增长率分别为25.16%与13.17%。2013年，全区进出口贸易额达到275.62亿美元，其中，出口额和进口额分别为222.70亿美元和52.92亿美元（见表3－4）；2013年，新疆入境旅游人数达到1567283人，比2000年（256082人）增加了5倍多，入境旅游收入58502万美元，比2000年（9494万美元）增加了5倍多。

表3－4 2000～2013年新疆进出口贸易额变化情况　　单位：万美元

年份	进出口总额	出口额	进口额
2000	226399	120408	105991
2001	177148	66849	110299
2002	269186	130849	138337
2003	477198	254221	222977
2004	563563	304658	258905
2005	794189	504024	290165
2006	910327	713923	196404
2007	1371623	1150311	221312
2008	2221680	1929925	291755
2009	1382771	1082325	300446
2010	1712834	1296981	415853
2011	2282225	1682886	599339
2012	2517075	1934686	582389
2013	2756191	2226980	529211
年均增长率（%）	21.20	25.16	13.17

数据来源：2014年《新疆统计年鉴》。

四、新疆是丝绸之路经济带的核心区

2013 年 9 月 7 日，中国国家主席习近平在阿斯塔纳纳扎尔巴耶夫大学发表重要演讲，提出共建"丝绸之路经济带"的重大战略构想，相关国家对此反响强烈，均表示愿意积极参与到"丝绸之路经济带"建设中，也为大开发中的新疆注入了提速发展的新动力。2013 年 11 月 16 日，新疆维吾尔自治区党委八届六次全委（扩大）会议召开，此次会议对新疆在共建丝绸之路经济带中的地位和作用给出了明确的定位："以建设丝绸之路经济带为契机，全面推进对外开放。努力将新疆建设成丝绸之路经济带上重要的交通枢纽中心、商贸物流中心、金融中心、文化科技中心和医疗服务中心，建设成国家大型油气生产加工和储备基地、大型煤炭煤电煤化工基地、大型风电基地和国家能源资源陆上大通道，要建设成丝绸之路经济带上的核心区，切实当好建设丝绸之路经济带的主力军和排头兵。"

专家指出，"丝绸之路经济带"是升级版的西部大开发，这一战略构想的实施，有利于提高我国的国际战略地位，改善我国周边环境与国际环境，全面加速西部地区的国民经济与社会发展。新疆自古以来与中西亚各国联系紧密，地理、宗教、民族、文化、风俗、经济和商贸等诸多方面的优势，都是内地其他省区无法比拟的，因此，在构建丝绸之路经济带进程中，新疆在民心相通方面更具优势。新疆的发展和稳定关系丝绸之路的兴衰，关系丝绸之路经济带的稳定与发展。通过丝绸之路经济带建设，也使新疆再次获得前所未有的历史发展机遇，对进一步提高新疆在我国对外开放格局以及全国经济发展格局中的地位都有重要影响。因此，新疆在"丝绸之路经济带"建设中的核心区域的战略地位及其作用无可替代。

五、新疆是西部生态平衡保障区

众所周知，长江、黄河等我国主要的江河源头在西部，西部广大地区承担着这些江河源头的水源保护、水源涵养、防风固沙和生物多样性保护等重要生态功能，被视为我国重要的西向生态屏障区域，其生态保护状况直接决定着我国整体的生态环境安全。虽然西部大开发第一个十年，国家投入了大量财力、物力用于西部地区的生态环境改善与保护，整体有所改善，但相较于经济建设成果，生态环境改善并不理想，局部地区有进一步恶化的趋势。西部大开发以来，新疆以保护天然荒漠植被和绿洲为重点，实施了环塔里木盆地生态治理、准噶尔盆地南缘防沙治沙、艾比湖流域综合治理等重大生态工程，全面启动了天然林保护、退耕还林、"三北"防护林体系建设等林业重点工程，生态环境建设取得了初步成效，部分区域环境质量开始有所改善。

近年来，在西部大开发战略以及国内区际产业转移的推动下，新疆工业经济取得长足发展，但其是以牺牲生态环境为代价的，大量高消耗、高污染企业进入新疆，使新疆的绿洲生态功能快速退化，生态环境进一步恶化。经测算，2001～2011年，新疆的"三废"排放量呈现显著的快速上升趋势，"三废"排放量年均增长率分别为6.68%、17.57%和20.88%，其中，工业废气排放量与工业固体废弃物产生量的年均增长率分别比1990～2000年高出11.43%和14.56%。可以说，社会经济发展整体水平不高、经济增长方式粗放、产业结构不尽合理等现实问题的长期存在，新疆的生态系统面临的严峻形势仍没有得到根本改变，仍然面临植被生态功能减退、水源涵养能力降低、沙化土地面积扩大、天然湖泊不断萎缩、生物多样性破坏的风险。

"十二五"期间，自治区把全区划分为水源涵养、水土保持、绿洲服务、防沙固沙、地表水源和地下水源以及特殊保护六类生态环境功能区，确定生态环境保护红线，用以指导全区的资源开发和产业合理布局。目前，新疆纳入国家的重点生态功能区为天山山地水源涵养重要区、阿尔泰地区水源涵养重要区、阿尔金草原荒漠防风固沙重要区、塔里木河流域防风固沙重要区、伊犁—天山山地西段生物多样性保护重要区，合计5个生态功能区。此类地区生态环境脆弱、经济发展的资源环境承载力不强，其发展的功能不是大规模的工业化和城镇化，而应是保护优先、适度开发、引导超载有序转移，充分发挥生态平衡功能。

六、新疆是文化多样性的传承和创新区

新疆特殊的自然地理环境以及悠久的历史使新疆成为世界典型的文化多样性区域之一。自古以来新疆就是多民族交融区域，在漫长的历史进程中，各民族在经济文化、宗教信仰、语言文字、艺术风俗等方面创造了丰富灿烂的西域文化。在经济文化方面，在漫长的生产力发展历史中，新疆古代居民创造了采集狩猎、游牧、农耕等多种古代生产文化。汉朝以来历代中原王朝为了对新疆实行有效的管理在新疆实行屯垦戍边政策，新中国成立后，新疆生产建设兵团的建立和军垦经济形态的出现，为新疆的经济文化注入了新的内容。在宗教信仰方面，新疆作为古代中西方文化经济交流的重要通道，自古以来就是多宗教并存，在新的历史时期，新疆的宗教文化同样需要传承与创新。在语言文字方面，近年来考古工作者在新疆地区陆续发现了吐火罗文、去卢文、粟特文、汉文、回鹘文、察合台文等多种文字的珍贵文献资料。目前，新疆13个世居民族使用11种语言、8种文字，11种语言分别属于三大语系中的6个语族。现在，汉语和维吾尔语是新疆各民族主要的族际交际语，也是自治区法定的通用语言，哈萨克语在北疆使用也很普遍。在艺术风俗方面，新疆各民族在生存与发展的过程中逐渐形成了各具特

色的生活方式和风俗习惯，主要反映在饮食、服饰、生产、居住、婚姻、生育、丧葬、节日、娱乐、礼仪等方面。此外，新疆民族文化多样性还表现在各民族创造的文化艺术工艺品等方面，新疆民族传统的手工业十分发达，而且具有较高的艺术水平，他们制作的地毯、刺绣、丝绸衣料、铜器、小刀、民族乐器等，具有独特的民族风格。

在未来新一轮西部大开发进程中，新疆面临着由传统农业文明向现代工业文明转变的历史使命，新疆也必然承担着传统农牧文化的传承并不断创新现代工业文化的重任。

七、新疆是国家安全的重要防线

新疆一直是党和国家关注的地区，中央政府对新疆的稳定工作十分重视，始终要把新疆的稳定置于全国稳定的大局中。多年以来，国外一些反华势力不断借助民族、宗教之名，利用"民主"、"人权"、"宗教"作为幌子，加大对新疆地区的少数民族进行意识渗透。另外，以"东突"为代表的"三股势力"在国外敌对势力、恐怖组织的煽动下，近年来不断在新疆地区制造暴力事件，严重扰乱了我国边疆社会秩序，阻碍了我国社会主义现代化进程，严重威胁了我国边疆安全和国家安全。因此，国外敌对势力与"三股势力"已经成为影响我国边疆稳定的主要因素，而新疆已经成为我国与各种西方反华势力和"三股势力"进行斗争的核心阵地，是我国国家安全的一道重要防线。在新一轮西部大开发过程中，在建设"丝绸之路经济带"、加快向西开放进程中，作为中国向西开放的桥头堡、连接内地与中亚国家的重要通道，新疆面临的安全形势将更加严峻，维护祖国统一、保障国家安全的任务将更加艰巨。

第四章 西部大开发战略在新疆的实践

2000 年，中央政府做出实施西部大开发战略的重大决策，为新疆的发展提供了一次难得的历史机遇。西部大开发的十几年来是新疆发展最快、变化最大的时期，GDP 从 2000 年的 1363.56 亿元增加到 2013 年的 8360.24 亿元，年均增长率达到 14.97%（当年价），增长速度超过全国同期平均水平（14.38%），新疆正在以前所未有的速度快速发展。应该说，新疆的快速发展离不开西部大开发战略下国家实施的一系列政策措施。这些政策包括货币政策、财政政策、对外开放政策、科技与教育政策和产业政策。在这些优惠、扶持政策的大力支持与引导下，新疆获得了更多的发展资金、更大的发展空间、更广阔的市场。

第一节 西部大开发战略对新疆的支持

一、加大建设资金投入力度

随着西部大开发战略的实施，国家逐步加大了对新疆的固定资产投入力度，始终把新疆基础设施建设项目、农业基础发展项目、现代工业体系建设项目等列为国家重点项目。2000～2012 年，新疆累计完成固定资产投资 30010.03 亿元，其中国家预算内资金 4277.28 亿元，占全部固定资产投资比重的 14.25%（见表 4-1），远远高于同期全国水平。

表 4-1 2000～2012 年新疆全社会固定资产投资
资金来源情况

单位：亿元

年份	合计	国家预算内资金	国内贷款	债券	利用外资	自筹及其他
2000	610.3843	50.6867	134.6175	1.9429	9.9942	413.1430
2001	705.9970	54.5176	132.1317	0.8340	6.4834	512.0303
2002	813.0223	132.3660	160.7535	3.0504	6.2992	510.5532

续表

年份	合计	国家预算内资金	国内贷款	债券	利用外资	自筹及其他
2003	1002.1256	162.6261	189.6104	2.1586	9.5287	638.2018
2004	1149.0824	179.9593	155.5105	4.6095	8.7388	800.2643
2005	1354.3432	209.3022	167.7020	1.5428	10.9968	964.7994
2006	1577.3966	211.9253	185.4512	0.8193	8.8675	1170.3333
2007	1907.0184	225.8779	248.0410	0.5526	11.0034	1421.5435
2008	2272.5814	338.8141	302.0001	0.3410	9.0233	1622.4029
2009	3034.5365	581.3486	524.6186	5.4636	9.4000	1913.7057
2010	3784.4438	634.7565	575.0361	1.1544	12.0367	2561.4601
2011	5126.5602	626.6348	667.9368	2.2559	13.7967	3815.9360
2012	6672.5427	868.4685	889.7975	5.9736	9.1197	4899.1834

数据来源：2013 年《新疆统计年鉴》。

这些资金主要投入建成水利、交通、能源、城市基础设施等重点基础设施项目，其中西部大开发的标志性工程"西气东输"工程已全线贯通并投入运营，塔里木综合治理工程初见成效，奎屯—赛里木湖高等级公路、乌鲁木齐外环路等一批重点项目如期完工。新疆农村地区则重点建设了"油路到县"、"送电到乡"、"村村通广播电视"等基础设施建设项目。在国家的大力支持下，新疆进行了大规模的建设，一大批水利、能源、交通等基础设施建设项目相继建设或已经建成使用，为新疆经济的持续发展奠定了坚实的基础。

二、增加财政支持力度

长期以来，由于新疆地方财政收入低，中央给予新疆巨大的财力支持。自2000 年国家启动实施西部大开发战略以来，中央政府进一步加大了对新疆的财政扶持力度，当年，中央给予新疆的财政补助就达到了 119.35 亿元，突破百亿元大关，2005 年为 343.51 亿元，2012 年达到 1719.78 亿元。与此同时，中央政府还在"三农"领域、社会保障、科教文卫、环境保护等诸多方面的专项补助资金分配方面，不断加大对新疆的倾斜力度；生态环境保护的资金投入方面，新疆实施的天然林保护、退耕还林还草等一系列生态工程所需资金，主要由中央财政支付，并且，凡是因为实施天然林保护、退耕还林还草等工程而造成的地方财政收入减少，由中央财政适当给予补助。

表 4-2   1998~2012 年新疆财政收入情况   单位：万元

年份	收入总计	税收收入	非税收入	中央补助收入	其他收入
1998	148.52	57.69	7.7	80.12	3.01
1999	178.14	61.87	9.44	95.77	11.06
2000	203.47	70.3	8.77	119.35	5.05
2001	295.32	72.68	26.61	183.83	12.2
2002	364.36	93.58	22.89	215.03	32.86
2003	370.1	105.24	22.99	237.78	4.09
2004	439.87	123.13	32.58	286.1	-1.94
2005	544.29	142.66	37.66	343.51	20.46
2006	717.34	174.36	44.93	470.14	27.91
2007	876.74	220.65	65.21	551.54	39.34
2008	1134.03	286.55	74.51	685.55	87.42
2009	1454.58	301.13	87.66	927.74	138.05
2010	1810.84	416.23	84.34	1125.42	184.85
2011	2403.34	593.41	127.02	1502.13	180.78
2012	2857.08	698.93	210.04	1719.78	228.33

数据来源：1998~2012 年《中国财政年鉴》。

三、出台一系列促进新疆发展的优惠政策

西部大开发战略实施过程中，国家把新疆作为开发的重中之重，处于非常重要的地位，给予了多项优先优惠的支持。为此，中央政府在经济发展及各项政策上向新疆倾斜，赋予了新疆许多经济发展优惠政策，如优先安排实施新疆的资源开发类项目，优先启动新疆的基础设施建设项目等。另外，逐步增加对新疆的财政支持力度，规范中央对新疆的财政转移支付制度，不断提高国家对新疆的财政性贷款额度，加大国际金融组织贷款和外国政府贷款在新疆的投放比例等。自治区政府还依据国家规定，出台实施一系列税收优惠政策，用以支持新疆的基础设施建设、生态环境保护、特色与优势产业的发展等。根据《国务院关于实施西部大开发若干政策的通知》（国发〔2000〕33 号）和《国务院办公厅转发国务院西部开发办关于西部大开发若干政策措施实施意见的通知》（国办发〔2001〕73号）及其他系列通知、意见的精神，结合自治区实际，新疆及兵团也相继制定出台了相关优惠政策，如表 4-3 所示。

表 4 - 3　西部大开发以来中央及新疆和兵团主要优惠政策一览表

类型	政策名称
财税政策	国务院关于实施西部大开发若干政策措施的通知（国发〔2000〕33 号）
	国务院办公厅转发国务院西部开发办关于西部大开发若干政策措施实施意见的通知（国办发〔2001〕73 号）
	国家税务总局关于印发《税收减免管理办法（试行）》的通知（国税发〔2005〕129 号）
	国务院关于实施企业所得税过渡优惠政策的通知（国发〔2007〕39 号）
	国务院关于进一步促进中小企业发展的若干意见（国发〔2009〕36 号）
	国务院关于进一步做好利用外资工作的若干意见（国发〔2010〕9 号）
	财政部海关总署国家税务总局关于促进边境贸易发展有关财税政策的通知（财关税〔2008〕90 号）
	财政部国家税务总局关于印发《新疆原油天然气资源税改革若干问题的规定》的通知（财税〔2010〕54 号）
	国家税务总局关于出口货物退（免）税有关问题的通知（国税函〔2010〕1 号）
	关于深入实施西部大开发战略有关税收政策问题的通知（财税〔2011〕58 号）
	新疆维吾尔自治区招商引资若干政策规定（新政发〔2000〕83 号）
	新疆维吾尔自治区关于西部大开发税收优惠政策有关问题的实施意见（新政发〔2002〕29 号）
	关于新疆生产建设兵团工业企业缴纳的地方税收实行返还的通知（新政办发〔2007〕58 号）
	关于促进中小企业发展的实施意见（新政发〔2010〕92 号）
	关于促进农产品加工业发展有关财税政策的通知（新政发〔2010〕105 号）
	关于加快自治区纺织业发展有关财税政策的通知（新政发〔2010〕99 号）
	自治区促进农产品加工业发展有关财税政策实施办（新财法税〔2011〕8 号）
	关于新疆困难地区新办企业所得税优惠政策的通知（财税〔2011〕53 号）
	关于印发《自治区加快纺织业发展有关财税政策实施办法的通知（新财法税〔2011〕7 号）
金融政策	国务院关于实施西部大开发若干政策措施的通知（国发〔2000〕33 号）
	中国人民银行关于民族贸易和民族特需商品生产贷款利率事宜的通知（银发〔2009〕68 号）
	关于进一步做好民族贸易和民族特需商品生产贷款优惠利率补贴事宜的通知（乌银办〔2009〕288 号）
	新疆维吾尔自治区人民政府办公厅关于印发《新疆维吾尔自治区促进股权投资类企业发展暂行办法》的通知（新政办发〔2010〕187 号）

续表

类型	政策名称
产业发展政策	中西部地区外商投资优势产业目录（2008 年修订）（国家发展和改革委员会商务部令第 4 号）
	国务院关于中西部地区承接产业转移的指导意见（国发〔2010〕28 号）
	产业结构调整指导目录（2011 年本）（国家发展和改革委员会令第 9 号）
	关于促进新疆工业通信业和信息化发展的若干政策意见（工信部产业〔2010〕617 号）
	新疆生产建设兵团中小企业国际市场开拓资金管理办法（兵财企〔2010〕68 号）
	自治区党委自治区人民政府关于加快培育和发展战略性新兴产业的意见（新党发〔2011〕17 号）
	关于印发《新疆生产建设兵团 2011～2012 年纺织产业奖励资金管理暂行办法》的通知（兵发改轻纺〔2011〕767 号）
	新疆维吾尔自治区关于推进产业援疆工作的指导意见的通知（新党办发〔2012〕23 号）
土地政策	新疆维吾尔自治区关于西部大开发土地使用和矿产资源优惠政策的实施意见（新政发〔2002〕82 号）
	关于进一步完善和落实国土资源优惠政策促进自治区经济社会可持续发展的意见（新政办发〔2004〕9 号）
	关于减免土地出让金和新增建设用地土地有偿使用费有关问题的通知（新政办发〔2011〕115 号）
能矿资源政策	国务院关于实施西部大开发若干政策措施的通知（国发〔2000〕33 号）
	国务院办公厅转发国务院西部开发办关于西部大开发若干政策措施实施意见的通知（国办发〔2001〕73 号）
	国务院关于进一步推进西部大开发的若干意见（国发〔2004〕6 号）
	国务院办公厅转发发展改革委关于完善差别电价政策意见的通知（国办发〔2006〕77 号）
	新疆维吾尔自治区关于西部大开发土地使用和矿产资源优惠政策的实施意见（新政发〔2002〕82 号）
环保政策	《关于西部大开发中加强建设项目环境保护管理的若干意见》环发〔2001〕4 号
	转发自治区国土资源厅关于进一步完善和落实国土资源优惠政策促进自治区经济社会可持续发展意见的通知（新政办发〔2004〕9 号）
	新疆维吾尔自治区人民政府关于落实科学发展观切实加强环境保护工作的决定（新政发〔2006〕71 号）

注：以上为中央及新疆和新疆兵团按照西部大开发及中央新疆座谈会精神出台的主要优惠政策目录，截至 2012 年 7 月。

（一）财税政策

西部大开发财税政策自 2001 年实施以来，自治区各级税务部门严格执行国家税务总局制定的各项管理规定，认真落实西部大开发战略给予新疆的各项税收优惠政策，认真核对有关企业纳税人的资质，对于符合优惠条件的纳税人，相关部门坚决维护其合法税收权益。通过一系列税收优惠政策的实施，有效减轻了新疆企业的税收负担，同时也吸引了大量的投资者来新疆投资创业，为新疆国民经济的发展注入了巨大活力，促进了企业的发展，更是为新疆地方经济增长做出了积极贡献。新疆地税局统计资料显示，2001～2009 年，新疆地方税务系统对自治区符合西部大开发税收优惠政策的特变电工、新疆众和、天山股份、八一钢铁等 5000 余户企业，共减免地方税收 57.6 亿元，极大地促进了新疆经济的发展。新一轮西部大开发战略启动之际，为保证相关优惠政策的延续性，财政部、海关总署和国家税务总局联合出台了《关于深入实施西部大开发战略有关税收政策问题的通知》（财税〔2011〕58 号）文件，对西部地区内资鼓励类产业、外商投资鼓励类产业及优势产业的项目在投资总额内进口的自用设备，在政策规定范围内免征关税；2011～2020 年，对设在西部地区的鼓励类产业企业减按 15% 的税率征收企业所得税；对西部地区 2010 年 12 月 31 日前新办的、享受企业所得税"两免三减半"优惠的交通、电力、水利、邮政、广播电视企业，其优惠政策可以继续享受到期满为止。相关优惠政策的延续，有效地支持了新疆企业的发展，而且更加有利于新疆的招商引资工作。

（二）金融政策

西部大开发战略的实施，中央政府出台了一系列增加资金投入类的政策措施，其中的一项重要内容就是要加大金融信贷的支持，即商业银行加大对西部地区基础产业建设的信贷投入，国家开发银行新增贷款逐年提高用于西部地区的比重，增加对西部地区农业、环保、产业、城镇化、技术改造以及中小企业发展等方面的信贷支持力度。对于新疆而言，中国人民银行立足新疆实际，先后制定实施了一系列旨在引导信贷增长、支持新疆经济建设的措施，如运用货币政策工具，增加支持新疆农业发展的贷款额度；积极搭建银行与政府、企业之间信息沟通的平台，组织召开金融运行分析会、行业座谈会，了解企业需求；为企业、商业银行提供信贷信息方面的咨询服务，引导金融机构合理放贷，提高金融服务业。在支持新疆经济领域的发展的同时，新疆区内的金融机构还积极支持有关生态环境保护方面的工程建设。伴随着西部大开发的深入推进，2013 年新疆社会融资总量与 GDP 之比为 37.6%，金融对实体经济的支持力度明显加大，新疆经济社会发生了突飞猛进的发展。

（三）产业发展政策

2000 年底国务院发布的《国务院关于实施西部大开发若干政策措施的通知》

（国发〔2000〕33 号），其中的产业政策，如优先布局基础设施建设、特色产业、能源资源开发等领域的项目，加大对西部基础产业、优势产业、高新技术产业的金融信贷支持，对设在西部地区国家鼓励类产业的企业实行税收优惠政策等，对西部地区产业发展起到了一定的作用。2001 年 9 月，国务院办公厅转发了《关于西部大开发若干政策措施的实施意见》（国办发〔2001〕73 号），对国家支持西部大开发的政策措施做了进一步明确、具体的规定，还通过税收优惠、差别利率等手段鼓励西部地区进行所需要的产业投资。对于新疆而言，西部大开发战略实施以来，中央在新疆的钢铁、炼油、石化、建材、化肥、电力等领域安排了一批重大项目，为新疆国民经济的发展打下了坚实的产业基础。2010 年以来，国家发改委对新疆产业发展采取差别化政策，核准了特变电工的新疆硅业项目、八一钢铁的南疆钢铁项目等。在基础产业发展方面，对自治区和兵团予以特殊支持，如国家能源局组织编制了新疆煤炭基地建设与风电基地建设规划，国家发改委核准了新疆的火电建设项目、庆华集团煤制天然气项目等，安排中央预算对于新疆农村电网改造和无电地区电力发展，建成哈密—甘肃安西输变电工程，实现了新疆与西北主网相连。

（四）土地政策

为鼓励和引导国内外投资者来新疆开发建设，推动新疆国民经济与社会的跨越发展，《国务院关于实施西部大开发若干政策措施的通知》（国发〔2000〕33 号）和《关于西部大开发若干政策措施的实施意见》（国办发〔2001〕73 号）等相关文件要求，依据国家有关的法律法规，新疆维吾尔自治区可以结合自身的实际情况，制定实施具体的土地使用优惠政策。鉴于此，新疆出台实施了如下政策鼓励社会各界参与、加大新疆的开发力度：①依法出让国有荒山、荒地等未利用地进行造林、种草等生态建设的，可以减免土地出让金，实行土地使用权 50 年不变。②国家和自治区批准的基础设施建设项目占用耕地的，其耕地开垦费均按自治区规定标准的下限收取。建设项目使用城市规划区外国有未利用土地的，可以依法以最低价出让，也可以以土地作价入股。③以租赁方式取得国有土地使用权、经营期在 20 年以上的，自取得使用权之日起，前 5 年免缴土地租金，如果土地用于从事重点鼓励类产业的，则第 6 ~ 10 年免缴 50% 的土地租金。如果投资区域为国家或自治区扶贫工作重点县，则免缴 10 年土地租金，等等。

（五）能源、矿产资源发展政策

新疆拥有丰富的石油、天然气、煤炭资源，中央政府坚持对新疆实施能源、矿产资源大勘探、大开发和大投入的方针，造福新疆各族人民。除了不断加大投资力度开工建设一批能源、矿产资源开发工程外，还制定了一系列政策扶持、鼓励和引导疆内外矿产资源企业"走出去"和"引进来"，进行能源、矿产资源合作开发。根据《新疆维吾尔自治区关于西部大开发土地使用和矿产资源优惠政策的实施意见》，在自治区矿产资源补偿费地质勘查专项费项目计划中，加大地质勘探投入，凡符合条件的各类所有制企业均可申报；由地方财政出资形成的探矿权、采矿权价款实行特殊优惠政策；勘查、开采矿产资源符合条件的，可以申请减缴或免缴探矿权、采矿权使用费；探矿权人、采矿权人、矿山企业在勘查、探采以及探矿权、采矿权申请、出让等方面具有一定程度的优惠政策。能源、矿产资源的发展，促进了就业人口的增加，有效支援了当地经济发展，满足了新疆经济发展对能源和石化产品的需求，有力地带动了相关产业的发展，为新疆财政增加了大量收入。

（六）环境保护政策

新疆是我国西北重要的生态安全屏障，但其生态环境非常脆弱，绿洲面积只占全区总面积的5%，南疆塔克拉玛干沙漠和北疆古尔班通古特沙漠就占全疆面积的1/3以上，加上气候干旱降雨量少，每年风沙和病虫害等灾害频发危害各族人民生产和生活，因此在西部大开发战略实施以来，一直把加强生态建设，改善生态环境作为新疆开发的重点。针对新疆自然条件差，生态系统脆弱，珍稀濒危动、植物和自然保护区分布比较集中的特点，环境保护部支持新疆提高发展质量和效益，逐步解决大气、水、生态等领域的突出问题，改善重点区域流域和农村生态环境质量，基本遏制生态环境总体恶化趋势，增强生态安全保障和环境风险防范能力，健全生态环境治理体系，提高生态环境保护能力，支持新疆实现全面建成小康社会生态环境目标，为社会稳定和长治久安打下坚实基础。

四、扩大对外开放

1999年9月，党中央、国务院提出和实施"西部大开发"战略，2000年4月，自治区党委明确提出：要实施大开发，必须进一步扩大对外开放，努力营造一种新的开放格局，以大开放促进大开发。2003年国务院批准设立乌鲁木齐进出口加工区，中哈两国政府批准设立跨国界的中哈霍尔果斯国际边境合作中心，2005年自治区批准每年在南疆重镇喀什举办"新疆喀什·中亚南亚商品交易会"等重大举措的出台，开创了新疆全方位、多层次、宽领域对外开放的新格局。2008年国家发布新修订的《中西部地区外商投资优势产业目录》，明确规定外商投资新疆重点生态工程后续开发、优质农产品深加工、资源综合利用等25项优势产业，可享受鼓励类外商投资项目优惠政策。对外商到新疆再投资项目，凡外资比例超过25%的，均可享受外商投资企业税收减免等相应待遇。截至2008年底，全区共有17个国家一类口岸、12个二类口岸和已经审批的工业园区（开发区）34个，累计入驻企业8172家，完成投资998亿元，与世界100多个国家和地区建立了经贸关系。2010 年以来，国家继续大力实施向西开放战略，提出充分利用好国际国内两个市场、两种资源，不断拓展新疆优势与周边国家人流、物流、资金流、信息流的双向大流通，促使将新疆对外开放，批准设立喀什、霍尔果斯两个特殊经济开发区，将乌洽会升格为"中国—亚欧经贸博览会"；鼓励新疆企业开展对外投资合作；发展面向周边国家的外向型产业，努力把新疆打造成我国对外开放的重要门户和基地。

五、输送和培养优秀专业技术人才

国务院在《关于西部大开发若干政策措施的通知》中强调要加大力度吸引人才、发展科技教育，说到底，实施西部大开发必须依靠科学技术的发展，而科学技术的发展又离不开大批专业技术人才。西部大开发战略实施伊始，就制定了一系列有利于西部地区吸引人才、留住人才、鼓励人才创业的政策。如建立艰苦边远地区津贴，提高西部地区机关和事业单位人员的工资水平；改革户籍管理制度，允许到西部地区投资经营和参加开发的其他地区居民保留原籍户口；扩大东部和西部地区之间的干部交流；加强西部地区引进国外智力工作等。

在中央提出实施西部人才开发战略之后，有关部门针对新疆的人才队伍建设问题开展研究，制定了一系列具体政策。①大力支持发展新疆的基础教育，提高人口素质，增强自我发展的能力。实施了国家贫困地区义务教育、中小学危房改造、免费义务教育等工程。2000 年开始减免和田地区贫困学生的课本费；2003 年开始减免南疆四地州等 56 个县的 205 万名中小学生的杂费与课本费；到 2005 年，"两免一补"政策已惠及全区贫困中小学生；到 2006 年 3 月，农村中小学生杂费全部免除，保障了各民族、各阶层儿童享有平等接受基础教育的权利。②自 2000 年起，北京、上海、天津、南京、杭州、广州、深圳、大连、青岛、宁波、苏州、无锡 12 个发达城市在所属的省级重点高中举办了新疆高中班，每年招收 1540 名新疆民族学生，政府向这些在校学生提供财政补贴。③加强人才培训和交流，如国家外国专家局自 2003 年起，联合上海、广东、浙江、杭州、福建等 10 个东部省市共同实施"支持新疆培训干部和人才计划"，2004 年开始实施"海外智力支援新疆计划"，每年从新疆选派 400 人赴境外培训，加强了自治区干部人才队伍建设，同时聘请外国专家支援新疆建设。

六、鼓励内地省市开展对口支援

西部大开发以来，内地各省区尤其是东南沿海较发达地区的一些产业向新疆转移，新疆与内地各省（区、市）的经济技术合作与交流加强，人才的互相流动日益兴起和扩大，以"物流"、"人才流"为特征，以优势互补为原则的新的支援新疆经济和社会发展的形式迅速发展起来。发达地区派技术人员、教师、医生、企业管理人员等各类专业人才作为援疆干部，到新疆地（州）县挂职，传播并示范先进的技术与观念。新疆党政机关、经济管理部门和企业专业技术人员则分批到内地对口支援省、市挂职学习，在新疆培养起一支人才骨干队伍。尤其是 2010 年新疆工作会议以后，根据中央政府的要求，19 省市对口支援新疆。各省市建立起人才、技术、管理、资金等方面援助新疆的有效机制，优先保障和改善民生，帮助新疆各族群众解决就业、教育、住房等基本问题，同时支持新疆相关特色产业的发展，提高新疆自身的"造血"功能。

第二节　西部大开发中新疆开发的重点

按照中央西部大开发的战略重点和要求，结合新疆各种条件以及经济和社会发展的实际，确定了西部大开发中新疆的开发重点，主要包括基础设施建设、生态环境保护和建设、优势产业发展、科技教育、人才培养等领域。

一、加强水利、交通、通信基础设施建设

制约新疆大规模开发的主要因素之一是基础设施落后，因此，西部大开发在新疆的首要任务就是要着力加强交通网线、水利水电、通信等领域的基础设施建设，为新疆的经济与社会发展提供坚实的基础。

（一）水利设施建设

众所周知，水是生命之源、生产之需、生态之基。新疆由于远离海洋且被高山环绕，形成了大陆性干旱气候，常年光照长、降水少，而且水利基础设施建设长期以来一直比较落后。因此，西部大开发过程中加强新疆水利基础设施建设刻不容缓，这不仅关系到新疆广大人民群众的供水安全和粮食安全，而且关系到经济安全、生态安全、国家安全。正因为如此，在西部大开发的进程中，新疆要狠抓水资源的开发利用，提高水资源利用率，集中力量抓好、建好一批重大的水利设施建设项目，加强水资源的节约集约利用。

新疆的水利设施建设的重点主要包括以下几个方面：①民生水利建设，需进一步加大农村饮水安全和农田水利基础设施工程，改善新疆民众的生产条件与生活条件；②重点水利工程建设，需不断增强区内水资源的调配能力，重点积极支持骨干水源工程工作，争取早日开工建设一批新的水利工程；③加强节水工程建设，由于新疆总体上干旱缺水，所以必须做好水资源的节约集约利用，尤其是农业生产领域的节水，提高水资源的利用效率；④流域生态环境保护，重点推进新

疆的流域综合治理工程，如塔里木河流域的生态修复、天山北坡的生态修复等，有效保护与修复流域和湖泊的生态系统。从体制、机制、措施、手段全过程强化流域水资源统一调度管理，积极推进城乡水务一体化，稳步推进水价改革，建立健全农牧区水利建设新机制。

（二）交通基础设施建设

完善的公路设施能够提高运输效率，保障运输安全，带动新疆经济健康、持续发展，促进社会全面进步。新疆公路建设的重点要为广大的少数民族地区铺好脱贫路、致富路、小康路，尤其要大力完善南疆地区的农村路网，为南疆地区经济社会发展提供公路交通基础条件。在西部大开发的第一阶段，按照国家的要求，加快推进"三横两纵两环八通道"① 干线公路网建设，基本建成省级公路通道；全面启动境内国家高速公路网的建设和省道重要路段的改造；同时重点加强农村公路建设，继续加强口岸公路建设。在进入西部大开发的第二阶段，新疆公路建设要在前期建设的基础上，以打造面向国内、面向周边国家和疆内的交通大

---

① "三横两纵两环八通道"（简称"3228"工程）。

三横：是新疆社会发展和经济建设的大动脉。是新疆实施东联西出发展战略的重要依托和国防建设的重要保障，同时，连通了新疆的重要陆路口岸。

第一横：星星峡（明水）—哈密—吐鲁番—乌鲁木齐—奎屯—精河—果子沟—霍尔果斯。

第二横：小草湖—托克逊—和硕—库尔勒—轮台—库车—阿克苏—阿图什—喀什—塔什库尔干—红其拉甫。

第三横：依吞布拉克—若羌—民丰—和田—莎车—喀什—伊尔克斯坦。

两纵：两纵线从北至南在新疆中部区域展开，跨越天山，穿过南北两大盆地，是沟通南北疆的重要通道。具有南北疆两大区域人员往来、经济交流和国防建设、部队机动的重要作用。

第一纵：北屯—克拉玛依—奎屯—库车—沙雅—阿拉尔—和田。

第二纵：阿勒泰—北屯—富蕴—大黄山—乌鲁木齐—巴伦台—库尔勒—若羌。

两环：两环是南北疆最具特点的两个区域，即天山北坡经济带乌鲁木齐城市群和叶尔羌河流域少数民族聚居区上形成的高速公路环形通道。

第一环：乌鲁木齐—米泉—五家渠—昌吉—呼图壁—克拉玛依—奎屯（乌苏、独山子）—沙湾—石河子—玛纳斯—乌鲁木齐。

第二环：喀什—莎车—巴楚—图木舒克—阿拉尔—阿克苏—阿图什—喀什。

八通道：八通道是规划区域内三横两纵骨架公路的重要补充，是区域社会经济发展的重要依托。

通道一：巴克图—塔城—额敏—铁厂沟—克拉玛依—呼图壁—阜康—吉木萨尔—奇台—木垒—巴里坤—伊吾—明水。

通道二：北屯—乌图布拉克—和布克赛尔—铁厂沟—托里—阿拉山口—博乐。

通道三：北屯—福海—阜康。

通道四：清水河—伊宁—则克台—那拉提—巴伦台—阿拉沟—托克逊。

通道五：轮台—塔中—民丰。该线路穿越塔里木盆地，是著名的沙漠公路。

通道六：哈密—南湖—罗中—若羌。

通道七：阿克苏—阿拉尔—图木舒克—巴楚—莎车。

通道八：通往西藏方向的 G219 线，是最重要的国防通道之一。

通道为重点，加快构建快捷、高效的公路交通运输网络，重点构筑"五横七纵"高速、高等级公路网，建设七大国家级公路运输枢纽，建成四条东联内地和八条西出国际共计十二条通道①。公路网络的发展将促进新疆成为向中亚、西亚、南亚乃至东欧国家出口商品的主要基地和商贸中心。

由于新疆特殊的经济地理特征和经济发展环境，90%左右的进出疆人员和95%以上的进出疆物资由铁路运输承担，因此铁路在新疆区域经济、社会发展中有着不可替代的重要地位和作用。自西部大开发以来，铁路在加强现有路段的技术改造、提速的同时，不断加快新线建设，包括精伊霍铁路、乌精二线、库俄铁路、奎北铁路、乌准铁路、喀和铁路等，使新疆铁路路网格局发生了"由线到网"的根本转变。铁道部自2010年起到2020年，将投资3100多亿元，重点围绕"四纵四横"主骨架、四大对外运输通道、六个口岸站和四个铁路枢纽②，尽快构建发达完善的铁路网，在新疆现有铁路运营里程的基础上，新增铁路运营里程8000多千米，实现新疆92%的县通火车。与此同时，开建将军庙至哈密至额济纳铁路、青新线（库尔勒至格尔木）、淖毛湖至龙岗铁路及沙尔湖煤炭运输通道；加快霍尔果斯铁路口岸站相关工程建设；提升南疆铁路运输通道能力；加大出疆货物运输力度；改善新疆客运列车条件并开行南疆至内地的客车等。铁路的

---

① 五横：华东—星星峡—乌鲁木齐—霍尔果斯口岸高速公路（区内里程1431千米）；华北—明水—克拉玛依—巴克图口岸高速公路（区内里程1520千米）；乌鲁木齐—喀什—红其拉甫口岸高速、高等级公路（1760千米）；西南—西宁—依吞布拉克—和田—喀什—伊尔克斯坦口岸高速公路（区内里程1895千米）；伊宁—托克逊—哈密—西煤东运煤炭基地高等级公路（1254千米）。

七纵：阿勒泰—乌鲁木齐—依吞布拉克—西宁—西南高速公路（区内里程1442千米）；阿勒泰—奎屯—库车—和田高速、高等级公路（1733千米）；喀纳斯口岸—阿拉山口—阿克苏—英吉沙高等级公路（2106千米）；阿黑土别克口岸—阿勒泰—木垒—鄯善—西煤东运煤炭基地高等级公路（1210千米）；老爷庙口岸—哈密—若羌高等级公路（883千米）；轮台—民丰—红土达坂高等级公路（区内里程1146千米）；阿克苏—图木舒克—叶城—西藏高速、高等级公路（区内里程1434千米）。

七大国家级公路运输枢纽：乌鲁木齐、伊宁（霍尔果斯）、喀什、哈密、库尔勒、石河子、奎屯。

十二条东联西出通道：四条东联出疆通道：明水（甘肃）、星星峡（甘肃）、依吞布拉克（青海）、界山大坂（西藏）。

八条西出国际通道：霍尔果斯口岸、阿拉山口口岸、巴克图口岸、伊尔克什坦口岸、红其拉甫口岸、吐尔尕特口岸、吉木乃口岸、塔克什肯口岸。

② 四纵：阿勒泰—克拉玛依—伊宁—阿克苏铁路线；富蕴—准东—乌鲁木齐—巴仑台—库尔勒铁路线；吐鲁番—库尔勒—阿克苏—喀什铁路线；哈密—罗布泊—若羌—和田铁路线。

四横：准东—将军庙—哈密—额济纳铁路线；阿拉山口—乌鲁木齐—哈密—兰州铁路线；库尔勒—若羌—格尔木铁路线；喀什—和田—日喀则铁路线。

四条出疆通道：兰新既有线以及兰新铁路第二双线通道；哈密—临河通道；库尔勒—格尔木通道；和田—日喀则通道。

六个口岸站：阿拉山口、霍尔果斯、吐尔尕特、红其拉甫、吉木乃、塔克什肯。

四个铁路枢纽：乌鲁木齐、哈密、库尔勒、喀什。

延伸，在给沿线群众提供出行便利的同时，也给沿线群众带来了财富，带来了信息和新观念。

民航运输在促进新疆地区经济发展、加大对外开放力度、保障和改善民生等方面发挥了重要作用。民航基础设施的建设，重点加强乌鲁木齐机场的功能建设，把乌鲁木齐机场打造成新疆的航空客货运输中心以及通往中亚、欧洲的重要枢纽港。同时，要加强构建枢纽机场、支线机场、通用机场构成的、网络布局合理的机场体系，形成以乌鲁木齐区域性枢纽机场、喀什疆内枢纽机场为核心的"疆内成网，东西成扇，东联西出"的航线网络格局。主要完善乌鲁木齐、喀什国际机场功能，改扩建乌鲁木齐、库尔勒、和田、阿勒泰、哈密、喀什、阿克苏、伊宁等机场，新建库车、吐鲁番、莎车等机场。加大航线及航班密度，以适应区际间交流及旅游事业发展的需要。

（三）通信基础设施建设

21 世纪已经进入信息时代，信息通信技术发展日新月异，很多国家和地区都将信息技术产业作为先导产业来予以扶持。新疆要加快工业化、城镇化和农业现代化建设步伐，就必须加强通信基础设施建设，尽早实现信息通信网络的宽带化与智能化，加大长途光纤电缆的比重，着力构建"信息高速公路"网络。重点加快推进光纤宽带网络发展，扩大覆盖范围。以提速度、广普及、惠民生、降价格为目标，实施宽带上网提速工程。推进宽带网络建设和网络基础设施共建共享；加快建设无缝连接的移动宽带网络，进一步提高 3G 网覆盖质量，城市及乡镇以上基本实现全覆盖；继续推进农村通信发展，实现全疆所有县市全国电话长途直拨；加快对周边国家光缆传输网络建设，构建向西开放的国际通信和信息传输大通道。

二、加大生态建设和环境保护

新疆是我国干旱区面积最大、范围最广、发育最典型的区域，绝大部分是戈壁、沙漠和荒漠等难以利用的土地，严酷的自然条件、脆弱的生态环境、有限的环境承载力使新疆的开发面临诸多的生态瓶颈、环境障碍，开发成本巨大，同时存在较高的生态风险。基于此，新疆在开发过程中，尤其是要注意把生态环境保护与建设放在突出重要的位置，要按照国家对于西部生态环境建设的总体设想，实现新疆在跨越式发展中保持山川秀美、绿洲常在的环保战略目标。这就需要加大对于新疆范围内的天然林、草地的保护力度，加强对野生动植物资源的保护，加大草场退化治理的力度，力求"人进沙退"，进一步加大湖泊湿地生态的综合治理力度。为应对新疆土地荒漠化、草原退化和土壤次生盐渍化不断扩大的问题，要加快实施退耕还林还草工程。

根据南疆、北疆、东疆不同的生态环境功能与自然特征，实施不同的生态建设和环境保护重点工作内容。对于北疆地区而言，生态建设和环境保护最重要的问题是工业污染防治和环境综合治理，如乌鲁木齐、奎屯、独山子、克拉玛依、石河子等重大能源化工基地需加强污染控制和环境风险防范力度；伊犁河谷要加大对资源开发（尤其是煤炭开发）过程中的生态环境监管力度，保护好生态系统；额尔齐斯河流域要积极推进森林生态功能区的保护，保障额尔齐斯河流域水环境安全等。对于南疆而言，重点工作是要加强荒漠化防治和受损生态系统的恢复工作，如推进工业污染防治，加强对库尔勒等能源化工基地的污染防治；加大山区水源涵养区生态保护力度；保护博斯腾湖、克孜尔水库等重要水域环境安全。对南疆三地州欠发达地区，需加强喀什特殊经济开发区的科学规划，加强城市河流污染的防控与治理，加大绿洲边缘荒漠化防治力度。对于东疆地区而言，重点工作在于加强矿产资源开发的生态环境监管，规范煤炭、石油、建材和金属矿山开发活动，对于由于矿产资源开采、公路铁路修建、油气集输管线施工造成地表地貌的破坏，需及时予以恢复。另外就是要加强东天山生态功能保护区的建设力度，维护其水源涵养区功能的稳定。

三、大力推进优势产业发展进程

（一）大力发展特色农业及农牧产品加工业

　　新疆得天独厚的光热资源和气候条件孕育了一大批特色农产品，是我国重要的棉花、粮食、瓜果、畜产品、啤酒花、番茄酱、制糖甜菜、打瓜、油葵、亚麻、红花、大芸、羊肉、细羊毛、乳制品和冷水鱼等特色农牧产品生产基地。在西部大开发过程中，要充分发挥新疆特色农产品资源优势和生产优势，以国内外市场需求为导向，不断提高特色农产品品质和市场竞争力与应变能力，形成以棉产业、特色林果园艺业和优质畜牧业为主体，以红色产业、特色中药材和特色经济小作物开发为补充的新疆特色农业产业。棉花生产的重点是加快新疆优质棉生产基地建设，抓好宜棉区和优质高产棉区高密度栽培、节水灌溉、病虫害综合防治和标准化管理等技术的推广普及，稳定面积，优化品种，提高棉花品质和单产。特色林果园艺业重点发展哈密瓜、葡萄、香梨、石榴、杏、薄皮核桃及其种植基地建设。对于畜牧业发展而言，应继续着力发展草原畜牧业、农区畜牧业和郊区畜牧业三个方面，其中，农区畜牧业是重点，在农区形成一大批养殖大户。在产业布局上，南疆地区在实现粮食自给、小区平衡的基础上，进一步发挥植棉优势，加快瓜果、农区畜牧业的发展；北疆地区在巩固粮食、油料生产和发挥草原畜牧业优势的同时，建成北疆优质棉区、新疆最大的甜菜生产基地和番茄、枸杞、红花等红色产业生产基地；东疆地区发挥地域优势，建成长绒棉、葡萄、甜瓜、红枣等特种经济作物基地。

在特色农业发展的基础上要提高农产品的附加值,大力发展农牧产品的加工工业,提高农牧产品的加工转化率,提高产品附加值。目前,发达国家的农业产值与农产品加工产值之比平均能够达到1:3,而新疆的这一比值仅为1:0.4~0.6。不仅是农产品加工产值与农业产值之比低,而且作为比例基数的农产品加工产值中,比重较大的是棉花粗加工(轧花打包)初加工(棉纱和坯布),粮食、油料初加工多,精深加工品较少。因此,重点要有选择地优先扶持棉纺、油料、葡萄酒、加工番茄、胡萝卜汁、乳制品、石榴汁(酒)、红花油及中药材加工等加工业的发展,形成一批具有新疆鲜明地域特色的名优特及精深加工农产品,在国内主要消费市场建立稳定的销售渠道,稳步进入中亚、西亚、俄罗斯及欧美等国际市场,实现新疆从特色农产品生产大区向优势农产品精深加工强区的转变,从资源大区向经济强区的转变,把新疆建成国家重要的棉纺工业区、最大的番茄加工出口基地、特色林果精深加工区、重要的畜产品加工出口基地。

(二)积极推进重要能源和优势矿产资源开采及加工

石油与天然气是新疆重要的能源资源,在西部开发过程中,新疆应进一步加大勘探投入力度,对塔里木、准噶尔与吐哈三大盆地的石油、天然气加大勘探开发力度。重点建设独山子、克拉玛依、乌鲁木齐和吐哈四大石化基地,抓好大型炼油、大型乙烯、大型芳烃、大型化肥生产,发展塑料、化纤制品、橡胶制品和精细化学品。以"西气东输"为契机,加快塔里木盆地油气资源的综合利用。以乙烯、聚酯、芳烃等化学化工产品的下游精深开发项目为重点,进一步扩建独山子石化的乙烯项目工程等,把新疆建设成为我国西部重要的石油天然气化工基地。电源建设项目坚持以基地化建设为主,集中力量建设一批大中型骨干电源,重点建设红雁池、喀什、阿克苏、托克逊、玛纳斯、塔城铁厂、哈密煤电基地等电厂建设项目。加强天然气资源的开发利用,重点建设一批燃气电厂,充分利用新疆丰富的风电资源,建设达坂城、阿拉山口、额尔齐斯河谷西部等风电基地。

新疆煤炭资源大部分分布在北疆地区,占90%以上,其中又集中在天山以北的准噶尔盆地、吐哈盆地、伊犁盆地和塔里木盆地北缘。因此形成三大产煤区准噶尔—天山含煤区、西南天山含煤区、塔里木含煤区,并以此为依托形成三大亿吨级产煤基地:吐哈煤炭基地、准东煤炭基地以及伊犁煤炭基地,列入新疆重点开发的有四大煤田分别是哈密煤田、准东煤田、伊犁煤田和库拜煤田。新疆的煤炭资源是最后一块处女地,是国家重要的能源接替区,要从国家安全大局、能源安全和可持续发展的角度出发,要有规划、有步骤地开发。

新疆现已发现138个矿种,其中预测钾盐、煤炭等资源量位居中国首位。2007年下发的《国务院关于进一步促进新疆经济社会发展的若干意见》中表示,将加大国土资源大调查基金、中央地质勘查基金和中央大型企业勘查资金等地质勘查资金对新疆基础地质和矿产勘查的支持力度，重点加快煤炭、铁、铜、镍、铅、锌等重要资源潜力调查和评价。通过西部大开发战略，把新疆建成中国新的石油天然气化工基地、煤电煤化工基地和大型有色金属、非金属生产加工基地。

（三）突出重点旅游区建设，发展特色旅游业

新疆地处亚欧大陆的中心，有着悠久的历史文化，具有丰富的旅游资源和人文景观，被国内外游客誉为"天然博物馆"。随着西部大开发战略的实施，国家加大了旅游业向西倾斜的力度，并下发了《国务院关于进一步加快旅游业发展的通知》，这些将为新疆旅游业的发展提供前所未有的机遇。为此，需从以下三个方面进一步做强新疆旅游业。

（1）做强做大五大旅游区：喀纳斯湖生态旅游区、博斯腾湖与天池风景旅游区、吐鲁番古文化遗址旅游区、喀什民俗风情旅游区以及伊犁塞外江南风光区。

（2）建设好三条旅游精品线路，分别是以体验民俗风情、历史访古、探险、观光、考察为主的吐鲁番—库尔勒—塔中—和田—喀什线；以生态观光、休闲、度假为主的乌鲁木齐—天池—克拉玛依—乌伦古湖—喀纳斯湖线；以农业旅游、休闲、观光、考察为主的乌鲁木齐—奎屯—乔尔玛—那拉提—巴音布鲁克—金沙滩线。

（3）开发名牌旅游产品，以"丝绸之路"为主线，树立起新疆旅游的国际品牌形象，把天池、喀纳斯、葡萄沟、金沙滩等建成成熟的、与国际接轨的世界级旅游精品。

四、发展科技教育，加快人才培养

西部大开发是实现新疆跨越式发展和长治久安的重要战略机遇期。以科技、教育为支撑，加快推进三化建设进程，着力打造区域经济增长极，关键靠人才，基础在教育。为此，新疆应重点做好以下几方面工作：

（1）加大人力资本投入力度，建立多渠道人才投入机制。围绕"三化"建设，大力引进和培养新疆三化建设重点领域的高层次人才。

（2）充分利用好援疆省市的干部人才帮扶政策，拓宽人才援疆渠道，一方面，多输入援疆省市的高层次人才帮助新疆建设，另一方面，利用援疆省市的教育资源，加大对新疆人才的培养力度。

（3）推进新疆各类职业教育的发展，加大"三农"实用技术培训和劳动力转移的培训力度。

（4）着力推进与普及双语教育，大力培养民汉"双语"人才和少数民族人才。

五、深化改革，扩大对外开放

要实施大开发，必须深化改革，扩大对外开放，以大开放促进大开发。新疆作为向西开放的前沿地带，需要充分发挥其独特的地缘优势，紧紧抓住西部大开发的历史机遇，充分利用国际国内两个市场和两种资源，全面推进"外引内联、东联西出、西来东去"的对外开放战略，拓宽新疆对外开放的广度和深度，努力把新疆建设成为依托内地、面向中亚、西亚、南亚乃至欧洲的出口商品基地和商品中转集散地，进口能源和紧缺矿产资源的国际大通道，"走出去"开发能源资源和开拓国际市场的新欧亚大陆桥，在更大范围、更广领域、更高层次上参与国际国内经济技术合作与竞争。要继续巩固在哈萨克斯坦、塔吉克斯坦、吉尔吉斯斯坦等国的市场份额，积极拓展俄罗斯、乌兹别克斯坦、土库曼斯坦、格鲁吉亚等国市场，努力提高对欧盟、美国、日本、韩国、东南亚等国市场的贸易比重；支持有实力的区内外企业与周边国家积极开展以资源互补为主的深层次合作，不断拓展新疆优势与周边国家人流、物流、资金流、信息流的双向大流通。依托国家特殊经济政策支持，围绕喀什、霍尔果斯特殊经济开发区建设，鼓励新疆企业开展对外投资合作，发展面向周边国家的外向型产业。

六、突出天山北坡经济带重点区域发展

天山北坡经济带①包括新疆天山以北、准噶尔盆地南缘的带状区域以及伊犁河谷的部分地区，是新疆现代工业、农业、交通信息、教育科技等最为发达的核心区域，集中了全疆83%的重工业和62%的轻工业，历年国内生产总值占全疆40%以上，城镇、交通、能源等基础条件好，对全疆经济起着重要的带动、辐射和示范作用。新疆应争取优先发展天山北坡经济带，充分利用该区域的区位优势、资源优势、交通优势、产业基础优势等各方面优势，将其着力打造成向西开放的国际大通道，充分发挥其对全疆的带动、辐射和示范作用。西部大开发中，天山北坡经济带的开发重点是：

（1）空间开发格局上，应以乌鲁木齐、昌吉为中心，以石河子、奎屯、独山子三角地带、奇台、吉木萨尔准东、伊犁河谷为重点。

（2）着力推进乌昌石一体化建设进程，提升乌昌石地区的贸易枢纽与制造

---

① 乌鲁木齐市全部，昌吉州的奇台县、吉木萨尔县、阜康市、昌吉市、呼图壁县、玛纳斯县，塔城地区的沙湾县、乌苏市，博尔塔拉蒙古自治州的精河县、阿拉山口口岸、博乐市，伊犁哈萨克自治州直属的奎屯市、霍尔果斯口岸、霍城县、伊宁市、伊宁县、察布查尔锡伯自治县、巩留县、尼勒克县、新源县、特克斯县，以及新疆生产建设兵团第十二师、建工师、第六师五家渠市、第八师石河子市、第七师、第四师、第五师及以上各师位于天山北坡的团场。

业功能，将该地区建设成为西北地区的国际商贸中心、制造业中心和出口商品加工基地。

（3）新疆是中国向西开放的最前沿，也是丝绸之路经济带建设的核心区域，在开发新疆过程中，要进一步强化其向西对外开放大通道的作用，加强道路基础设施建设，扩大交通通道综合服务能力。

（4）由于该区域工农业生产活动较为集中，水资源越来越成为该区域经济发展的制约因素，因此，天山北坡经济带的发展，需大力推进向工、农业生产的方式转变，走资源节约集约利用之路。

（5）由于天山北坡经济带的大规模开发，该地区的生态环境也遭到不同程度的破坏，区域可持续发展受到严重威胁，因此，该地区未来的开发与发展，一定要注意生态环境的保护与建设，主要要做好水源涵养区的保护与修复、伊犁草原森林生态建设、艾比湖流域防治沙尘与湿地保护等。

第五章　西部大开发战略在新疆实施的整体效果评价

实施西部大开发战略，加快中西部地区发展，是党中央贯彻邓小平同志关于我国现代化建设两个大局战略思想，面向 21 世纪所做出的重大决策。西部大开发战略在新疆实施以来，国家在规划指导、政策扶持、资金投入、项目安排、人才交流等方面加大了对新疆地区的支持力度，东中部地区也通过多种途径、采取多种形式积极援助新疆地区的发展，自治区政府也相应出台了各种政策措施切实推进西部大开发战略在新疆的实施。切实将新疆的区域开发由战略层面向操作执行层面推进。经过十几年的艰苦努力，新疆经济社会的发展取得了一些显著成绩。区域规划政策效率评价作为区域规划政策实施过程中的一个重要组成部分，在评价区域规划政策实施优劣、改善后续政策制定、提高目前规划政策效率等方面都起到了重要的参考作用。

第一节　国内外有关区域政策有效性评价的相关研究

国内外学者致力于区域规划政策的绩效研究主要从定性研究和定量研究两个方面展开。定性研究侧重于用语言文字描述、阐述以及探索事件、现象和问题。定量研究侧重于用数字来描述、阐述以及揭示事件、现象和问题。定性评价法主要包括前后对比分析、对象评价法、专家评价法等，与定性评价方法注重评价的主观感受不同，定量评价方法更注重评价过程的科学性，分为参数评价方法和非参数评价方法。典型的定量评价方法有：成本—收益法、统计分析法、运筹学法等。

从评价方法看，不同国家区域政策评价侧重点不同，美国政策绩效评价以定量分析为主，定性分析为辅，成本效益分析法（Cost—Benefit Analysis，CBA）和成本效能分析法（Cost—Effectiveness Analysis，CEA）是两种最基本的分析方法。法国政策绩效评价体现了定性分析为基础，定量分析为手段，十分注重细化指标设计的特征。韩国和日本，也为达成政策评价目标而设计了一系列明确而细致的指标，从而方便量化分析。总体上看，发达国家的政策绩效评价方法虽然更为注重数据的量化分析，但绝没有将定量分析的方法当作政策评价目的，从而偏废定性分析法。更多的是根据评价对象的具体情况，选择恰当的方法和技术，将定量分析和定性分析相结合，事实分析和价值判断相结合，科学的评价方法则大大促进了评估结论的客观性，提高了评价的有效性和针对性。

我国制度评价起步较晚，相应的理论研究成果还不成熟，我国区域政策评价在定性分析的基础上，逐渐吸收和发展了相关定量分析理论，促使我国的政策科学研究逐渐步入正轨。已有的关于区域政策实施效果的研究成果，大多围绕着区域政策的意义与重点、优惠政策、模式与途径、任务与目标，以及区域的投资环境、区域发展中存在的突出问题及其对策等而展开。

表5-1　政策绩效评价方法比较

方法	名称	优点	不足
定性分析	演绎法	由规律出发一步步递推，逻辑严密结论可靠，且能体现事物的特性	缩小了范围，使根本规律的作用得不到充分的展现
	前后对比法	简单明了、直观	无法区分非政策因素的影响
	访谈法	可以深入企业、获得一手资料、更直观地感受政策带来的积极或消极的影响	项目烦琐、费时且成本高
	专家评价法	易于操作、评价周期短	主观性强、评价结果的一致性难把握
定量分析	统计分析法	简化指标体系，计算量小	数据的准确性要求高、样本容量要求大
	层次分析法	可靠性高，误差小	无法处理变量众多，规模较大问题
	数据包络分析法	适合处理多输入、多输出问题、无须指定投入产出的生产函数形态、逻辑严谨且不受人为主观因素的影响	无法评价含有模糊因素的政策问题
	成本收益分析法	是一种预先作出的计划方案，适用于经济效果分析	实际操作中难以测定政策成本与收益
	灰色关联度分析	计算便捷，无须大样本，预测未来某一时刻的特征量具有良好的性质	灰色行为系统的现象不准确、数据是杂乱的
	综合评价法	有效地提高预测的精确度、全面且综合的反映被评价的对象	复杂烦琐、不同模型实证分析结果的一致性难把握

一、国内外区域政策有效性的定性研究

在《中国区域经济发展报告——西部大开发区域政策效应评价》一书中采用了多种定性分析方法，具体而详细的描述了西部大开发战略实施前后，西部地区经济发展水平的变化情况，书中指出，随着中央对西部地区连续的政策投入，西部地区经济呈现稳定快速增长，产业结构不断优化，人民生活水平不断提高。陈瑞莲和谢宝剑（2009）回顾了改革开放 30 年以来中国主要区域政策，并将中国主要区域政策的演进分为四个阶段：以经济特区为重心的沿海地区优先发展阶段、以浦东开发为龙头的沿江沿边地区重点发展阶段、以缩小区域差距为导向的西部大开发阶段和以区域协调发展为导向的共同发展阶段。文章指出我国未来区域政策的主要创新路向，同时提出，在政策绩效评价上，应按照主体功能区的功能实施差异化的评估为导向。刘丽娜等（2011）基于 2006~2010 年 CSSCI 收录的关于政府绩效的 151 篇研究论文，从评价理论、评价主体、研究对象和评价方法四个维度进行了系统分析，提出构建具有中国特色的政府绩效评价理论和方法体系，拓展评价主体和研究对象领域，全面促进政府行政效率提高和绩效的改善。中国行政管理学会课题组（2013）全面阐释了政府公共政策绩效评估是指基于结果导向、运用科学的方法、规范的流程、相对统一的指标及标准，对政府公共政策的投入与产出进行综合性测量与分析的活动。龚一平（2006）论述了制度与经济增长的关系，指出制度是经济增长的决定因素，也是经济增长的内生变量；分析了制度的规范约束、有效激励，以及明确产权、降低交易成本的内在功能与效应；提出制度创新是经济增长的关键，并对制度创新的内容与方式进行了探讨。林建华和任宝平（2009）依据西部大开发战略目标对该战略的绩效进行总结和评价，认为西部大开发战略的实施，虽然带动了西部经济的发展，但东西部差距非但没有缩小，反而继续扩大。主要原因是改革滞后，市场化程度低，投资不足，工业化水平低，区域分工不合理，产业结构低下。

Leonie B. Janssen – Jansen 等（2010）对荷兰以自由和发展为主导的区域规划进行了总结，论文总结了荷兰区域规划的三个特点：①坚持项目协调发展的原则；②规划区域有经济上的买卖特权；③规划的决策机构拥有自由裁量权。Temple（1994）指出区域政策有效性的三个前提：①企业的可获利性可以通过投资补贴来实现；②本区域内劳动力等生产要素的成本可以通过企业收入来补偿，从而通过需求的效应创造乘数效应（Multiplier Effects），使区域受益；③区域内的附加支出由额外的收入支付，如果额外的收入流向区域外的产品进口，同样不能产生区域内正的乘数效。Harvey Armstrong 和 Jim Taylor（2000）论述了区域政策的成本与收益，文中指出区域政策的成本主要包括以下六个方面：资源转换所引

起的成本；收入与就业等方面的损失导致的成本；区域政策基础带来的设施成本；递增的外部不经济；区域转移的成本；政策实施的组织成本与政治风险。区域政策收益从以下几个方面体现：经济活动的增加带来的产出、收入与就业方面带来的产出收益；较少的移民意味着交易费用的降低所带来的额外收益；外部不经济减少进一步缩小区域差距及与此相关联的其他收益。Robinson 等（1987）对英国纽卡斯尔地区 201 家曾受到投资刺激的制造企业进行调查。PA Cambridge Economic Con－sultants（1993）进行了更加深入的研究，他们试图估计受援助企业对区域内其他企业产出和就业的影响程度（如通过乘数效应和替代效应等方法），从而计算出创造的附加就业量，也能够根据受援区域就业的净增加量和财政援助的净成本计算出创造就业的净成本。

二、国内外区域政策有效性的定量研究

国内外许多学者致力于区域规划政策的绩效研究，主要从两个方面展开：基于回归参数模型的区域政策绩效研究和基于非参数方法的区域政策绩效研究。

（一）基于回归参数模型的区域政策实施绩效研究

参数分析是已知总体分布类型，对未知参数进行统计推断的一种分析检验方法。它往往依赖于特定的分布类型，进行参数之间的评估与比较。在进行参数分析时往往结合特定的函数模型对参数进行线性研究与非线性研究。

李京文等（1992）运用乔根森等的生产率度量法，对我国 1953～1990 年的长期经济增长和 1981～1987 年 34 个产业部门的短期经济增长，进行了严格的计算测量，得出了有关经济增长总量和增长源的数据。文章通过计量分析的数据说明，我国从 1953～1990 年，经济增长快于大多数西方发达国家，总量增长主要来源于资本和劳动投入。实行改革开放的方针以来，生产率增长的贡献明显上升，但部门产出的增长则主要来源于中间投入，生产率增长的贡献亦不平衡。樊胜岳等（2008）通过对农户的经济行为分析，构建了基于农户生态治理政策绩效评价的指标体系，并采用 AHP 方法，计算出各个指标因子的权重，利用典型区域的农户调查数据，验证了该评价方法的可行性。基于农户的生态治理政策绩效评价，为生态治理政策绩效评价，提供新的视角和有益补充。师萍等（2011）利用 1999～2008 年省级面板数据，运用超越对数生产函数的随机前沿模型对地区 R&D 效率进行了研究，研究发现，东部、中部、西部 R&D 效率存在明显的差异。黄建红等（2003）采用生产函数分析的方法，分别从不同的角度系统分析了影响南京农村经济增长的因素。文中运用了修正的 C－D 生产函数，采用索洛"余值法"，测算了"七五"至"九五"期间资本、劳动和科技进步对南京农村经济增长的决定作用。同时，从产业结构的角度进行分析，并侧重于各产业间的

比较，运用数学模型测算出各产业生产要素和科技进步贡献率的基础上，进一步量化了产业结构调整对农村经济增长的贡献，分析和判断今后农村产业结构调整的方向和路径。《改革以来湖南经济周期波动与预警研究》课题组（2004），以1953～2003 年湖南 GDP 增长率为基础，建立时间序列模型，即 ARMA 模型，对湖南未来 7 年的 GDP 增长率做出预测。判断它是否位于可运行区间内，并根据预测结果提出相应的对策和建议，做到未雨绸缪。蔡冰冰（2004）在《分工与就业：一个新的经济增长分析框架》一文中指出，分工的自演进将市场规模动态化，分工水平成为衡量经济增长质量的重要指标，就业水平成为衡量经济增长数量的重要指标。经济增长的分工——就业机制为发展中国家开创了一个新的政策思路。王云等（2010）基于结构向量自回归（SVAR）模型，研究了我国居民消费、固定资产投资变动和经济波动情况。结果表明，尽管我国居民消费、固定资产投资变动和经济波动之间存在正动态冲击效应，但持续性不强，并且居民消费、固定资产投资带动经济增长单位效率差。此外，扩大居民消费对经济增长的效力强于扩大固定资产投资产生的效力。龚一平（2006）在《经济增长与制度分析》一文中论述了制度与经济增长的关系，指出制度是经济增长的决定因素，也是经济增长的内生变量；分析了制度的规范约束、有效激励，以及明确产权、降低交易成本的内在功能与效应；提出制度创新是经济增长的关键，并对制度创新的内容与方式进行了探讨。李博（2008）选取 1998～2007 年省际间转移支付的数据，引进标准差系数并进行相关的回归分析，研究省际间转移支付的均衡效果，分析结果表明转移支付在一定程度上缩小了省际间财力的差距，且随着时间的迁移，转移支付均衡效果有所提升；而转移支付却加剧了西部地区内部的财力差距。张杰等（2011）利用回归和灰色关联的分析方法，综合分析了分税制改革后转移支付、财政支出以及外商直接投资对新疆经济的影响，研究发现它们对新疆经济都具有促进作用。回归后发现转移支付和财政支出对新疆经济增长的贡献比较大，而外商直接投资的作用并没有充分显现。运用灰色关联研究后发现非生产性财政支出与新疆经济关联性最大，其次是生产性财政支出和转移支付，最后是外商直接投资。通过了解这种影响模式，为引导今后新疆经济发展提供一种思路。

Francisco Javier Jaraiz Cabanillas 等（2013）分析了加利福尼亚州的农村地区和西班牙的埃斯特雷马杜拉区域规划土地用途和基础设施，研究发现加利福尼亚州最终的目的是为了提高生活质量，改善自然和文化遗产，而埃斯特雷马杜拉区域的最终目的是社会经济发展、就业的增长和保护自然遗产。Cristina Bernini 等（2011）分析了 1996～2004 年意大利南部地区在区域政策的影响下，利用 MDID 评估法对受补贴的企业进行评估，结果发现受补贴企业的产出、就业和固定资产增长较快，但全要素生产率增长较慢。Francoise Jabot 等（2011）对法国的公共健康政策（PRSP）在周围区域的实施情况进行了评估。Hill（1992）和 Munday（1994）使用区域政策倾斜制度所创造的就业数量来评价区域政策实施绩效。Moore 和 Rhodes（1976）使用时间序列模型做回归分析，对区域政策实施进行了评价。Colin Wren 和 Michael Waterson（1991）通过回归模型，对区域政策刺激带来的直接就业效应进行了研究，文章指出：政策刺激对就业有显著影响。Alexander 和 Whyte（1995）及 Alexander 和 Martin（1997）通过变更的投入产出表分析了区域政策与各种经济变量之间的关系，从而为政策制定者提供了可靠地参考依据。Harrigan（1996）采用一般均衡模型分析了财政援助与投资、产出和就业等变量之间的关系，同时，研究指出，为了将原来作为外生变量的工资内生化，允许区域内的劳动力市场来决定劳动力工资。

（二）基于非参数模型的区域政策实施绩效研究

非参数统计对于总体的分布类型不做要求，不受总体参数的影响，比较分布与分布位置，使用范围广，适合任何类型的资料。尤其是对于多投入、多输出的生产分析，具有天然的优越性。

安景文等（1999）利用数据包络分析法，以具有较真实、完整数据的 64 个煤炭企业为样本，对煤炭企业技术有效性和规模有效性进行评价。计算结果为宏观决策和指导企业提供了依据。邱兆祥等（2009）利用无成本处置壳（FDH）方法测算了中国商业银行 1999～2003 年的 X - 效率水平，结果表明，银行业平均效率在逐年提高，国有商业银行的平均效率水平也都高于其他商业银行。索贵彬等（2005）运用超效率 DEA 模型评价了我国省区服务业的发展效率，结果表明各省区的第三产业发展水平与该地区经济发展水平密切相关。颜鹏飞等（2004）运用 DEA 的方法，以 1978～2001 年的中国 30 个省为研究对象，对其技术效率及曼奎斯特生产率指数进行了测算，研究表明，由于技术效率的提高，中国全要素生产率有了一定增长。郁鸿胜（2006）、朱俊成（2011）对长三角区域规划的战略构想及区域协调发展进行了研究，提出由于规划政策对长三角的基础设施、公共建筑会有较大促进，工业的增长是规划政策一个比较直接的效果，因此，本课题选取"工业总产值"作为政策效果指标。

Anping Chen 等（2010）通过分析一系列地区和中央政策的有效性，评价了缩小地区差距的区域政策效果。Alexander 等（1995）利用投入产出水平对苏格兰的区域政策进行了分析，从而为相关部门提供政策决策依据。德瓦拉简、斯瓦卢普和邹恒甫（Devarajan，Swaroop，Zou，1996）通过研究指出政府转移支付对经济增长具有正效应。

第二节　西部大开发战略在新疆实施的整体效果评价
——基于 C - D 生产函数

一、评价方法选择

一般来说，政策效果评价包括三方面的内容：第一方面，评价政策执行结果实现政策预期目标的程度，即是否实现了预期目标或在多大程度上实现了预期标；第二方面，对政策结果和政策投入之间关系所做的评价，常见的有投入——产出分析；第三方面，是就政策对社会及政策对象所产生的综合影响的评价，而这方面的评价分析大多采用的是定性分析方法。

本部分关于西部大开发战略在新疆的实施效果评价从第二方面出发，采用计量经济学统计分析方法研究西部大开发战略在新疆的实施效果，对战略的实施结果和政策投入之间关系做出评价，即基于政策投入与产出之间的关系建立模型，分析西部大开发战略在新疆的投入产出效果及效率。以统计数据资料为依据，通过新疆区域开发战略实施前后的比较，从经济的发展、就业情况以及固定资产的投资等方面对新疆区域开发战略的实施效果进行了专题分析，并在深入反思的基础上就新疆地区的发展问题提出了几点建议。

采用计量统计方法对政策实施成效进行分析的优点是：第一，可以控制或者调整相关变量，如经济发展程度、产业增长水平、职工就业情况等变量的影响，这样就不会因为特征的不同，而使得估计结果产生偏误；第二，可以利用统计检验方法，验证模型和估计的可靠性。

二、模型构建

经济增长研究的最终目标是确定是否存在如下的可能性：提高一个国家（或地区）经济增长或者使穷国的生活标准更接近于世界主要国家的生活水平。本课题关注的重点是经济增长是否提高，即西部大开发政策在新疆的实施是否促进（或加快）了经济增长。在研究经济增长的理论模型中，常用的经济增长理论有柯布—道格拉斯生产函数（即 C - D 函数）、索罗增长模型、投入—产出分析模型、新增长理论等。

经济增长理论可以很好地考察资本积累、技术创新及人口等要素演变对经济增长的作用及影响，但却不能将制度因素内生化，从而不能解释制度因素与各经济要素的相互关系及对经济增长的意义。政策作为一种潜在的资本，是上层建筑的一个重要组成部分，对社会经济增长具有重大的推动和抑制作用。它能产生一种效应，协调生产力各要素，形成推动经济发展的合力。与此同时，新制度经济学虽然明白制度对经济增长的意义，却不能很好地考察经济要素对经济增长的贡献问题。基于此，要想合理地解释新疆宏观经济增长的历史事实，需要吸收并结合经济增长理论与新制度经济学两家所长，为此本课题将制度因素纳入增长模型中，以期更好地理解经济增长与制度的关系。由于制度在现实中存在很大的不确定性，利用随机方法特别是时间序列分析方法处理制度因子是合适的。所以，本课题在吸收新制度经济学的创新思想，并界定生产性制度功能的基础上，在经济增长模型中引入制度因子。

新古典增长理论大多建立在索罗模型的基础上，认为技术进步与资本积累（含人力资本）是导致经济增长的终极源泉。新制度经济学的代表人物 Douglass C. North 和 Robert Thomas 认为，有效率的经济组织是经济增长的关键所在，有效率的经济组织必须在制度上做出安排以形成一种刺激，并最终促进经济进一步的发展。综合增长理论与新制度经济学的观点可以发现，技术进步与资本积累解释的是增长本身，即增长的内容，而有效率的政策组织是实现经济进一步增长的关键。换句话说，当期的经济发展是由两个层面构成的，第一层面是实现技术进步与资本的积累，第二层面是有效的政策组织促进了经济的再一次发展，与此同时，两个层面涉及的增长是同步进行的。

在索罗模型中开发的生产函数被假定为一般化的柯布—道格拉斯函数，即它们都是幂函数，该模型在研究过程中将劳动力与资本存量的份额视为外生的和不变的，并在实际分析中将知识、技术进步与劳动力结合作为一个新的变量——有效劳动引入到函数当中，

即：$Y(t) = F(K(t)，A(t)L(t))$

式中，$Y(t)$ 代表产出量；$K(t)$ 代表资本投入量；$L(t)$ 代表劳动投入量；$A(t)$ 代表技术进步的成果，t 表示时间，作为 Y、L、K、A 的中间变量，Y、L、K、A 会随着时间的变化而变化。本课题中的生产函数的三个特征应当被注意，首先，时间作为一个隐变量并不直接引入生产函数，而是通过 Y、L、K 与 A 引入，当生产投入发生变化时，产出也随着时间而变化。其次，A 与 L 以乘积的形式引入，AL 被称作有效劳动。在构建模型的过程中，资本—产出比例 K/Y 就可以确定下来，实践表明，资本—产出比例 K/Y 在长期内趋于稳定，并最终不变，这将使分析更加简单。最后，西部大开发在新疆实施以来，新疆技术进步虽然取得了显著成效，但是由于新疆技术水平起点低，高科技产品开发能力弱，技术进步对新疆经济和社会发展的推动作用未能很好地体现出来，所以本课题依然将技

术进步作为一个常数来进行处理①。

即：$Y(t) = F(K(t)，AL(t))$

结合上面的分析，可以得到一个改进的生产函数模型：

$$Y = (AL(t))^{\alpha} K(t)^{\beta}$$

α 代表劳动力产出的弹性系数，β 代表资本产出的弹性系数，生产要素的产出弹性，它反映了产出对不同生产要素的需求状况和不同生产要素在生产中的重要性。从这个模型看出，决定经济发展水平的主要因素是投入的劳动力数、固定资产和综合技术水平（包括经营管理水平、劳动力素质、引进先进技术等）。根据 α 和 β 的组合情况，它有三种类型：

（1）$\alpha + \beta > 1$，称为递增报酬型，表明按技术用扩大生产规模来增加产出是有利的；

（2）$\alpha + \beta < 1$，称为递减报酬型，表明按技术用扩大生产规模来增加产出是得不偿失的；

（3）$\alpha + \beta = 1$，称为不变报酬型，表明生产效率并不会随着生产规模的扩大而提高，只有提高技术水平，才会提高经济效益。

除此之外，应当指出，当 $\alpha + \beta = 1$ 时，α，β 分别表示劳动和资本在生产过程中的相对重要性，α 代表劳动所得在总量中所占的份额，β 代表资本所得在总量中所占的份额。

西部大开发在新疆实施以来，设计领域广泛，规模庞大，除此之外，在 100 年以内，土地与资源的可利用性不会给新疆经济增长带来太多阻力，所以假设资本与劳动的规模报酬不变是以一个合理的，即 $\alpha + \beta = 1$，这也符合索罗模型的假

---

① 技术进步即指产生超过没有技术进步时任何一种生产要素的组合下更多的产品，它反映了物质技术基础在生产力过程中的变化。本项目将技术进步作为一个常数处理是从以下两个层面考虑的。首先，从技术进步率提高的源头来说，技术进步是西部大开发的产物。西部大开发战略的实施，一方面出台了优惠政策去吸引内地和国外的投资者，促进了大中型工业企业的建设；另一方面中央及地方政府加大了科研经费的投入、人才与技术的引进力度，在政策的引导下，新疆通过贸易和外资以及学习模仿获得了技术进步对经济增长的推动力。所以技术进步对经济增长的贡献，在一定程度上要归结于政策的实施。其次，从技术进步本身来讲，新疆地区技术进步层次偏低，技术进步增长缓慢，尤其是近几年技术进步贡献率出现了下降的趋势。由于新疆科研软、硬件基础设施相对落后，成熟度偏低，大多数的科技研究还是以模仿为主，自主创新能力稍弱，而且科技研究往往停留在研究层面上，研究结束即为终点，科技创新和转化能力不足。与东中部地区相比，新疆研发资金严重不足，从事 R&D 工作的科技人员少，在很大程度上抑制了新疆科技竞争力水平的提升。

通过测算，西部大开发实施以来，全疆经济平均技术进步率为 1.80%，技术进步对经济增长的贡献率不到 10%。由于对外部投资的依赖，技术进步随政策调整的波动性较大，加上地方经济粗放经营，资本和劳动力及人力资本没有得到有机的组合，使得技术进步没有得到充分的体现，技术进步贡献率出现下降趋势，技术进步在个别年份贡献率出现负值。

综上所述，本研究将技术进步作为一个常数处理。

设原则，即：

$$Y = (AL(t))^{\alpha} K(t)^{(1-\alpha)}$$

政策作为上层建筑的一个重要组成部分，是一种潜在的资本，对社会经济发展具有重大的促进和抑制作用。它能产生一种效应，协调生产力各要素，形成推动经济发展的合力。所以，为了更好地刻画经济增长的特征，按照虚拟变量设置的规则，本课题将政策变量 P 以指数的形式引入到函数当中来，即经济增长与制度创新联合增长模型：

$$Y = (AL(t))^{\alpha} K(t)^{(1-\alpha)} e^{\lambda P}$$

由于引入政府政策的变动对因变量的影响时，此时的比较是在政府经济政策不变的基础上进行的，可以用之取 0、1 值的虚拟变量来量化经济政策的变动，因此虚拟变量可以设定为：

$$P = \begin{cases} 0 & \text{经济政策不变} \\ 1 & \text{经济政策变动} \end{cases}$$

建立该模型以后，根据实证分析结果，λ 的取值分三种情况来讨论：

（1）$\lambda > 0$，表明西部大开发政策在新疆的实施对新疆经济的发展起到推动作用，λ 的取值越大，这种推力作用越明显；

（2）$\lambda = 0$，表明西部大开发政策在新疆的实施与新疆经济的发展不存在相关关系；

（3）$\lambda < 0$，表明西部大开发政策在新疆的实施对新疆经济的发展起到了抑制作用，λ 的取值越小，这种抑制作用越明显。

三、研究数据来源

以 1978～2013 年新疆的生产总值代表产出量 Y；对资本 K 而言，以新疆的全社会固定投资总额近似；劳动投入量 L 以每年的就业人口为代表。特别地，为了消除价格因素的影响，以 1978 年为不变价格，将各年的地区生产总值以及全社会固定资产投资分别按照各年的 CPI 与固定资产投资指数以此基年进行换算。数据来源于 1990～2013 年《新疆统计年鉴》以及《1955～2005 年新疆 50 年》，其中固定资产投资指数在极个别年份缺失，采用相似指数近似替代。

四、模型结果分析

建立了改进的生产函数模型之后，结合 1978～2013 年新疆的相关数据应用 Eviews 6.0 软件对模型进行非线性最小二乘估计，得到的估计结果见表 5-2。

表 5 – 2　回归结果

	Coefficient	Std. Error	t – Statistic	Prob.
C（1）	0.777961	0.140590	5.533533	0.0000
C（2）	0.457638	0.028567	16.01963	0.0000
C（3）	0.381601	0.080491	4.740931	0.0000

通过回归结果可以看出设定的模型中的各系数的参数估计值均通过了显著性水平的 t 检验，模型的可决系数 $R^2 = 0.986624$，$\overline{R^2} = 0.985814$，以上指标值说明模型的拟合效果较好，对于研究的样本数据具有较强的解释能力。由此可以认为该模型可以很好地模拟新疆的生产函数模型。将估计的各参数估计值代回原模型可以得到如下估计模型：

$$Y = (0.777961 L(t))^{0.457638} K(t)^{0.546362} e^{(0.381601 P)}$$

即：

1978 ~ 1999 年生产函数估计模型：

$$Y = (0.777961 L(t))^{0.457638} K(t)^{0.546362}$$

2000 ~ 2013 年生产函数估计模型：

$$Y = (0.777961 L(t))^{0.457638} K(t)^{0.546362} e^{0.381601}$$

在 2000 年实施西部大开发政策以来，通过对整个变量集合的统计回归分析，发现政策变量的系数为 0.381601，使 $e^{(0.381601 P)} = 1.464628$ 显著大于 1，说明西部大开发政策对促进新疆经济的进一步发展起到了显著的促进作用。在西部大开发背景下，新疆经济增长未曾解释的"剩余"可以用政策投入的推动来解释。

当然，政策效果的实现是建立在有效劳动与资本载体之上的，在经济发展过程中，技术进步与资本积累实现了经济的初次发展，政府部门有效的政策组织活动促进了新疆地区经济的再一次发展。这两个层面同步进行，共同促进当期经济螺旋上升，西部开发政策对于新疆的经济发展起到了显著的促进作用，新疆经济的发展是西部开发政策的内部决定因素。

通过对 1978 ~ 2013 年样本数据做拟合回归，再次呈现了新疆区域开发的生产过程，改进的生产函数模型揭示了区域开发政策对新疆经济发展的促进与推动作用。新疆区域开发政策有力地保障了新疆地区平稳健康发展，大力推动了经济快速向前发展，对提高人民的生活水平，改善居民生活环境做出了积极的贡献。

除此之外，实证结果揭示了区域经济发展产出对劳动与资本的需求状况以及它们在生产过程中的相对的重要性。劳动力产出弹性系数 $\alpha = 0.457638$，资本的产出弹性系数 $\beta = 0.546362$，它说明，在这一期间的总产量中，劳动所得的相对份额为 0.457638，资本所得的相对份额为 0.546362，$\alpha < \beta$，资本对经济增长的

推动作用大于劳动所得，在西部大开发的背景下，中央对新疆地区的投入力度不断加大，劳动产出效率依然偏低，地区行业部门采取的大多是以数量的增长速度为核心的粗放型的增长方式，这种方式实现经济增长，消耗较高，成本较高，产品质量难以提高，经济效益较低。依靠生产要素的大量投入和扩张实现的经济增长的方式很难实现经济增长的连续性。所以在保证资本的投入水平不变的情况下，要努力提高劳动的产出效率，实现有效劳动的快速增长，进一步推动经济发展，实现由粗放型经济增长方式向集约型经济增长方式转变。

可以看出，西部大开发战略在新疆实施以来，$e^{(0.381601P)} = 1.464628$ 显著大于1，西部大开发政策对促进新疆经济的进一步发展起到了显著的促进作用。反之，经济总量的增长过度依赖于政策投入。在西部大开发的背景下，要努力提高政策的利用效率，降低政策投入冗余度，通过科学发展、优化产业结构，尤其注重对科技研发与教育的投入力度，以资本投入带动经济发展，以技术进步提高产出效率，让专业化的人力资本积累促进经济快速而持续的增长。

第六章 新疆实施西部大开发战略的具体成效

西部大开发战略实施以来，新疆作为西部大开发的重点区域，在中央的大力支持和政策倾斜下，其经济、社会实现了高速发展，人民生活、基础设施、生态环境、特色产业发展等方面均取得了显著成效。

第一节 综合实力显著增强

一、经济平稳快速发展，总量不断攀升

2000~2013 年，新疆国内生产总值（GDP）由 1363.56 亿元增加到 8360.24 亿元，突破第 8 个千亿元大关，增长了 5 倍多，年均增长率达到 14.97%，增长速度超过全国同期平均水平（14.38%），新疆国内生产总值占全国的比重由 2000 年的 1.37% 增加到 2013 年的 1.47%，提高了 0.1 个百分点。人均地区生产总值大幅度提高，2000~2013 年，新疆人均生产总值由 7372 元增加到 37181 元，增长了 4 倍多，年均增长率达到 13.25%。随着经济的持续快速增长，新疆一般预算内财政收入也快速增加，2000~2012 年，新疆财政预算收入由 79.07 亿元增加到 908.97 亿元，增加了 10 倍多，年均增长率达到 22.57%，分别超出东部地区和全国平均速度 2.4 个百分点和 1.77 个百分点。财政收入的快速增长，显著提高了新疆地方政府对经济发展的投资能力，新疆全社会固定资产投资快速增长，2000~2013 年，新疆完成的全社会固定资产投资由 610.39 亿元增加到 7724.46 亿元，增长了近 12 倍，年均增长率达到 21.56%，保证了新疆西部大开发战略的推进及其经济综合实力的提升。如表 6-1 所示。

表 6-1 2000~2013 年新疆国内生产总值等经济指标变动情况 单位：亿元

年份	GDP	人均 GDP	财政预算收入	全社会固定资产投资
2000	1363.56	7372	79.07	610.39

续表

年份	GDP	人均GDP	财政预算收入	全社会固定资产投资
2001	1491.60	7945	95.09	706.00
2002	1612.65	8457	116.47	800.09
2003	1886.35	9828	128.22	973.39
2004	2209.09	11337	155.7	1147.00
2005	2604.19	13108	180.32	1339.06
2006	3045.26	15000	219.46	1567.05
2007	3523.16	16999	285.86	1850.84
2008	4183.21	19797	361.06	2259.97
2009	4277.05	19942	388.78	2725.45
2010	5437.47	25034	500.58	3423.20
2011	6610.05	30087	720.43	4632.14
2012	7505.31	33796	908.97	6158.78
2013	8360.24	37181	—	7724.46
年均增长率（%）	14.97	13.25	22.57	21.56

数据来源：2001～2014年《新疆统计年鉴》、《中国统计年鉴》。

新疆经济综合实力的提升，有力地推动了新疆商贸流通业以及对外贸易的发展。2000～2013年，新疆社会消费品零售总额由374.5亿元增加到2108.2亿元，年均增长率达到14.22%，说明新疆居民的消费能力显著提升。对外贸易方面，2000～2013年，新疆进出口总额由22.64亿美元增加到275.62亿美元，年均增长率达到21.20%，高出全国平均水平3.02个百分点，进出口总额占全国总量的比重也由2000年的0.48%上升到2013年的0.66%。如表6-2所示。

表6-2　2000～2013年新疆社会消费品零售总额及进出口总额变动情况

单位：亿元

年份	社会消费品零售总额	进出口总额		
		新疆	全国	占比（%）
2000	374.5	22.64	4742.90	0.48
2001	406.3	17.71	5096.50	0.35
2002	442.9	26.92	6207.70	0.43
2003	421.2	47.70	8509.88	0.56
2004	482.1	56.35	11545.50	0.49

续表

年份	社会消费品零售总额	进出口总额		
		新疆	全国	占比（%）
2005	640.2	79.40	14219.10	0.56
2006	733.2	91.03	17604.40	0.52
2007	857.5	137.16	21765.70	0.63
2008	1041.5	222.17	25632.55	0.87
2009	1177.5	139.48	22075.35	0.63
2010	1375.1	171.30	29739.98	0.58
2011	1616.3	228.20	36418.60	0.63
2012	1858.6	251.70	38671.19	0.65
2013	2108.2	275.62	41596.93	0.66
年均增长率（%）	14.22	21.20	18.18	—

注：表中"占比"为新疆进出口总额占全国总量的比重。

数据来源：2001~2014年《新疆统计年鉴》、《中国统计年鉴》。

二、农业经济稳步发展，主要农牧产品产量大幅增长

新疆是我国的一个农业大区，农业是西部大开发的重要基础产业。西部大开发战略实施十多年来，新疆大力推进农业基础设施建设，采取各种措施着力改善农业生产条件和生态环境，加快推进农业结构战略性调整，新疆的农业经济获得了稳步发展，主要农牧产品产量大幅增长。2000~2013年，新疆农业总产值由487.20亿元增加到2538.88亿元，年均增长率达到13.54%，增速超过全国同期的平均水平（11.02%），占全国总量的比重由2000年的1.96%提高到2013年的2.62%。分行业来看，西部大开发以来，新疆种植业、林业、畜牧业和渔业均获得较快发展，年均增长率分别达到13.20%、14.42%、13.65%和12.30%，均超过全国同期增速（分别为10.62%、11.60%、10.92%和10.24%），创造产值占全国总量的比重均有显著提升。如表6-3所示。

表6-3　2000~2013年新疆农业总产值及农、林、牧、渔业产值变化情况

单位：亿元

年份	农业总产值	种植业产值	林业产值	牧业产值	渔业产值
2000	487.20	360.54	8.35	114.51	3.80
2001	496.81	348.84	10.08	134.02	3.86

续表

年份	农业总产值	种植业产值	林业产值	牧业产值	渔业产值
2002	525.04	362.77	11.10	148.04	3.15
2003	688.32	482.76	13.69	161.98	3.21
2004	750.68	515.00	13.82	187.47	4.30
2005	831.06	595.85	15.29	183.52	4.34
2006	888.00	656.74	17.29	104.48	3.55
2007	1063.50	767.00	20.90	231.50	7.00
2008	1176.69	784.19	23.18	318.23	9.91
2009	1297.61	898.62	26.65	318.37	11.14
2010	1846.20	1376.90	35.30	375.80	12.70
2011	1955.39	1437.89	38.08	415.00	14.17
2012	2275.67	1675.00	43.04	485.37	15.26
2013	2538.88	1806.11	48.13	604.20	17.17
年均增长率（%）	13.54	13.20	14.42	13.65	12.30

数据来源：2001～2014 年《新疆统计年鉴》、《中国统计年鉴》。

在国家推进农业结构战略性调整，促进优势农产品布局政策的引导下，新疆各地结合本地区有利条件，大力发展各具特色的优势农业产业，推进农业产业化经营，形成了一大批特色优势农产品基地，粮食、棉花、油料、糖料等主要作物产品产量大幅度增长。2000～2013 年，新疆粮食产量由 783.70 万吨增加到 1377.00 万吨，增长了 75.70%，棉花、油料、糖料生产总量分别达 351.75 万吨、60.63 万吨、476.47 万吨，分别比 2000 年增长了 141.59%、0.81%、79.80%。另外，新疆畜牧业、渔业发展迅速，肉、蛋、奶、水产品产量分别达到 139.40 万吨（2013 年）、25.89 万吨（2012 年）、132.21 万吨（2012 年）和 12.17 万吨（2012 年），分别比 2000 年增长 66.69%、39.72%、82.36% 和 102.50%。如表 6-4 所示。

表 6-4 2000～2013 年新疆主要农产品产量变化情况　　单位：万吨

年份	粮食	棉花	油料	糖料	肉	蛋	奶	水产品
2000	783.70	145.60	60.14	265.00	83.63	18.53	72.50	6.01
2001	779.98	145.80	42.64	455.12	90.84	20.37	81.10	6.09
2002	835.60	147.70	44.37	466.81	100.16	22.64	94.90	6.39
2003	775.48	160.00	50.13	381.65	110.00	23.62	113.00	6.73

续表

年份	粮食	棉花	油料	糖料	肉	蛋	奶	水产品
2004	796.50	178.30	44.54	344.21	128.13	24.99	133.32	7.22
2005	876.60	187.40	38.94	419.12	143.27	24.99	152.22	7.93
2006	896.36	290.60	25.99	442.80	123.91	21.20	179.81	8.31
2007	867.04	301.27	26.90	453.87	125.74	21.31	196.23	8.77
2008	930.50	302.57	56.85	438.88	115.32	24.89	137.36	9.12
2009	1152.00	252.42	63.91	418.41	115.35	23.20	120.88	9.50
2010	1170.70	247.90	66.62	486.97	121.74	24.35	128.60	10.11
2011	1224.70	289.77	66.76	518.95	127.28	25.61	130.50	11.16
2012	1273.00	353.95	59.04	577.20	134.23	25.89	132.21	12.17
2013	1377.00	351.75	60.63	476.47	139.40	—	—	—
年均增长率(%)	75.70	141.59	0.81	79.80	66.69	39.72	82.36	102.50

数据来源: 2001~2014 年《新疆统计年鉴》、《中国统计年鉴》。

三、工业经济快速发展,建筑业规模持续扩大

推进西部地区的工业化是实施西部大开发战略的重要主题。虽然在西部大开发之初,鉴于西部地区基础设施不够完善、市场机制不够健全、工业基础相对薄弱,不具备大力发展工业经济的条件,国家把主要精力放在基础设施建设和生态环境改善方面,但同时也要求西部地区在特色产业和新型工业化的结合上要有新的突破。十多年来,新疆依托本地特色优势资源,大力实施优势资源转换战略,培育出一批有竞争优势的大型企业集团,工业经济整体素质明显提高,对拉动地方经济发展起到了重要的作用。2000~2013 年,新疆工业增加值由 418.63 亿元增加到 3024.27 亿元,年均增长率达到 16.43%,超过全国同期平均水平(13.63%),占全国总量的比重由 2000 年的 1.05% 提高到 2013 年的 1.44%。与此同时,新疆规模以上工业企业整体实力显著增强,2000~2011 年,新疆规模以上工业企业固定资产合计由 1044.87 亿元增加到 4789.03 亿元,年均增长率达到 14.84%,超过全国同期平均水平(14.08%),规模以上工业企业利润总额由 2000 年的 90.49 亿元增加到 2013 年的 795.40 亿元,年均增长率达到 18.20%;规模以上工业企业应交增值税由 2000 年的 50.75 亿元增加到 2012 年的 327.88 亿元,年均增长率达到 16.82%。如表 6-5 所示。

表6-5 2000~2013年新疆工业增加值及规模以上工业企业主要经济指标变化情况

单位：亿元

年份	工业增加值	规模以上工业企业		
		固定资产合计	利润总额	应交增值税
2000	418.63	1044.87	90.49	50.75
2001	445.60	1145.58	95.59	49.37
2002	463.59	1238.10	77.10	50.73
2003	563.57	1336.51	139.71	64.95
2004	734.10	1533.71	226.32	91.55
2005	961.61	1728.52	387.89	125.75
2006	1241.33	2073.43	585.63	166.43
2007	1405.11	2513.27	691.57	203.06
2008	1755.35	2727.70	779.52	251.72
2009	1555.84	3754.98	484.58	180.11
2010	2161.39	4428.65	852.43	261.52
2011	2700.20	4789.03	963.74	312.00
2012	2850.06	—	888.64	327.88
2013	3024.27	—	795.40	—
年均增长率（%）	16.43	14.84	18.20	16.82

数据来源：2001~2014年《新疆统计年鉴》、《中国统计年鉴》。

建筑业与工业一起构成第二产业，在国民经济和社会发展中有着重要的地位和作用。西部大开发战略实施以来，新疆工业化、城镇化以及基础设施建设进程明显加快，大批的公路、铁路、机场、天然气管道干线等建设项目，电网、通信、广播电视以及大中城市基础设施建设项目，水资源若干重大骨干工程建设项目，以及房地产开发、工商企业和高新技术产业带或园区建筑群建设项目纷纷启动，为新疆建筑业的发展带来了前所未有的历史机遇，建筑业得以快速发展，建筑业的产业规模迅速扩大。2000~2013年，新疆建筑业总产值由234.95亿元增加到2071.52亿元，增加值由78.97亿元增加到338.64亿元，年均增长率分别达到18.23%和12.90%。与此同时，新疆建筑业企业整体实力显著增强，2000~2012年，新疆建筑业企业资产合计由325.62亿元增加到1299.58亿元，企业利税总额由1.93亿元增加到92.56亿元，分别比2000年增长了3.0倍和47倍，年均增长率分别达到12.23%和38.06%。如表6-6所示。

表 6-6 2000~2013 年新疆建筑业发展相关指标变动情况 单位：亿元

年份	总产值	增加值	资产合计	利税总额
2000	234.95	78.97	325.62	1.93
2001	274.28	85.56	374.03	2.87
2002	312.28	64.78	424.44	8.35
2003	319.68	66.23	337.52	16.89
2004	341.71	66.68	—	17.43
2005	359.25	67.17	378.47	16.38
2006	383.11	74.88	408.23	17.62
2007	450.83	89.73	454.35	22.03
2008	625.37	123.69	548.52	32.81
2009	786.59	154.98	649.50	42.16
2010	963.72	192.82	779.79	53.55
2011	1320.37	259.22	1051.37	72.43
2012	1622.31	338.64	1299.58	92.56
2013	2071.52	—	—	—
年均增长率（%）	18.23	12.90	12.23	38.06

数据来源：2001~2014 年《新疆统计年鉴》、《中国统计年鉴》。

四、第三产业增加值不断增加，就业吸纳能力显著增强

第三产业在促进国民经济增长、调整产业结构、提高人民生活水平等方面扮演着重要角色。长期以来，新疆第三产业总体上处于总量偏小、比例偏低、内部结构不合理的状态，与新疆经济社会发展的客观需求不相适应。西部大开发战略实施以来，随着国家加大对新疆基础设施建设的投入力度，第三产业获得了快速发展，整体水平有了很大提高，在调整经济结构、拓展经济增长空间和吸纳就业等方面发挥着越来越重要的作用。2000~2013 年，新疆第三产业增加值由537.80 亿元增加到 3125.98 亿元，年均增长率达到 14.50%。期间，交通运输仓储和邮政业、批发和零售业、住宿和餐饮业、金融业、房地产业等主要服务行业均获得快速发展，增加值分别由 2004 年的 139.98 亿元、130.49 亿元、41.00 亿元、70.30 亿元、53.55 亿元增加到 2012 年的 357.90 亿元、426.65 亿元、108.39 亿元、360.40 亿元、194.38 亿元，分别比 2004 年增长了 155.68%、226.96%、164.37%、412.66%、262.99%，年均增长率分别达到 12.45%、15.96%、12.92%、22.67%、17.49%（见表 6-7）。与此同时，新疆第三产业

吸纳劳动力就业能力显著增强，2000～2012 年，第三产业就业人数由 191.9 万人增加到 360.37 万人，年均增长率达到 5.39%。

表 6-7　2000～2013 年新疆第三产业及主要服务行业增加值变化情况

单位：亿元

年份	第三产业	交通运输仓储和邮政业	批发和零售业	住宿和餐饮业	金融业	房地产业
2000	537.80	—	—	—	—	—
2001	629.57	—	—	—	—	—
2002	704.50	—	—	—	—	—
2003	753.91	—	—	—	—	—
2004	833.36	139.98	130.49	41.00	70.30	53.55
2005	929.41	149.63	145.10	45.70	80.34	55.79
2006	1058.16	165.60	163.15	51.77	99.25	68.90
2007	1246.89	177.28	187.10	57.69	149.22	91.28
2008	1421.38	191.84	222.74	74.60	171.97	89.79
2009	1587.72	209.10	253.60	62.25	198.87	115.23
2010	1766.69	222.47	276.28	68.06	225.20	143.44
2011	2245.12	256.72	371.90	77.87	288.77	176.22
2012	2703.18	357.90	426.65	108.39	360.40	194.38
2013	3125.98	—	—	—	—	—
年均增长率（%）	14.50	12.45	15.96	12.92	22.67	17.49

注：2004 年及以后年份地区生产总值数据执行《国民经济行业分类》（GB/T4754—2002），2004 年以前地区生产总值数据执行《国民经济行业分类》（GB/T4754—1994）。

数据来源：2001～2014 年《中国统计年鉴》。

第二节　基础设施日趋完善

长期以来，基础设施建设滞后一直是制约新疆经济社会发展的一个突出问题。西部大开发战略实施以来，党中央特别关心新疆的基础设施建设工作，不断加大对新疆交通、能源、水利、通信、市政等基础设施建设的支持力度，全区基础设施建设取得了突破性进展。

一、交通基础设施建设迅速发展

西部大开发十几年来是新疆交通基础设施建设史上投资规模最大、发展速度最快的时期。铁路建设方面，相继开工建设了精伊霍铁路、奎北铁路、乌精复线、吐库二线、乌准铁路、喀什至和田铁路、库车—阿克苏复线、库俄铁路、兰新线红柳河—阿拉山口电气化改造、兰新第二双线、哈密至罗中铁路等多条铁路线，在建铁路近5000千米，总投资超过千亿元。2000~2012年，新增营业里程2400千米，铁路营业里程达4700千米。公路建设方面，国道312线奎屯—赛里木湖、阿拉尔—和田沙漠公路、高等级公路等一大批项目相继建成，2000~2012年，全疆累计新建、改建干线公路里程13.13万千米，公路总里程达到16.59万千米，其中，等级公路里程11.89万千米，高速和一级公路3700余千米，初步形成以乌鲁木齐为中心，以国道干线为主骨架，环绕两大盆地，穿越两大沙漠，横贯天山、连接南北疆的干支线公路运输网络。航空方面，西部大开发以来，新疆民航改扩建干支线机场8个，新建支线机场5个，民用运输机场数量达到16个，机场数量为全国各省区之首。"十二五"期间，新疆还将新建莎车、楼兰、塔中等机场，到"十二五"末，新疆机场数量将达到22个。2014年，新疆重点交通项目计划新开工项目23个，计划完成投资187.7亿元。其中，铁路项目5个，计划完成投资92亿元；公路项目14个，计划完成投资64.3亿元；民航项目3个，计划完成投资4.4亿元；轨道交通1个，计划完成投资27亿元，即乌鲁木齐地铁1号线。

二、能源、电力基础设施建设显著加强

2000年以来，在西部大开发战略的推动下，新疆煤炭、石油、天然气资源丰富的优势进一步得到发挥，成为我国重要的能源基地。"西气东输"是我国进入21世纪后启动的最大工程，自2002年7月工程开工以来，一线、二线、三线工程均已陆续竣工投产，而三条线路的起始点均在新疆，其中，一线工程主干线西起新疆塔里木油田轮南油气田，2004年10月全线建成投产，新疆段管道全长941千米。二线工程西起新疆霍尔果斯口岸，2012年12月全线建成投产，新疆段管道总长1395千米。三线工程西起新疆霍尔果斯口岸，2014年8月全线建成投产，新疆段管道总长1361千米。

电源电力工程是区域经济社会发展重要的基础设施。2000年以来，新疆相继启动并完成喀什电厂、阿克苏电厂、哈密煤电基地等火电建设项目，吉林台水电基地、察汗乌苏和波波那水电站等水电建设项目，库尔勒燃气电厂、库车燃气电厂等燃气发电建设项目，达坂城、吐鲁番盆地百里风区、阿拉山口、额尔齐斯

河谷西部风电基地等风电建设项目。2000～2012 年，新疆全区发电装机容量由445.86 万千瓦增加到 2952.00 万千瓦，新增发电装机容量 2506.14 万千瓦，年均增长率达到 17.06%，超过全国同期年均增速（11.24%）。2012 年，新疆全区发电量达到 1188 亿千瓦·时，比 2000 年（183 亿千瓦·小时）增长了 5.5 倍，年均增长率为 16.87%，同样超过全国同期年均增速（11.38%）。值得一提的是，近年来新疆风力发电发展迅速，2012 年，新疆风力发电装机容量达到 292 万千瓦，占总装机容量的比重达到了 9.89%，而全国的这一比重为 5.36%。

三、农村水利、水电基础设施建设不断提升

新疆属干旱地区，地表径流主要由融雪和夏季暴雨形成，河流众多、洪枯变化大，洪旱灾害频繁交替，水资源供需矛盾突出，水资源时间、空间分布极度不均，这些特点决定了新疆水利工作和流域治理的重要性。长期以来，新疆的水利基础设施薄弱，多数大中河流没有控制性枢纽工程，甚至很多河流没有固定的引水工程，与此同时，生产布局并未充分考虑防洪、水资源供给和水生态环境条件，加剧了生态环境恶化。西部大开发以来，国家不断加大对新疆水利、水电基础设施建设的投入力度，实施了喀腊塑克水利枢纽工程、塔里木河水土保持工程、恰甫其海水资源二期工程南岸干渠及灌区工程、下坂地水利枢纽等重大水利工程，并已陆续建成，中型水库、病险水库除险加固、大型灌区节水改造、水土保持、防洪工程等农牧区水利建设不断取得新突破。2000～2012 年，新疆水利基本建设投资完成额累计达到 905.2822 亿元，占同期全国水利基本建设投资总额的比重为 4.98%，居全国第六位（前五位分别为河南、浙江、湖北、江苏、山东），为西部地区十二省（区、市）第一。另外，2000～2012 年新疆水利基本建设投资总额中，国家预算内拨款为 338.7085 亿元，占全国同期国家预算内拨款总额的比重为 6.09%，居全国第三位（前两位分别为江苏、湖北），同期，新疆水利基本建设投资总额中，国家预算内专项资金为 144.3756 亿元，占全国同期国家预算内专项资金总额的比重为 6.71%，居全国第二位（第一位为湖北），进一步说明了西部大开发以来，国家加大了对新疆水利基础设施建设的支持力度。如表 6－8 所示。

表 6－8　新疆水利基本建设投资累计完成额占全国比重及排名情况

指标（亿元）	全国	新疆	新疆占全国比重（%）	新疆排名
投资总额	18195.5872	905.2822	4.98	第六
国家预算内拨款	5561.2867	338.7085	6.09	第三
国家预算内专项资金	2152.9223	144.3756	6.71	第二

数据来源：根据 2001～2013 年《中国水利年鉴》有关数据整理计算所得。

国家投资力度的不断加大，显著改善了新疆水利基础设施状况，全区水库库容量和有效灌溉面积迅速增加，水资源的利用效率和效益得到大幅度提升，极大地改善了农业生产条件。2000～2012 年，新疆累计新增水库 104 座，水库总库容量达到 144.8 亿立方米，比 2000 年增加了 76.7 亿立方米，年均增长率为6.49%；2012 年，全区有效灌溉面积达到 4029.1 千公顷，比 2000 年增加了934.8 千公顷；2000～2012 年，新疆累计综合治理水土流失面积达到 3607.3 千公顷，其中，2012 年达到 541.9 千公顷，比 2000 年增长了近 7 倍。如表 6 - 9所示。

表 6 - 9　2000～2012 年新疆农田水利基本建设成效

年份	水库数（座）	水库总库容量 （亿立方米）	有效灌溉面积 （千公顷）	水土流失治理面积 （千公顷）
2000	478	68.1	3094.3	68.0
2001	488	77.0	3138.1	84.2
2002	489	77.8	3053.9	112.7
2003	503	80.3	3051.0	121.5
2004	498	83.8	3106.6	176.0
2005	501	84.7	3204.3	219.8
2006	490	85.2	3334.8	312.1
2007	492	86.0	3465.4	331.1
2008	575	135.8	3572.5	367.0
2009	577	135.6	3675.7	393.9
2010	575	135.7	3721.6	420.4
2011	576	144.4	3884.6	458.7
2012	582	144.8	4029.1	541.9

数据来源：2001～2013 年《中国统计年鉴》。

　　另外，新疆农村水电基础设施建设显著加强，2000～2012 年，新疆新增乡村办水电站 140 个，装机容量达到 121.78 万千瓦，比 2000 年增长了近 18 倍，新疆农村用电条件显著改善。另外，2003～2012 年，新疆农村水电建设投资额累计达到 241703 万元，农村发电设备容量达到 922515 千瓦。如表 6 - 10所示。

表6-10 2000~2012年新疆农村水电基础设施建设成效

年份	乡村办水电站个数 （个）	乡村办水电站装机容量 （万千瓦）	农村水电建设投资额 （万元）	农村发电设备容量 （千瓦）
2000	195	6.48	—	—
2001	216	11.55	—	—
2002	182	11.50	—	—
2003	146	10.00	16747	583259
2004	130	9.00	22358	588839
2005	138	10.12	54577	748944
2006	127	10.14	10788	919511
2007	116	10.15	23679	983166
2008	452	86.61	11006	620436
2009	456	93.65	5472	690015
2010	455	103.09	13352	750688
2011	461	113.62	3491	843960
2012	335	121.78	80233	922515

数据来源：2001~2013年《中国统计年鉴》。

四、通信基础设施建设逐步完善

西部大开发以来，新疆邮电通信基础设施建设加快，通信干线和支线建设均得到不断加强，进一步扩大了通信容量，提高了通信质量和服务水平。2012年，全区光缆线路总长度达到37.0667千米，其中，长途光缆总长度达到3.80万千米，比2001年增加了2.4万千米，年均增长率为9.29%；2012年，全区移动电话交换机容量达到4122.0万户，比2001年增加了3829.6万户，年均增长率为27.20%；互联网宽带接入端口数由2006年的73.1万个增加到2012年的548.1万个，年均增长率达到39.90%。另外，新疆邮政营业网点数量由2001年的1351处增加到2012年的1885处，年均增长率达到3.07%。如表6-11所示。

表6-11 2001~2012年新疆通信基础设施变化情况

年份	光缆线路长度（万千米）		移动电话交换机容量 （万户）	互联网宽带接入端口数 （万个）	邮政营业网点数量 （处）
	总长度	长途光缆长度			
2001	—	1.43	292.4	—	1351
2002	—	2.25	466.3	—	1402
2003	—	3.21	565.3	—	1334

续表

年份	光缆线路长度（万千米）		移动电话交换机容量（万户）	互联网宽带接入端口数（万个）	邮政营业网点数量（处）
	总长度	长途光缆长度			
2004	—	3.23	641.7	—	1344
2005		3.12	682.5	—	1444
2006		3.16	919.5	73.1	1441
2007		3.61	1190.8	107.7	1482
2008		3.77	1846.0	154.6	1377
2009		3.84	2461.0	175.1	1338
2010		3.8	2851.0	256.7	1463
2011	30.6342	3.83	3709.0	319.1	1556
2012	37.0667	3.83	4122.0	548.1	1885
年均增长率（%）	—	9.29	27.20	39.90	3.07

数据来源：2001~2013年《中国统计年鉴》。

基础设施的逐步完善，极大地推动了新疆邮电行业的发展，2001~2012年，新疆邮电业务总量由64.62亿元增加到263.36亿元，年均增长率达到13.62%，其中，邮政业务总量和电信业务总量分别由6.23亿元、58.39亿元增加到16.74亿元、246.61亿元，年均增长率分别为9.40%和13.99%。如表6-12所示。

表6-12　2001~2012年新疆邮电业务量变化情况　　　单位：亿元

年份	邮电业务总量	邮政业务总量	电信业务总量
2001	64.62	6.23	58.39
2002	96.81	6.80	90.01
2003	114.88	7.20	107.68
2004	152.01	7.48	144.53
2005	172.38	8.05	164.33
2006	228.8	9.42	219.39
2007	304.64	10.29	294.34
2008	379.87	11.68	368.19
2009	462.64	14.02	448.62
2010	555.95	18.63	537.32
2011	231.81	14.45	217.36
2012	263.36	16.74	246.61
年均增长率（%）	13.62	9.40	13.99

数据来源：2002~2013年《中国统计年鉴》。

第三节　结构转型成效明显

一、三次产业结构逐步转型

推进产业结构调整与优化是新疆经济发展的内在要求，2000 年以来，新疆产业结构不断趋向合理，第一产业增加值占 GDP 比重不断减少，由 2000 年的 21.13% 下降到 2013 年的 17.56%，十三年间减少了 3.57 个百分点。第二产业得到迅速发展，增加值占 GDP 比重由 2000 年的 39.42% 增加到 2013 年的 45.05%，十三年间增加了 5.63 个百分点，第二产业经济实力显著增强。从就业结构来看，2012 年，全区总就业人员数量达到 1010.44 万人，比 2000 年增加了 337.94 万人，其中，第一产业增加了 104.46 万人，第二、第三产业累计增加了 233.48 万人，说明 2000 年以来新疆第二、第三产业吸纳劳动力就业的能力显著增强。从就业人员构成来看，2000~2012 年，新疆第一产业就业人员数量占全社会总数的比重从 57.68% 下降到 48.73%，减少了 8.95 个百分点，第二产业所占比重从 13.78% 增加到 15.61%，提高了 1.83 个百分点，第三产业所占比重从 28.54% 增加到 35.66%，提高了 7.12 个百分点，进一步说明西部大开发以来，新疆三次产业结构不断趋向合理。如表 6 - 13 所示。

表 6 - 13　2000~2013 年新疆三次产业结构变化情况

年份	GDP 构成（合计 = 100）			就业人员构成（合计 = 100）		
	第一产业	第二产业	第三产业	第一产业	第二产业	第三产业
2000	21.13	39.42	39.44	57.68	13.78	28.54
2001	19.32	38.48	42.21	56.64	13.45	29.91
2002	18.91	37.40	43.69	55.86	13.66	30.48
2003	21.89	38.14	39.97	55.07	13.27	31.66
2004	20.88	41.40	37.72	54.17	13.23	32.6
2005	19.58	44.73	35.69	51.54	15.51	32.95
2006	17.33	47.92	34.75	51.06	13.71	35.23
2007	17.85	46.76	35.39	50.3	14.25	35.45
2008	16.52	49.50	33.98	49.71	14.16	36.13

续表

年份	GDP 构成（合计 = 100）			就业人员构成（合计 = 100）		
	第一产业	第二产业	第三产业	第一产业	第二产业	第三产业
2009	17.76	45.11	37.12	49.35	14.7	35.95
2010	19.84	47.67	32.49	48.97	14.84	36.19
2011	17.23	48.80	33.97	48.66	15.63	35.71
2012	17.60	46.39	36.02	48.73	15.61	35.66
2013	17.56	45.05	37.39	—	—	—
变动情况	- 3.57	5.62	- 2.05	- 8.95	1.83	7.12

注："变动情况"即 2013 年（或 2012 年）相关指标值与 2000 年相比的变化情况。

数据来源：2001 ~ 2014 年《新疆统计年鉴》。

二、农业结构调整成效显著，特色农业发展迅速

实施西部大开发以来，新疆依托独特的自然条件与资源优势，以市场为导向，积极实施农业结构调整，农业产业结构不断优化，产业布局日趋合理，产业层次稳步提升，粮食、棉花、林果、畜牧和区域性特色产业加快发展，特色农业产业基地形成规模，成为我国最大的商品棉生产基地、啤酒花、番茄酱生产基地、甜菜糖生产基地和重要的畜产品、特色林果产品基地。2000 ~ 2013 年，新疆粮食产量从 783.70 万吨增加到 1377.00 万吨，年均增长率达到 4.43%，占全国总产量的比重由 1.70% 提高到 2.29%；棉花产量从 145.60 万吨增加到 351.75 万吨，年均增长率达到 7.02%，占全国总产量的比重由 32.96% 提高到 55.84%，提高了 22.88 个百分点；甜菜产量从 265.00 万吨增加到 476.47 万吨，年均增长率为 6.70%，占全国总产量的比重由 32.82% 提高到 49.16%，提高了 16.34 个百分点；水果产量从 151.87 万吨增加到 1326.94 万吨，年均增长率为 18.14%，占全国总产量的比重由 2.44% 提高到 5.29%；牛肉产量从 22.24 万吨增加到 37.82 万吨，年均增长率达到 4.17%，占全国总产量的比重由 4.17% 提高到 5.62%；羊肉产量从 37.50 万吨增加到 49.71 万吨，年均增长率达到 2.19%；牛奶产量从 72.50 万吨增加到 134.99 万吨，年均增长率达到 4.73%（见表 6 - 14）。另外，一些新疆区域性特色农业产业优势明显，葡萄酒、啤酒花、红花、加工番茄、籽瓜等农产品产量分别占全国的 20%、70%、60%、90% 和 60% 以上。

表6-14　2000~2013年新疆主要特色农产品产量变化情况　单位：万吨

年份	粮食	棉花	甜菜	水果	牛肉	羊肉	牛奶
2000	783.70	145.60	265.00	151.87	22.24	37.50	72.50
2001	779.98	145.80	455.12	311.12	23.99	40.48	81.10
2002	835.60	147.70	466.81	432.29	25.90	42.62	94.90
2003	775.48	160.00	381.65	408.30	28.77	45.54	113.00
2004	796.50	178.30	344.21	450.84	30.42	52.65	133.32
2005	876.60	187.40	419.12	511.91	34.22	59.89	152.22
2006	896.36	290.60	442.80	547.94	29.18	62.36	179.81
2007	867.04	301.27	453.87	672.55	31.44	60.55	196.23
2008	930.50	302.57	438.88	855.04	32.42	45.97	137.36
2009	1152.00	252.42	418.41	1056.35	33.88	43.8	120.88
2010	1170.70	247.90	486.97	1028.85	35.47	46.95	128.60
2011	1224.70	289.77	518.95	1035.96	33.76	46.44	130.50
2012	1273.00	353.95	577.19	1222.10	36.16	48.01	132.21
2013	1377.00	351.75	476.47	1326.94	37.82	49.71	134.99
年均增长率（%）	4.43	7.02	6.70	18.14	4.17	2.19	4.73

数据来源：2001~2014年《新疆统计年鉴》。

三、国有工业经济比重逐步下降

西部大开发以来，新疆进一步深化市场化改革，积极调整和优化工业经济所有制结构，大力发展非国有经济，国有工业经济比重呈下降趋势，非公有制经济所占比重不断上升。2000~2012年，新疆国有控股、私营、外商及港澳台商投资工业企业的资产总计分别由1533.60亿元、13.11亿元、25.68亿元增加到7810.18亿元、1526.36亿元、206.04亿元，年均增长率分别为14.53%、48.65%、18.95%，私营企业、外商及港澳台商投资企业的资产增长速度均显著快于国有控股企业。另外，国有控股工业企业资产总额占全部工业企业资产之和的比重由97.53%下降到81.85%，减少了15.69个百分点，而私营企业、外商及港澳台商投资企业所占比重分别由2000年的0.83%、1.63%提高到2012年的16.00%、2.16%，工业经济所有制结构显著优化。如表6-15所示。

表 6 - 15   2000 ~ 2012 年新疆不同所有制工业企业资产总额及构成变动情况

年份	工业企业资产总额（亿元）			工业企业资产总额构成（合计 = 100）		
	国有控股	私营	外商及港澳台商投资	国有控股	私营	外商及港澳台商投资
2000	1533.60	13.11	25.68	97.53	0.83	1.63
2001	1594.01	21.27	27.31	97.04	1.29	1.66
2002	1669.97	43.42	29.42	95.82	2.49	1.69
2003	1714.95	98.18	38.35	92.63	5.30	2.07
2004	1968.15	126.87	54.91	91.54	5.90	2.55
2005	2259.12	168.39	53.47	91.06	6.79	2.16
2006	2769.14	202.32	61.86	91.29	6.67	2.04
2007	3488.32	332.69	93.32	89.12	8.50	2.38
2008	4485.58	491.70	113.60	88.11	9.66	2.23
2009	4842.07	660.05	129.60	85.98	11.72	2.30
2010	5594.76	925.75	154.21	83.82	13.87	2.31
2011	6511.01	997.13	167.81	84.82	12.99	2.19
2012	7810.18	1526.36	206.04	81.85	16.00	2.16
年均增长率/变动情况	14.53%	48.65%	18.95%	-15.69	15.16	0.53

注：“变动情况”即 2012 年所占比重与 2000 年相比的变化情况。

数据来源：2001 ~ 2013 年《中国统计年鉴》。

四、服务业质量显著提升，现代服务业发展速度加快

西部大开发以来，新疆服务业保持稳定发展，对经济社会发展起着重要的支撑和拉动作用，2000 ~ 2013 年，新疆第三产业增加值由 537.80 亿元增加到 3125.98 亿元，增长了 5 倍，年均增长率达到 14.50%。与此同时，新疆服务业质量得到显著提升，服务业发展领域迅速扩展，交通运输仓储和邮政业、批发和零售业、住宿和餐饮业等传统服务业继续以较快速度发展，金融业、房地产业等现代服务业快速崛起，其中，金融业、房地产业增加值分别由 2000 年的 41.94 亿元、26.86 亿元增加到 2012 年的 360.40 亿元、194.38 亿元，年均增长率分别为 19.63%、17.93%，旅游、科技、教育及其他现代服务业等一批适应市场需求的新兴业态初步发展，现代服务业增加值所占比重由 2000 年的 51.89% 增加到 2012 年的 71.10%。如表 6 - 16 所示。

表 6 – 16　2000 ~ 2013 年新疆服务业增加值变动情况　　单位：亿元

年份	服务业	服务业构成（合计 = 100）		金融业	房地产业
		传统服务业	现代服务业		
2000	537.80	48.11	51.89	41.94	26.86
2001	629.57	42.38	57.62	48.53	35.29
2002	704.50	41.51	58.49	52.18	43.04
2003	753.91	39.89	60.11	64.92	47.84
2004	833.36	32.46	67.54	70.30	53.55
2005	929.41	31.71	68.29	80.34	55.79
2006	1058.16	31.07	68.93	99.25	68.90
2007	1246.89	29.22	70.78	149.22	91.28
2008	1421.38	29.17	70.83	171.97	89.79
2009	1587.72	29.14	70.86	198.87	115.23
2010	1766.69	28.23	71.77	225.20	143.44
2011	2245.12	28.00	72.00	288.77	176.22
2012	2703.18	29.02	70.98	360.40	194.38
2013	3125.98	28.90	71.10		
年均增长率（%）	14.50	—	—	19.63	17.93

注："传统服务业"是指为人们日常生活提供各种服务的行业，现代服务业是在工业比较发达的阶段产生的，主要是依托于信息技术和现代管理理念发展起来的，是信息技术与服务产业结合的产物。本项目"传统服务业"包括交通运输仓储和邮政业、批发和零售业、住宿和餐饮业三大类，而"现代服务业"则是指除传统服务业以外的其他服务行业。

数据来源：2001 ~ 2014 年《中国统计年鉴》。

第四节　社会民生持续改善

一、居民生活质量稳步提高

西部大开发以来，新疆居民收入显著提高，2000 ~ 2013 年，新疆城镇居民人均可支配收入由 5644.9 元增长到 19873.8 元，年均增长率为 10.17%。新疆农村居民人均纯收入由 2000 年的 1618.1 元增长到 2013 年的 7296.5 元，年均增长率为 12.28%，增速超过了全国平均增速（11.04%）。另外，新疆农村居民恩格尔系数由 2000 年的 50.0% 下降到 2012 年的 35.7%，下降了 14.3 个百分点，城镇居民恩格尔系数维持在 37.0% 左右，说明西部大开发以来，新疆居民（尤其是农村居民）的生活水平有了显著的提高。如表 6 - 17 所示。

表 6 - 17　2000 ~ 2013 年新疆城乡居民收入及恩格尔系数变化情况

年份	城镇居民人均可支配收入（元）	农村居民人均纯收入（元）	城镇居民恩格尔系数（%）	农村居民恩格尔系数（%）
2000	5644.9	1618.1	36.4	50.0
2001	6395.0	1710.4	34.8	52.5
2002	6899.6	1863.3	33.9	49.0
2003	7173.5	2106.2	35.9	45.5
2004	7503.4	2244.9	36.1	45.2
2005	7990.2	2482.2	36.4	41.8
2006	8871.3	2737.3	35.5	39.9
2007	10313.4	3183.0	35.1	39.9
2008	11432.1	3502.9	37.3	42.6
2009	12257.5	3883.1	36.3	41.5
2010	13643.8	4642.7	36.2	40.3
2011	15513.6	5442.2	38.3	36.1
2012	17920.7	6393.7	37.7	35.7
2013	19873.8	7296.5	—	—
年均增长率（%）	10.17	12.28		

数据来源：2001 ~ 2014 年《中国统计年鉴》。

二、就业、医疗、养老等公共服务逐步完善

西部大开发战略实施以来，新疆的公共服务水平与质量逐步提升，2000 ~ 2012 年，新疆就业规模总体上呈不断扩大趋势，全社会就业人员数量从 672.50 万人增加到 1010.44 万人，年均增长率达到 3.45%，显著高于全国及西部地区同期平均增速（0.52%、0.80%）（见表 6 - 18）。与此同时，新疆医疗卫生事业发展迅速，2000 ~ 2012 年，新疆医疗机构、医疗床位和医疗卫生人员数量分别从 6705 个、7.05 万张、12.13 万人增加到 18320 个、13.16 万张、17.71 万人，年均增长率分别达到 8.74%、5.34%、3.20%，均超过同期全国平均增速（见表 6 - 19）。社会保障体系建设方面，新疆失业保险参加人数由 2000 年的 178.7 万人增加到 2012 年的 273.7 万人，城镇企业职工养老保险人数由 2000 年的 175.7

万人增加到 2012 年的 319.8 万人, 城镇企业职工基本医疗保险参保人数由 2002 年的 235.8 万人增加到 2012 年的 469.1 万人, 年均增长率分别为 3.62%、5.12% 和 7.12%, 社会保障体系覆盖面不断扩大, 如表 6-20 所示。

表 6-18　2000～2012 年新疆、西部地区及全国就业人员人数变动比较情况

年份	新疆（万人）	西部地区（万人）	全国（万人）	新疆占全国比重（%）
2000	672.50	18754.38	72085	0.93
2001	685.38	18966.64	72797	0.94
2002	701.49	19118.31	73280	0.96
2003	721.27	19146.12	73736	0.98
2004	744.49	19339.43	74264	1.00
2005	791.62	19210.46	74647	1.06
2006	811.75	19411.10	74978	1.08
2007	830.42	19530.81	75321	1.10
2008	847.58	19751.05	75564	1.12
2009	866.15	20012.73	75828	1.14
2010	894.65	20222.95	76105	1.18
2011	953.34	20563.70	76420	1.25
2012	1010.44	20642.24	76704	1.32
年均增长率（%）	3.45	0.80	0.52	—

数据来源: 根据 2001～2013 年西部十二省各省统计年鉴、《中国统计年鉴》相关整理计算所得。

表 6-19　2000～2012 年新疆医疗机构、医疗床位和医疗卫生人员数量
及占西部比重变动情况

年份	医疗机构		医疗床位		医疗卫生人员	
	数量（个）	占比（%）	数量（万张）	占比（%）	数量（万人）	占比（%）
2000	6705	5.79	7.05	8.51	12.13	8.63
2001	5279	4.65	7.09	8.48	11.76	8.44
2002	10296	9.84	6.75	8.21	11.08	8.43
2003	9618	9.33	7.27	8.78	11.66	8.89
2004	9086	9.07	7.77	9.09	12.05	9.14
2005	8087	8.10	7.94	9.06	11.72	8.79

续表

年份	医疗机构		医疗床位		医疗卫生人员	
	数量（个）	占比（%）	数量（万张）	占比（%）	数量（万人）	占比（%）
2006	8175	8.09	8.33	9.13	12.14	8.94
2007	7465	7.77	9.03	9.15	12.76	8.85
2008	6739	7.46	—	—	13.02	8.68
2009	14244	5.09	10.72	8.95	14.69	7.52
2010	16000	5.54	11.62	8.90	15.89	7.67
2011	17412	5.87	12.54	8.79	16.78	7.59
2012	18320	6.10	13.16	8.18	17.71	7.46
年均增长率（%）	8.74	—	5.34	—	3.20	—

注：表中"占比"为新疆相关指标数值占西部地区总量的比重。

数据来源：2001～2013 年《中国统计年鉴》。

表 6－20　2000～2012 年新疆失业保险、养老保险和医疗保险参保人数变动情况

单位：万人

年份	参加失业保险人数	城镇职工养老参保人数	城镇职工基本医疗参保人数
2000	178.7	175.7	—
2001	177.3	180.8	—
2002	185.2	182.5	235.8
2003	186.5	186.3	276.7
2004	192.4	207.5	304.4
2005	202.4	213.1	321.1
2006	205.4	222.4	335.8
2007	213.6	234.0	355.1
2008	224.8	248.8	376.6
2009	231.8	256.3	397.5
2010	242.9	274.5	417.7
2011	260.2	299.6	446.6
2012	273.7	319.8	469.1
年均增长率（%）	3.62	5.12	7.12

数据来源：2001～2013 年《中国统计年鉴》。

三、教育投入不断增加、人口素质显著提升

西部大开发战略实施以来，中央及新疆地方财政不断加大教育经费投入力度，着力改善各层次教育教学条件，新疆的教育水平及人口素质得到显著提升。2000～2011 年，新疆全区投入中央及地方财政等各类教育经费从 60.6397 亿元增加到 460.5867 亿元，年均增长率为 20.24%，高出全国平均增速 2.2 个百分点，新疆教育投入经费占全国教育投入总经费的比重由 1.58% 提高到 1.93%，如表6－21 所示。

表 6－21　2000～2011 年新疆教育经费投入及占全国比重变化情况

单位：亿元

年份	新疆	全国	新疆占全国比重（%）
2000	60.6397	3849.0806	1.58
2001	93.7914	4637.6626	2.02
2002	108.2359	5480.0278	1.98
2003	117.9433	6208.2653	1.90
2004	133.1540	7242.5989	1.84
2005	152.7225	8418.8391	1.81
2006	153.2703	9815.3087	1.56
2007	191.6673	12148.0663	1.58
2008	250.1661	14500.7374	1.73
2009	295.9264	16502.7065	1.79
2010	365.5998	19561.8471	1.87
2011	460.5867	23869.2936	1.93
累计	2383.7034	132234.4337	1.80
年均增长率（%）	20.24	18.04	—

数据来源：2002～2013 年《中国统计年鉴》。

随着教育经费投入的不断增加，新疆人口素质不断提升，6 岁及以上人口中具有大专及以上学历的人口所占比例从 2000 年的 5.65% 提高到 2012 年的13.44%，提高了 7.79 个百分点，具有高中或中专学历的人口所占比例从 2000年的 13.29% 降低到 2012 年的 13.18%，降低了 0.11 个百分点，具有初中学历的人口所占比例从 2000 年的 30.23% 提高到 2012 年的 37.95%，提高了 7.72 个百分点，而小学及未上过学（或扫盲班）的人口所占比例显著下降，共下降了

15.45 个百分点。值得注意的是，2012 年新疆大专及以上受教育程度人口所占比例高出同期全国平均水平 2.85 个百分点，而新疆"未上过学"或"扫盲班"人口所占比例低于同期全国平均水平 1.57 个百分点，进一步说明西部大开发以来新疆人口素质得到不断提升。如表 6 - 22 所示。

表 6 - 22　2000 年、2012 年新疆与全国不同受教育程度人口所占比例的比较情况

单位:%

受教育程度	新疆			全国		
	2000 年	2012 年	变化量	2000 年	2012 年	变化量
大专及以上	5.65	13.44	7.79	3.88	10.59	6.71
高中（中专）	13.29	13.18	- 0.11	11.96	16.12	4.16
初中	30.23	37.95	7.72	36.45	41.11	4.66
小学	41.70	31.71	- 9.99	38.31	26.88	- 11.43
其他	9.18	3.72	- 5.46	9.40	5.29	- 4.11
合计	100	100	—	100	100	—

数据来源：2000 年数据来自 2001 年《中国人口年鉴》，即全国第五次人口普查数据，为全部 6 岁及以上人口；2012 年数据来自 2013 年《中国统计年鉴》，为全国人口变动情况抽样调查样本数据，抽样比为0.831‰。表中"其他"为"未上过学"或"扫盲班"。

第五节　生态建设成效显著

一、自然保护区建设初具规模

新疆位于亚欧大陆腹地，占中国陆地面积 1/6，拥有森林、荒漠、湿地、草原和高原苔地等多种生态体系。与此同时，新疆自然条件恶劣，生态环境脆弱，长期以来，水土流失、沙漠化、草原退化、生物多样性减少及沙尘暴频繁发生等生态环境问题日趋严重，已经严重影响到新疆乃至全国的生态安全。西部大开发以来，国家及新疆加大了生态环境的保护和建设力度，取得了显著成效。自然保护区建设是生态建设的重要载体与途径，2000 ~ 2012 年，新疆自然保护区（国家级和自治区级）个数由 23 个增加到 28 个，自然保护区面积由 1594.05 万公顷增加到 2140.56 万公顷，增加了 546.51 万公顷，自然保护区面积占辖区总面积的比重由 9.6% 提高到 12.9%，如表 6 - 23 所示。

表6-23　2000~2012年新疆自然保护区个数及面积变化情况

年份	自然保护区个数（个）		自然保护区面积（万公顷）		自然保护区占辖区面积比重（%）
	总数	国家级	总面积	国家级	
2000	23	5	1594.05	869.08	9.6
2001	26	7	2042.40	1105.50	12.3
2005	28	8	2183.49	1275.86	13.1
2006	28	8	2162.49	1275.86	13.0
2007	34	8	2257.60	1275.86	13.6
2008	34	8	2257.60	1275.86	13.6
2009	34	8	2257.60	1275.86	13.6
2010	34	8	2257.60	1275.86	13.6
2011	28	9	2096.00	1365.53	12.6
2012	28	9	2140.56	1365.53	12.9
变化量	5	4	546.51	496.45	3.3

注：表中"变化量"为2012年相关指标值与2000年的差额。

数据来源：根据2013年《新疆统计年鉴》有关数据整理计算所得。

二、退耕还林与人工造林效益明显

新疆的退耕还林工程于2000年开始试点，2002年全面启动，2001~2013年，新疆造林总面积累计达到2406955公顷，其中，人工造林面积累计为2101307公顷，退耕还林工程造林面积累计为766626公顷，如表6-24所示。

表6-24　2001~2013年新疆造林工程实施情况　　　　单位：公顷

年份	造林总面积	人工造林面积	退耕还林工程造林面积
2001	106771	106771	13173
2002	216924	216924	113010
2003	263781	253781	175314
2004	176540	176540	82838
2005	136990	130323	62457
2006	97424	97424	38160
2007	146632	124642	32926
2008	239951	217429	50977
2009	301438	266301	48120

续表

年份	造林总面积	人工造林面积	退耕还林工程造林面积
2010	199629	156964	38034
2011	186197	140262	31066
2012	187321	114287	47091
2013	147357	99659	33460
十三年累计	2406955	2101307	766626

注：2007 年后，国家退耕地造林规模较小，未做统计。表中"占比"为西部地区造林面积占全国总量的比重。

数据来源：2001～2012 年《中国林业统计年鉴》有关数据整理计算所得。

退耕还林工程的实施，取得了诸多成效①：①改善了生态状况，巩固了国土生态安全体系，人工造林面积的大幅度增加，全区森林覆盖率由 2000 年的 1.92% 提高到 2013 年的 4.24%，土地沙漠化得到有效遏制，草场得到有效保护和恢复；②促进了粮食生产，保证了粮食安全，退耕还林工程的实施，有效地遏制了新疆耕地的沙化及水土流失，确保了粮食生产和安全；③调整了农村产业结构，丰富扩大了农村产业发展内涵，退耕还林工程的实施，推动了新疆的农业结构调整，林果业发展迅速，以核桃、红枣、杏为主的具有经济价值的生态和经济兼用林果面积大幅度增加。

---

① 新疆退耕还林工程取得阶段性成效．国家林业局官网，http：//www. forestry. gov. cn/portal/main/s/1183/content - 123373. html.

第七章　西部大开发战略实施以来新疆依然存在的突出问题

第一节　在西部地区经济发展格局变动中处于不利地位

西部大开发战略的实施，为西部地区各省（区、市）的国民经济与社会发展注入了巨大的动力与活力，西部地区各省（区、市）均获得较快发展，取得了巨大的发展成就，但各省区的发展速度并不一致，导致西部地区经济发展的格局处于不断的变化之中，而在这一格局变动过程中，新疆处于非常不利的地位。表 7 - 1 总结了 2000 年和 2013 年西部各省（区、市）人均 GDP 在西部的相对位置和排名变化情况。

表 7 - 1　西部大开发以来西部地区各省区人均生产总值变动情况比较

地区	2000 年		2013 年		人均 GDP 年均增长率（%）	人均 GDP 排名变化
	人均 GDP（元）	相较西部平均水平（%）	人均 GDP（元）	相较西部平均水平（%）		
内蒙古	6502	134.11	67498	196.26	19.72	2→1
广西	4652	95.95	30588	88.94	15.59	9→8
重庆	6274	129.41	42795	124.43	15.92	3→2
四川	4956	102.22	32454	94.36	15.55	7→7
贵州	2759	56.91	22922	66.65	17.69	12→12
云南	4770	98.39	25083	72.93	13.62	8→10
西藏	4572	94.30	26068	75.80	14.33	10→9
陕西	4968	102.47	42692	124.13	17.99	6→3
甘肃	4129	85.17	24296	70.64	14.61	11→11

续表

地区	2000 年		2013 年		人均 GDP 年均增长率（%）	人均 GDP 排名变化
	人均 GDP（元）	相较西部平均水平（%）	人均 GDP（元）	相较西部平均水平（%）		
青海	5138	105.98	36510	106.16	16.28	5→6
宁夏	5376	110.89	39420	114.62	16.56	4→4
新疆	7372	152.06	37181	108.11	13.25	1→5

注：表中"排名"为依据当年人均 GDP 高低的西部排名。

数据来源：2001~2014 年《中国统计年鉴》有关数据整理计算所得。

表7-1 中的数据显示，2000~2013 年，西部各个地区均获得了较快发展，人均 GDP 增长速度均超过了 13%，除新疆、云南两省区以外，其他各省增速均超过全国同期平均增速（13.74%），其中，增长速度最快的内蒙古，人均 GDP 年均增长率达到了 19.72%，如此高的增长速度使内蒙古人均 GDP 跃居西部地区之首。排名有所提升的省份为内蒙古、广西、重庆、西藏、陕西 5 个省区，排名所有下降的为云南、青海、新疆 3 个省区，其他 4 个省区维持不变。在西部地区经济发展格局的巨大变动中，新疆显然处于不利地位，2000~2013 年，新疆人均 GDP 增长率为西部地区十二省最低，排名由 2000 年的第一位下降到 2013 年的第五位，下降位次最多，另外，与西部人均 GDP 平均值相比，新疆由 2000 年的152.06%下降到108.11%，几乎与西部平均持平。

第二节 区域经济不平衡，南北疆、城乡间区域差距进一步拉大

一、南北疆人均地区生产总值绝对差距拉大

新疆地处中国西北边陲，是一个多民族、多宗教、多文化交汇的特殊区域，由于区位条件、资源禀赋以及经济发展基础的不同，新疆南部与北部地区经济发展水平存在巨大的差异，区域经济发展不协调的矛盾日渐突出。南、北疆区域经济差异的不断拉大不仅关系到新疆国民经济的总体发展、社会稳定和民族团结，而且还关系到我国边疆的稳定与发展。西部大开发以来，国家不断加大对新疆的支持力度，着力发展新疆经济，新疆各地区经济均获得较快发展，但南北疆 GDP 与人均 GDP 的绝对差距进一步拉大，如表7-2 所示。

表7-2　西部大开发南、北疆各地区生产总值及人均生产总值差距变动情况

地区	GDP（万元,%)			人均GDP（元,%)		
	2000年	2013年	年均增长率	2000年	2013年	年均增长率
北疆	8680062	65006077	16.75	9246	52530	14.30
乌鲁木齐市	2790547	22028545	17.23	15426	64695	11.66
克拉玛依市	1385871	8531091	15.00	42498	149127	10.14
石河子市	253584	2553304	19.44	9066	73695	17.49
吐鲁番地区	598400	2608927	11.99	10912	41473	10.82
哈密地区	338199	3339310	19.26	6894	55622	17.42
昌吉回族自治州	1198195	9373116	17.14	7580	58479	17.02
伊犁州直属	738331	6811619	18.64	3512	24567	16.14
塔城地区	837572	5429094	15.46	6703	40587	14.86
阿勒泰地区	315030	2109364	15.75	5345	33945	15.28
博尔塔拉蒙古自治州	224333	2221707	19.29	5446	45579	17.75
南疆	3389603	25763925	16.88	3969	24827	15.15
巴音郭楞蒙古自治州	1348986	10169959	16.81	12874	72492	14.22
阿克苏地区	935339	6926045	16.65	4548	28535	15.17
克孜勒苏柯尔克孜州	79632	778395	19.17	1832	13694	16.73
喀什地区	754366	6173033	17.55	2241	16076	16.37
和田地区	271280	1716493	15.25	1659	8025	12.89
南北疆绝对差距	5290459	39242152		5277	27703	
南北疆相对差距	39.05	39.63		42.93	47.26	

注：表中"南北疆绝对差距"为当年北疆地区相关指标值与南疆地区相关指标值的差额（单位：万元或元）；"南北疆相对差距"为当年南疆地区相关指标值与北疆地区相关指标值的比值（单位:%)。

数据来源：2001年、2014年《中国统计年鉴》有关数据整理计算所得。

表7-2中的数据显示，2000～2013年，南北疆GDP年均增长率分别为16.88%和16.75%，南疆地区增速略快于北疆地区，南北疆人均GDP年均增长率分别为15.15%和14.30%，南疆地区增速亦略快于北疆地区。然而从增长的绝对量来看，十三年间北疆人均GDP增加了43284元，南疆地区人均GDP仅增加了20858元，增加量不及北疆地区的50%。虽然期间相对差距略有缩小，但南北疆人均GDP的绝对差距进一步拉大，从2000年的5277元增加到27703元。

二、城镇地区与农村地区人均收入绝对差距拉大

新疆区域经济不平衡还体现在城镇地区与农村地区居民家庭人均收入的绝对

差距进一步拉大。2000~2013 年，新疆城镇居民人均可支配收入从 5645 元递增到 19874 元，农村居民人均纯收入从 1618 元递增到 7296 元，年均增长率分别为 10.17% 和 12.28%，城乡居民收入比从 3.49 下降到 2.72，说明西部大开发以来新疆城乡收入的相对差距有所缩小。然而从绝对差距来看，2000 年，新疆城镇居民人均可支配收入比农村居民人均纯收入高 4027 元，2013 年这一差距扩大到 12578 元，绝对差距扩大的趋势非常明显，说明西部大开发以来新疆城镇地区与农村地区的经济发展不协调性进一步加剧。如表 7-3 所示。

表 7-3　2000~2013 年新疆城乡居民收入差距变化情况

年份	农村居民人均纯收入（元）	城镇居民人均可支配收入（元）	城乡居民收入比	城乡居民收入绝对差（元）
2000	1618	5645	3.49	4027
2001	1710	6215	3.63	4505
2002	1863	6554	3.52	4691
2003	2106	7006	3.33	4900
2004	2245	7503	3.34	5258
2005	2482	7990	3.22	5508
2006	2737	8871	3.24	6134
2007	3183	10313	3.24	7130
2008	3503	11432	3.26	7929
2009	3883	12258	3.16	8375
2010	4643	13644	2.94	9001
2011	5442	15514	2.85	10072
2012	6394	17921	2.80	11527
2013	7296	19874	2.72	12578
年均增长率（%）	12.28	10.17	—	—

数据来源：2014 年《中国统计年鉴》有关数据整理计算所得。

第三节　产业结构不合理，优化升级滞后于其他省区

西部大开发战略实施以来，中央政府不断加大对新疆经济发展的支持力度，"西气东输"等工程的启动实施为新疆的各个行业注入了新的活力，有效拉动了

新疆的经济增长与产业结构的优化升级。但与国内其他省区相比,目前新疆的产业结构还很不合理,产业结构的优化升级进程远远滞后于其他省区。

一、第一产业比重过高,第三产业比重过低

2000~2013 年,随着工业化进程的加快,新疆工业经济发展迅速,三次产业结构趋于优化,由 21.13:39.42:39.44 变动为 17.56:45.05:37.39,第一产业比重下降了 3.57 个百分点,第二产业比重上升了 5.63 个百分点,但第三产业比重有所下降,下降了 2.05 个百分点。然而相较于全国平均水平,新疆的第一产业所占比重仍然过高,高出全国平均水平由 2000 年的 6.07 个百分点增加到 2013 年的 7.55 个百分点。另外,新疆的第三产业所占比重仍然过低,与全国平均水平的差距由 2000 年高出全国 0.42 个百分点扩大到 2013 年低于全国平均水平 8.7 个百分点。第一产业比重过高而第三产业比重过低,说明新疆经济发展水平与全国平均水平相比还存在较大差距,且这一差距有扩大趋势。如表 7-4 所示。

表 7-4　2000~2013 年新疆与全国三次产业结构比较情况　　　　单位:%

年份	第一产业占比			第二产业占比			第三产业占比		
	新疆	全国	新疆-全国	新疆	全国	新疆-全国	新疆	全国	新疆-全国
2000	21.13	15.06	6.07	39.42	45.92	-6.5	39.44	39.02	0.42
2001	19.32	14.39	4.93	38.48	45.15	-6.67	42.21	40.46	1.75
2002	18.91	13.74	5.17	37.40	44.79	-7.39	43.69	41.47	2.22
2003	21.89	12.80	9.09	38.14	45.97	-7.83	39.97	41.23	-1.26
2004	20.88	13.39	7.49	41.40	46.23	-4.83	37.72	40.38	-2.66
2005	19.58	12.12	7.46	44.73	47.37	-2.64	35.69	40.51	-4.82
2006	17.33	11.11	6.22	47.92	47.95	-0.03	34.75	40.94	-6.19
2007	17.85	10.77	7.08	46.76	47.34	-0.58	35.39	41.89	-6.50
2008	16.52	10.73	5.79	49.50	47.45	2.05	33.98	41.82	-7.84
2009	17.76	10.33	7.43	45.11	46.24	-1.13	37.12	43.43	-6.31
2010	19.84	10.10	9.74	47.67	46.67	1.00	32.49	43.24	-10.75
2011	17.23	10.04	7.19	48.80	46.59	2.21	33.97	43.37	-9.40
2012	17.60	10.08	7.52	46.39	45.27	1.12	36.02	44.65	-8.63
2013	17.56	10.01	7.55	45.05	43.89	1.16	37.39	46.09	-8.7

数据来源:2001~2014 年《新疆统计年鉴》。

二、产值结构与就业结构发展不协调

新疆三次产业的劳动力就业结构和产值结构呈现出不一致性和不协调性，劳动力就业结构发展缓慢，不能保持与产值结构同步发展，具体表现为第一产业就业人数所占比重过大，第二产业就业人数所占比重过小。表 7－5 中数据显示，2000～2013 年，虽然第一产业产值占比与就业占比的偏离度有所下降，但仍偏大，2013 年仍高达 28.61%，说明新疆第一产业容纳的劳动力过多，生产效率低下，需要进一步加大农业剩余劳动力转移力度，而第二产业产值占比与就业占比的偏离度有所上升，说明新疆第二产业吸纳劳动力的能力有限。

表 7－5 2000～2013 年新疆三次产业就业结构与产值结构偏离度变动情况

年份	第一产业占比			第二产业占比			第三产业占比		
	产值	就业	偏离度	产值	就业	偏离度	产值	就业	偏离度
2000	21.13	57.68	-36.55	39.42	13.78	25.64	39.44	28.54	10.90
2001	19.32	56.64	-37.32	38.48	13.45	25.03	42.21	29.91	12.30
2002	18.91	55.86	-36.95	37.40	13.66	23.74	43.69	30.48	13.21
2003	21.89	55.07	-33.18	38.14	13.27	24.87	39.97	31.66	8.31
2004	20.88	54.17	-33.29	41.40	13.23	28.17	37.72	32.60	5.12
2005	19.58	51.54	-31.96	44.73	15.51	29.22	35.69	32.95	2.74
2006	17.33	51.06	-33.73	47.92	13.71	34.21	34.75	35.23	-0.48
2007	17.85	50.3	-32.45	46.76	14.25	32.51	35.39	35.45	-0.06
2008	16.52	49.71	-33.19	49.50	14.16	35.34	33.98	36.13	-2.15
2009	17.76	49.35	-31.59	45.11	14.70	30.41	37.12	35.95	1.17
2010	19.84	48.97	-29.13	47.67	14.84	32.83	32.49	36.19	-3.70
2011	17.23	48.66	-31.43	48.80	15.63	33.17	33.97	35.71	-1.74
2012	17.60	48.73	-31.13	46.39	15.61	30.78	36.02	35.66	0.36
2013	17.56	46.17	-28.61	45.05	16.31	28.74	37.39	37.52	-0.13

数据来源：2001～2014 年《新疆统计年鉴》。

三、产业结构优化升级滞后于其他省区

产业结构优化升级是经济发展的必然趋势，同时，产业结构优化升级的过程也存在一定的规律性。按照库兹涅茨法则总结的经验，从第一、第二和第三产业看，产业结构优化升级表现为第二、第三产业增加值在国内生产总值中比重不断

增加，到一定时期后，第二产业比重下降，第三产业比重继续不断增加。表7-6中的数据显示，从我国东、西部地区比较看，目前西部地区正处于工业化初级阶段，第二产业增加值占GDP的比重仍在不断增加，2000~2013年共增加了10.52个百分点，而第一、第三产业所占比重有所下降，其中，第一产业下降比重达到8.98个百分点，说明西部地区整体而言工业化进程加快，但产业结构仍处于较低层次，集中表现在第二产业比重达到近50%，第三产业（服务业）所占比重过低。比较而言，东部发达地区的产业结构优化升级已经进入较高阶段，目前第一产业和第二产业所占比重均处于下降趋势，而第三产业比重继续不断增加，且与第二产业比重已经大体相当。

表7-6中的数据显示，西部地区各省（区、市）第一产业（农业）所占比重均有所下降，第二产业所占比重均有所上升，说明西部各省目前所处的经济发展阶段大体上是一致的，工业化初级阶段特征明显，产业结构处在优化转型时期。但从各省数据来看，各省产业结构优化升级的速度与进程存在差异，其中，我们此处重点考察的新疆相对比较滞后，表现在如下三个方面：①第一产业增加值占比递减速度过慢，十三年间，仅下降3.57个百分点，低于东、西部及全国平均水平，为西部倒数第一；②第二产业所占比重仅上升5.62个百分点，低于西部地区平均水平，增加量在西部地区排在倒数第四；③相较于东部地区、西部地区和全国平均水平，新疆第三产业发展严重滞后，西部大开发以来，新疆第三产业增加值所占比重下降了2.05个百分点，2013年仅为37.39%，低于全国平均水平8.7个百分点。

表7-6　新疆三次产业结构变化值与其他省区的比较情况

地区	第一产业占比变动值	第二产业占比变动值	第三产业占比变动值
全国	-5.05	-2.02	7.07
东部	-4.66	-0.71	5.37
西部	-8.98	10.52	-1.54
内蒙古	-13.29	16.12	-2.83
广西	-10.50	12.50	-2.01
重庆	-7.87	8.11	-0.24
四川	-11.03	15.23	-4.20
贵州	-13.48	2.53	10.95
云南	-5.30	0.61	4.69
西藏	-20.14	13.30	6.83
陕西	-4.80	12.16	-7.36

续表

地区	第一产业占比变动值	第二产业占比变动值	第三产业占比变动值
甘肃	-4.41	4.96	-0.55
青海	-5.34	16.05	-10.71
宁夏	-6.91	8.16	-1.25
新疆	-3.57	5.62	-2.05

数据来源：2001 年、2014 年《中国统计年鉴》有关数据整理计算。

第四节　基础设施条件仍不能满足经济社会发展的需求

西部大开发以来，尤其是 2010 年新疆工作座谈会召开以后，新疆基础设施建设进入了一个快速发展的阶段，水利、交通、能源、通信等一批重大项目加快推进，基础设施落后的状况获得明显改善。但不可否认的是，新疆远离中心市场的地理位置无法改变，水和交通是制约新疆经济社会发展的两大"瓶颈"，新疆的基础设施水平仍然落后于内地省区，仍不能满足新疆经济社会发展的需求，仍然是制约新疆进一步发展的薄弱环节。

一、交通运输网络密度低，布局不平衡

西部大开发以来，新疆交通事业迅猛发展，综合运输网络的主骨架基本形成，通道功能日益显现。"三纵两横两环八通道"的干线公路网基本成形，铁路同时开工建设 10 余条线路，取得较大进展，全部建成后将形成"四横四纵"的铁路主骨架；乌鲁木齐航空枢纽港定位为我国西部门户枢纽，正在加快建设。但是，新疆综合交通运输的供给能力方面依然比较脆弱，交通基础网络布局还很不完善，整体发展水平低。数据显示，2012 年，新疆公路网密度为 1036.875 千米/万平方千米，分别为西部地区和东部地区平均水平的 40.65% 和 9.58%，铁路网密度为 29.375 千米/万平方千米，分别为西部地区和东部地区平均水平的 51.90% 和 11.26%。民航方面，虽然新疆目前共拥有 16 个民用运输机场，为全国之首，但新疆的民航网密度为每十万平方千米 0.96 个，是全国平均水平的 3/8，且技术等级较低，运输能力有限，基础设施在区域布局上也呈现"北密南疏"的发展格局。

二、城镇基础设施建设滞后，供需矛盾突出

近年来，新疆城镇化步伐加快，2013 年，新疆城镇化率达到了 44.47%，城

镇人口达到 1006.93 万人，随着城镇规模的不断扩大，城镇人口的不断增加，对城镇基础设施建设的投入需求不断增大。但就目前来讲，新疆城镇基础设施条件相对较差，供需缺口较大，远不能满足经济社会发展和城镇化发展的需要。以城镇供水、燃气、供热基础设施为例：

（1）供水方面，2013 年，全疆城市用水普及率达到了 98.08%，但各城市间存在不平衡的问题，乌鲁木齐市、克拉玛依市、哈密市、昌吉市、伊宁市、库尔勒市、阿图什市、喀什市、石河子市、五家渠市等城市用水普及率较高，基本达到了 99.5% 以上，而阿克苏市、阿拉尔市、图木舒克市、北屯市、铁门关市、阿拉山口市等城市的用水普及率不到 90%，个别城市甚至不到 80%。与此同时，供水设施存在一定的老化现象，一些老城区供水设施老化严重，仍有近 1/4 的供水设施为 1996 年以前建设的，这些设施老化严重，处于勉强运行状态。

（2）城市燃气供应方面，2013 年，全疆仍有 20% 的城镇没有通天然气（2013 年内新疆 80% 以上城镇通天然气），全疆城市燃气普及率虽然达到了 96.37%，但在各城市间存在不平衡的问题，乌鲁木齐市、克拉玛依市、昌吉市、库尔勒市、五家渠市等城市燃气普及率较高，达到或接近 100%，而奎屯市、塔城市、乌苏市、图木舒克市、北屯市等城市的燃气普及率不到 80%，其中，图木舒克市仅为 61.51%。

（3）城镇供热方面，目前，全疆城镇集中供热设施水平仍然较低，多以大中型燃煤锅炉为主，采用热电联产等方式供热较少，大多数城镇仍还存在大量小锅炉和土暖气，且供热管网老化严重、热损大，一些老化管网得不到及时维修与改造。2013 年，全疆中小城市集中供热率达到 75%，且各城镇集中供热普及率差别很大，目前只有部分中等城市及北疆部分县城已实现集中供热，而其他小城市及大部分县城供热仍属于片区供热。

三、农村基础设施薄弱，难以满足生产与生活需求

西部大开发以来，新疆农村基础设施和农业生产条件已有明显改善，但是与其他地区比较而言，新疆农村基础设施建设仍然较为薄弱，难以满足农业经济发展与农民生活水平提高的需要。农村水电基础设施建设方面，2000 ~ 2012 年，新疆乡村办水电站数量新增 140 个、装机容量新增 115.3 万千瓦，分别达到 335 个和 121.78 万千瓦，但占西部地区的比重仅为 2.47% 和 3.82%，另外，2003 ~ 2012 年，新疆农村水电建设投资额累计达到 241703 万元，农村发电设备容量达到 922515 千瓦，分别仅占西部地区的 0.93% 和 2.92%（如表 7 - 7 所示）。水利基础设施方面，2000 ~ 2012 年，新疆累计新增水库 104 座、新增水库容量 76.7 亿立方米，分别达到 582 座和 144.8 亿立方米，但分别仅占西部地区总量的

2.36%和7.03%。

表 7 - 7 2000 ~ 2012 年新疆农村水电基础设施建设相关指标占西部地区比重情况

年份	乡村办水电站个数		乡村办水电站装机容量		农村水电建设投资额		农村发电设备容量	
	新疆（个）	占西部比重（%）	新疆（万千瓦）	占西部比重（%）	新疆（万元）	占西部比重（%）	新疆（千瓦）	占西部比重（%）
2000	195	1.88	6.48	3.61	—	—	—	—
2001	216	2.3	11.55	6.32	—	—	—	—
2002	182	2.3	11.5	6.15	—	—	—	—
2003	146	2.0	10	4.84	16747	1.26	583259	4.22
2004	130	1.92	9	4.21	22358	1.22	588839	3.69
2005	138	2.21	10.12	4.25	54577	2.62	748944	4.01
2006	127	1.92	10.14	3.89	10788	0.39	919511	4.47
2007	116	1.85	10.15	3.83	23679	0.7	983166	3.93
2008	452	3.41	86.61	3.88	11006	0.37	620436	2.81
2009	456	3.45	93.65	3.79	5472	0.18	690015	2.82
2010	455	3.46	103.09	3.74	13352	0.45	750688	2.75
2011	461	3.46	113.62	3.84	3491	0.12	843960	2.88
2012	335	2.47	121.78	3.82	80233	2.91	922515	2.92

数据来源：2001 ~ 2013 年《中国统计年鉴》。

第五节 生态环境脆弱，生态文明建设任务繁重

新疆是我国干旱区分布的主体，其绿洲总面积 13.57 万平方千米，仅占新疆国土面积的 8.22%，生态环境极其恶劣，植物种类稀少，覆盖度低，类型结构简单，土地易遭沙漠化和盐碱化，是我国生态环境极其脆弱的省区，环境容量十分有限。虽然西部大开发十多年来，新疆的生态环境建设取得显著成效，但总体仍然呈恶化趋势，生态文明建设任务依然十分繁重。具体而言，主要表现在以下几个方面。

一、草地面积减少，森林覆盖率低

草原和森林是新疆最具价值的两种生态功能区域，是新疆生态环境的重要组成部分。新疆天然草地面积 5.73 亿亩，占全疆国土面积的 34.44%，然而近年

来,草地面积减少、超载和退化现象严重,已成为当前新疆最突出的生态环境问题之一。新疆牲畜头数迅速增长,草地超载现象十分严重。据中国新闻网 2014 年 4 月 3 日报道,近年来,新疆牧区草场退化、生态环境逐渐恶化等问题日益严重,大约有 90% 的草地出现退化,严重退化的在 50% ~ 60%。以新疆最大的天然平原草场库鲁斯台草原为例,库鲁斯台草原总面积 606 万亩,除了广袤的草原,还有 60 万亩芦苇及湿地,植被约 49 科、161 属、259 种,是野猪、熊等众多野生动物以及天鹅、大雁、灰鹤等十几种迁徙水鸟的栖息地。近年来,由于过度开垦放牧,导致一些稀有野生动物濒临灭绝,植被遭到严重破坏,统计资料显示,库鲁斯台湿地面积消退了近 2/3,草场退化、沙化严重①。

　　森林资源稀少、森林覆盖率低也是新疆生态环境十分脆弱的原因之一。经过近年来的大力造林以及对森林绿洲的保护,新疆的森林覆盖率有了较大幅度的增长,但与全国的平均水平及西部其他省(区、市)相比仍然偏低。表 7-8 中数

表 7-8　2004~2013 年新疆森林覆盖率与西部地区
其他省区及全国平均水平的比较情况　　　　　　单位:%

地区	2004 年	2006 年	2008 年	2010 年	2012 年	2013 年	年均增长率
全国	18.20	18.20	18.20	20.40	20.40	21.63	1.45
内蒙古	17.70	17.70	17.70	20.00	20.00	21.03	1.45
广西	41.40	41.40	41.40	52.70	52.70	56.51	2.63
重庆	22.30	22.30	22.30	34.90	34.90	38.43	4.64
四川	30.30	30.30	30.30	34.30	34.30	35.22	1.26
贵州	23.80	23.80	23.80	31.60	31.60	37.09	3.77
云南	40.80	40.80	40.80	47.50	47.50	50.03	1.71
西藏	11.30	11.30	11.30	11.90	11.90	11.98	0.49
陕西	32.60	32.60	32.60	37.30	37.30	41.42	2.02
甘肃	6.70	6.70	6.70	10.40	10.40	11.28	4.44
青海	4.40	4.40	4.40	4.60	4.60	5.63	2.08
宁夏	6.10	6.10	6.10	9.80	9.80	11.89	5.72
新疆	2.90	2.90	2.90	4.00	4.00	4.24	3.22

数据来源:根据 2005~2014 年《中国统计年鉴》相关数据整理计算所得。

---

① 我国新疆草场退化严重急需资金支持. 中国行业研究网,http://www.chinairn.com/news/ 20130319/162633392.html.

据显示，2004 年以来，新疆森林覆盖率年均增长率为 3.22%，在西部十二省中居于第五位，也快于全国平均增速（1.45%）。但是从森林覆盖率绝对量看，新疆为全国最低省份，2013 年仅为 4.24%，远低于全国平均水平（21.63%）。

二、土地沙漠化与土壤盐渍化严重

新疆是我国荒漠化面积最大、分布最广、危害最严重的省区，也是世界严重荒漠化地区之一。近年来，随着天然林保护、退耕还林还草等一系列工程的实施，新疆森林覆盖率有了较大幅度的提高，新疆的土地荒漠化趋势有所好转，扩展速度持续减缓，但是据有关部门统计，目前新疆沙漠化土地面积仍以每年约82 平方千米的速度在扩展，时刻威胁着人工绿洲的生态安全和正常发展。表 7-9 中的数据显示，目前我国沙化土地总体面积为 17310.77 万公顷，其中，西部地区沙化土地面积为 16591.96 万公顷，占全国总体沙化土地面积的 95.85%，这其中，新疆是沙化土地面积最大的省区，沙化土地面积 7466.97 万公顷，占全国沙化土地面积的 43.13%，也占到全疆国土面积的 44.84%。

表 7-9　新疆沙化土地面积与全国其他地区比较情况

地区	沙化土地面积（万公顷）	占全国的比重（%）
全国	17310.77	100.00
东、中部	718.82	4.15
西部	16591.96	95.85
内蒙古	4146.83	23.96
广西	19.49	0.11
重庆	0.25	0.00
四川	91.38	0.53
贵州	0.62	0.00
云南	4.42	0.03
西藏	2161.86	12.49
陕西	141.32	0.82
甘肃	1192.24	6.89
青海	1250.35	7.22
宁夏	116.23	0.67
新疆	7466.97	43.13

注：表中数据为第四次全国荒漠化和沙化监测（2009 年）资料。

数据来源：根据 2013 年《中国环境统计年鉴》相关数据整理计算所得。

另外，新疆也是中国最大盐土区，目前，新疆的盐渍化土地面积 1.1×10^5 平方千米，约占全国盐渍化土地总面积的1/3。同时，新疆现有耕地的32.6%已不同程度地出现次生盐渍化，成为目前制约新疆农业生产水平提高和人工绿洲健康发展的重要影响因素。据统计，新疆每年由于土壤盐渍化造成的粮食减产约7.2亿千克，占粮食总产的8.6%，棉花减产13.05万担，占棉花总产的9%。所产生的经济损失约35亿元，占当年种植业总产值7%~8%。另外，新疆现有后备耕地2.69亿亩，其中有90%以上为盐碱地，由于新疆水资源相对缺乏，这些盐碱地因为得不到有效改良而不能加以利用①。虽然近年来新疆加大了土地盐碱化问题的治理力度，有逐步减轻的趋势，但总体上看土壤盐碱化并未得到根本遏制，仍然是新疆绿洲农业可持续发展与新疆生态安全的障碍因素，成为新疆当前的一个重要生态环境问题。

三、自然灾害频发，灾害损失严重

　　新疆地形地貌和自然环境复杂多样，是我国生态环境最脆弱、自然灾害频发的区域之一，旱涝灾害、冰雪霜冻、地震疫情等自然灾害时有发生，属于我国自然灾害的多发地区，而且由于新疆地区自然灾害的多样性、多变性，特别是极端天气增多，增加了各地防控灾害的难度。以2012年为例，当年新疆先后出现地震、洪涝、风雹、雪灾、山体滑坡、泥石流及干旱等自然灾害，特别是地震灾害异常活跃，因灾死亡人数57人，失踪10人，直接经济损失81.7亿元。其中，发生5.0级以上地震7次，3~8月12个地州出现大风沙尘及冰雹灾害，2~9月，伊犁、昌吉、喀什、和田、阿勒泰5个地州先后发生山体滑坡和暴雨泥石流灾害，等等②。据不完全统计，每年各种自然灾害给新疆造成的经济损失平均高达约71亿元③，每年因此造成的损失占地方财政收入的15%以上④，表7-10是2010~2012年新疆自治区发生的各类自然灾害及受灾损失情况。

　　①　盐碱地变良田：梦想如何实现？光明网－《光明日报》. http：//tech. gmw. cn/2013－07/03/content_ 8153283. htm.

　　②　新疆2012年因自然灾害死亡57人，地震灾害活跃. 中国新闻网，http：//www. chinanews. com/df/2013/01－15/4490737. shtml.

　　③　《历史时期新疆的自然灾害与环境演变研究》一书面世. 新疆日报网，http：//www. xjdaily. com. cn/culture/002/722588. shtml.

　　④　新疆自然灾害频发147万余人受灾. 新华网新疆频道，http：//www. xj. xinhuanet. com/2012－07/26/content_ 25514861. htm.

表7-10 2010~2012年新疆各类自然灾害发生及受灾情况

灾害类型及指标	2010 年	2011 年	2012 年	三年累计
农作物受灾面积（千公顷）	917.4	420.6	1125.80	2463.8
旱灾受灾面积（千公顷）	235.5	89	522.2	846.7
洪涝、山体滑坡、泥石流受灾面积（千公顷）	134.5	45	44.7	224.2
风雹灾害受灾面积（千公顷）	208.3	149.2	431.5	789
低温冷冻、雪灾受灾面积（千公顷）	339.1	137.4	126.6	603.1
森林火灾次数（次）	34	59	41	134
森林火灾受灾面积（公顷）	43.82	150.16	17.35	211.33
森林病虫鼠害发生面积（万公顷）	105.11	134.21	164.44	403.76
地震灾害次数（次）	1	7	7	15
自然灾害受灾人口（万人次）	573.3	171.5	233.4	978.2
自然灾害受灾死亡人口（人）	76	25	66	167
自然灾害直接经济损失（亿元）	86.7	36.5	91.3	214.5

数据来源：根据2011~2013年《中国统计年鉴》相关数据整理计算所得。

四、工、农业生产污染严重

近年来，新疆绿洲灌溉农业获得迅速发展的同时，由于长期以来化肥、农药、地膜等生产要素的大量使用且呈逐年增长趋势，农业面源污染日益严重，引起了农业土壤、水体环境质量的改变，严重制约了未来新疆农业、农村的可持续发展。2002~2012年，新疆农业生产年农药使用量从1.15万吨递增到1.98万吨，年均增长率为5.58%，超过了全国同期的年均增速（3.25%），年农药使用量占全国总量的比重由2002年的0.88%递增到2012年的1.10%。2000~2013年，新疆年农用化肥施用量从79.2万吨递增到203.2万吨，年均增长率为7.52%，远高于全国同期的年均增速（2.77%），年农用化肥施用量占全国总量的比重由2000年的1.91%递增到2012年的3.44%。有关部门测算，化肥的当季利用率仅40%~50%，由于过量排水而使土壤肥力流失更为严重，70%以上的农药进入了土壤、水体和大气，近年来，新疆的水磨河、塔里木河干流、孔雀河等部分河流受到污染，流域下游灌区的15%~20%面积地下水受到污染。新疆农业另一种重要的污染源是大量地膜的使用，数据显示，2012年，新疆地方地膜覆盖面积达到3500万亩，新疆生产建设兵团地膜覆盖面积达到1500万亩，整个新疆地膜覆盖总面积已超过5000万亩，约占全国的1/4以上。据新疆农业厅2009

年和 2010 年的调查研究结果显示,新疆地膜覆盖田地地膜残留量是 16.88 千克/亩,是全国平均水平的 4 ~ 5 倍①。大量残留在农田中的地膜,对土壤和农作物生长造成了严重危害,降低土壤含水量,削弱抗旱能力,引起次生盐渍化,造成土壤板结且肥力下降并直接影响土壤供应作物水分、养分能力②。

另外,随着西部大开发战略的逐步推进,新疆工业化呈加速发展态势,大量高消耗、高污染企业进入新疆,绿洲生态环境承载力受到极大的挑战,面临的生态环境约束将更为严峻。2001 ~ 2013 年,新疆的工业"三废"排放量呈现显著的快速上升趋势(见表 7 – 11),"三废"排放量年均增长率分别为 6.44%、19.51% 和 22.88%,其中,工业废气排放量与工业固体废弃物产生量的年均增长率分别比 1990 ~ 2000 年高出 13.37 个百分点和 16.56 个百分点,说明新疆工业经济快速发展的同时,对生态环境造成的污染也日趋严重。从工业内部看,新疆规模较大的工业行业主要包括石油加工炼焦及核燃料加工业、化学原料及化学制品制造业、黑色金属冶炼及压延加工业、电力热力的生产和供应业、非金属矿物制品业、煤炭开采和洗选业等,而这些产业部门基本上都是高污染行业,"三废"的产生量巨大,为新疆未来的经济可持续发展带来严峻的挑战③。

表 7 – 11 2001 ~ 2013 年新疆工业"三废"排放量及增长率情况

年份	废水排放总量 (亿吨)	工业废气排放量 (亿标立方米)	工业固体废物产生量 (万吨)
2001	4.76	2352.8	783.6
2002	4.89	2512.2	1008.5
2003	5.59	2933.9	1087.4
2004	6.00	3809.5	1128.6
2005	6.34	4485.4	1294.8
2006	6.54	5053.0	1581.2
2007	6.86	5797.2	2136.6
2008	7.47	6154.1	2438.2
2009	7.72	6974.9	3206.1
2010	8.37	9309.6	3914.1

① 新疆成全国"白色污染"最严重区域. 经济参考报,http://jjckb.xinhuanet.com/2014 – 01/06/content_ 485522.htm,2014 – 01 – 06.

② 新疆农田残膜污染严重白色污染触目惊心. 中国新闻网,http://www.chinanews.com/gn/2013/04 – 15/4732238.shtml,2013 – 04 – 15.

③ 本部分内容作为阶段性成果,发表在《科技管理研究》2014 年第 7 期。

续表

年份	废水排放总量（亿吨）	工业废气排放量（亿标立方米）	工业固体废物产生量（万吨）
2011	9.09	11868.0	5219.1
2012	9.37	15869.9	7881.2
2013	10.07	19970.9	9283.1
年均增长率（%）	6.44	19.51	22.88

数据来源：根据 2002～2014 年《新疆统计年鉴》有关数据整理计算所得。

第六节　经济增长主要靠投资拉动，方式转变乏力

虽然西部大开发以来新疆的经济获得了快速发展，综合实力显著提升，国内生产总值（当年价）年均增长率达到 14.97%，超过了全国同期平均水平，但是从经济增长方式来看，新疆近年来的经济增长方式依然较为粗放，主要依靠投资拉动，投资效率低，而且促进经济增长方式转变所必需的人才与科技基础薄弱，方式转变乏力。

一、经济增长靠投资拉动，投资效率低

西部大开发以来，广大西部省区（包括新疆）实现了经济的高速增长，综合实力显著提升，但是通过分析西部省区经济增长的动力结构我们可以发现，近年来西部省区经济的高速增长主要是靠高投入支撑的，"西部地区经济增长的高投资拉动型特征依然明显"，而经济发展过度依赖某一动力的结果是经济发展的稳定性减弱。《中国西部发展报告（2013）》中指出，目前，西部地区仅有西藏、重庆两区（市）属于投资出口双拉动型经济，其他各省均属于投资拉动型经济。表 7－12 计算了 2000～2013 年新疆三大需求对地区生产总值增长的贡献率情况，并与全国同期相关指标进行了比较，数据显示，自 2000 年以来，新疆资本形成总额对于地区生产总值的增长起到了重要的推动作用，十四年中，有十年其资本贡献率显著高于最终消费支出对于 GDP 的贡献率，并且货物和服务净出口贡献率多个年份为负值，说明新疆出口贸易对于 GDP 增长的贡献十分微弱，新疆作为我国向西开发最前沿的区位优势还没有充分发挥出来，经济增长方式亟待转变。

表 7 - 12　2000 ~ 2013 年新疆三大需求对地区生产总值
增长的贡献率与全国同期比较情况

年份	最终消费支出贡献率		资本形成总额贡献率		货物和服务净出口贡献率	
	新疆	全国	新疆	全国	新疆	全国
2000	34.75	65.1	18.23	22.4	47.02	12.5
2001	77.16	50.2	119.73	49.9	-96.89	-0.1
2002	86.50	43.9	76.70	48.5	-63.21	7.6
2003	23.20	35.8	93.15	63.3	-16.35	0.9
2004	30.33	39.0	71.66	54.0	-1.99	7.0
2005	35.80	39.0	39.36	38.8	24.84	22.2
2006	44.89	40.3	33.72	43.6	21.40	16.1
2007	58.99	39.6	67.40	42.4	-26.39	18.0
2008	49.62	44.2	49.46	47.0	0.91	8.8
2009	205.83	49.8	264.55	87.6	-370.38	-37.4
2010	51.65	43.1	70.79	52.9	-22.44	4.0
2011	55.71	56.6	67.47	47.7	-23.18	-4.2
2012	83.07	55.1	182.05	47.0	-165.12	-2.1
2013	39.39	50.0	163.79	54.4	-103.18	-4.4

注：①三大需求指支出法国内生产总值的三大构成项目，即最终消费支出、资本形成总额、货物和服务净出口；②贡献率指三大需求增量与支出法国内生产总值增量之比；③表中数据按可比价计算。

数据来源：根据 2001 ~ 2014 年《新疆统计年鉴》、《中国统计年鉴》有关数据整理计算所得。

　　一般而言，地区投资率超过 50% 且投资增速不低于或接近 20% 的即为投资拉动型经济。2000 ~ 2013 年，新疆年资本形成总额由 618.12 亿元递增到 7192.45 亿元，年均增长率达到了 20.78%，投资率呈显著上升趋势，由 45.3% 递增到 86.0%，属于典型的投资拉动型经济。另外，投资效果系数是考察地区资本投入效益的重要指标，是指一定时期内单位固定资产投资所增加的国内生产总值（GDP），即国民收入增加额与投资额之比。通过计算新疆近年来的投资效果系数我们发现，西部大开发以来，新疆固定资产投资效果系数长期处于较低水平，基本维持在 0.2 ~ 0.3，2009 年创历史新低，仅为 0.033，其原因主要是受当年 "7·5" 事件的影响，导致当年 GDP 增量过小。之后的四年里，新疆的投资效果系数逐年下滑，到 2013 年仅为 0.105，说明新疆的投资效率低，每新增 1 个单位 GDP 所需付出的代价过大。如表 7 - 13 所示。

表7-13　2000~2013年新疆投资率及全社会固定资产投资效果系数变动情况

年份	资本形成总额（亿元）	投资率（%）	固定资产投资效果系数
2000	618.12	45.3	0.328
2001	771.42	51.7	0.181
2002	864.27	53.6	0.149
2003	1119.21	59.3	0.273
2004	1350.47	61.1	0.278
2005	1505.97	57.8	0.292
2006	1654.7	54.3	0.281
2007	1970.06	56.1	0.253
2008	2301.5	55.0	0.296
2009	2549.75	59.6	0.033
2010	3371.22	62.0	0.328
2011	4162.32	63.0	0.249
2012	5792.16	77.2	0.143
2013	7192.45	86.0	0.105

注：①表中"投资率"为当年"资本形成总额"与"地区生产总值"之比；②"固定资产投资效果系数"为当年"新增GDP"与"全社会固定资产投资额"之比。

数据来源：根据2001~2014年《新疆统计年鉴》有关数据整理计算所得。

二、人才缺乏、流失严重，难以满足经济社会发展的人才需求

人才缺乏是长期制约新疆经济社会发展的重要"瓶颈"问题。西部大开发以来，特别是2010年新一轮19省市对口支援新疆工作启动以来，新疆国民经济与社会发展对于各类高层次人才的需求量进一步加大，人才资源匮乏、人才流失严重的问题就显得更加突出。有关资料显示，目前新疆经济建设领域紧缺的人才主要集中在"三化建设"领域，即新型工业化、农业现代化和新型城镇化等领域，这3个领域的复合型专业人才的需求缺口在8万人左右，而社会发展领域紧缺的人才主要集中在宣传文化、教育、科技、卫生、政法、防灾减灾等领域，这些领域的人才需求缺口在15万人左右①。然而从现实来看，由于新疆经济发展水平相对落后，难以吸引国内发达地区的高层次人才来新疆发展，加上近年来恐怖暴力活动带来的不安全感，致使不仅引进人才越发困难，而且人才外流问题更加趋于严重。据不完全统计，近20年来，新疆人才流失达20万人，其中，高级教师、学术带头人、技术创新骨干、中青年专业技术人员等高层次人才超过10万

---

① 新疆人才流失情况严重，高新技术人才最为缺乏．数字英才网，http：//www.01hr.com/tuijian/1201/8831.html.

人。与此同时，每年考入内地院校的新疆考生有 4 万多人，但毕业后返回新疆建设家乡的只有 27% 左右①。

针对这一现状，中央及自治区政府出台了一系列措施，包括《新疆维吾尔自治区中长期人才发展规划纲要（2010～2020 年)》的颁布实施以及新一轮对口援疆工作中的人才援疆工程，加大人才发展专项资金的投入，以期望推动新疆人才队伍总量的快速增长。然而从现实来看，人才缺乏、人才流失严重的问题仍然是未来一个较长时期内制约新疆经济社会发展的重要"瓶颈"问题。

三、区域创新能力不强，经济发展方式转变的科技基础薄弱

科学技术是第一生产力，加快经济增长、推动经济发展方式的转变，必须要有科技作重要支撑。《国家中长期科学和技术发展规划纲要（2006～2020 年)》中强调，要"把提高自主创新能力作为调整经济结构、转变增长方式、提高国家竞争力的中心环节，把建设创新型国家作为面向未来的重大战略选择"。同样，一个区域要实现国民经济与社会的快速发展，切实转变经济发展方式，也需要较强的区域创新能力作为支撑。当前，新疆的区域创新能力不强、科技水平相对落后、科技创新基础薄弱，远不能满足区域经济发展对科技进步和技术创新的需求。具体表现在以下几个方面：

（1）自主创新的体系不健全，研发机构很少，仅限于少数大企业和上市公司，大多数企业没有研发机构。2013 年，新疆 1859 个规模以上工业企业中，仅有 119 个企业有 R&D 活动，仅有 91 个企业创办的科技机构。另外，即使有研发机构的大中型工业企业，自主创新能力也没有形成规模，并且缺少大量配套的小型科技型企业。

（2）科技投入不足，科研经费短缺。虽然近年来新疆自治区对科技研发投入逐年加大，但投入强度仍处于较低水平，2012 年研究与试验发展（R&D）经费支出为 397289 万元，占新疆生产总值的比重仅为 0.52%，远低于全国平均水平。

（3）创新人才短缺。2013 年新疆企事业单位专业技术人员共 446213 人，占新疆总人口的比重为 1.97%，其中工程、农业、卫生和科研 4 个领域的创新型人才共 164591 人，占全部企事业单位专业技术人员的比重仅为 36.89%。

（4）科研成果相对不多。从专利申请和授权情况来看，2012 年全疆专利申请受理数 7044 件，专利申请授权数 3439 件，占全国总量的比重分别为 0.37% 和 0.30%，处于非常低的水平。

---

① 张春贤. 在自治区党委七届九次全委（扩大）会议上的讲话. http://www.jrxjnet.com/lb12/2012 - 12/21/content_ 24844.htm.

第八章　西部大开发战略在新疆实施效果的反思及政策调整方向

第一节　西部大开发战略在新疆实施效果的反思[①]

如前文所述，西部大开发战略启动实施十几年来，取得的成效是举世瞩目的，新疆作为西部大开发的"重中之重"，同样取得了巨大的成就。但是，相较于西部大开发之初的宏伟目标而言，近年来的政策效应有衰减的趋势，广大西部地区依然存在诸多问题，西部大开发战略任务依然十分繁重，有关的理论研究与政策实践都应该把西部大开发政策调整方向作为重要的对象。对于新疆而言，西部大开发以来，和西部地区其他省区一样，与东部发达省区的绝对差距仍在继续扩大。并且，新疆依然存在诸多自身发展的问题，如在西部地区经济发展格局变动中处于不利地位、区域经济不平衡导致南北疆及城乡间区域差距进一步拉大、产业结构不合理且优化升级滞后于其他省区、基础设施条件仍不能满足经济社会发展的需求、生态环境脆弱且生态文明建设任务繁重、经济增长主要靠投资拉动且方式转变乏力等。究其原因，自然条件、发展基础、人才观念等主、客观因素是制约新疆及其他西部地区发展的"瓶颈"，但在中央确定实施西部大开发战略时，就已经考虑到了这些因素。那么，认真剖析西部大开发战略及政策在新疆的执行效果，进而反思新疆及西部地区发展思路和路径选择，反思西部大开发战略及政策，是进一步实施西部开发战略，促进西部地区又好又快发展的现实选择。

一、西部地区经济发展的路径依赖

（一）西部地区改革滞后，市场体系不完善，市场化程度低

与沿海地区相比，西部地区计划经济色彩仍然比较浓厚，政府大量介入微观

---

① 本部分内容作为阶段性成果，发表在《开发研究》2014 年第 2 期。

经济活动，不仅行政效率低下，还导致微观主体（企业）发展更依赖"找市长"，而非提高自主创新、自我发展能力；特殊的要素禀赋结构，较低的经济发展阶段及层次，滞后的人才、发展观等因素使得西部经济发展方式受"资源经济"、"计划经济"的路径依赖制，导致非公有制经济发展滞后、体制改革迟缓、市场化发育程度低。诺思曾指出：由于沿着既定的路径，经济和政治制度变迁可能进入良性循环的轨道，迅速优化，也可能顺着原来的错误路径往下滑，还可能被锁定在某种无效率的状态之下。而一旦进入了锁定状态，要脱身而出就会变得十分困难，往往需要借助外部效应，引入外生变量或依靠政权的变化进行强制性制度变迁，才能跳出路径依赖。

（二）人口素质偏低，人才匮乏

由于受特殊的自然环境、人文社会环境和政策的影响，西部民族地区人口增长过快、文化素质偏低，开发和利用资源的方式粗放。因此，人口超载和开发利用能力低下不仅使丰富的资源未能有效开发利用，也成为生态环境破坏的诱因。而西部地区条件艰苦、生存环境差、工资收入低，且收入差距还有拉大的趋势，造成改革开放后西部地区人才长期外流，"孔雀东南飞"更加剧了西部经济发展的智力支撑不足。因此，非进行"国家层面的收入分配制度"改革，仅依靠西部自行解决"收入差距"问题，西部很难进入"依靠人才和科技良性发展"的轨道。

（三）资源产业依赖性强，导致西部的不可持续发展

随着西部大开发战略的实施，西部地区固定资产投资增长迅猛，2000～2013年，西部地区完成的全社会固定资产投资年均增长率达到24.83%，这个速度远远快于东部地区的投资增长速度，但是为什么东西部经济差距没有明显缩小，反而还在进一步加大？通过分析西部地区固定资产投资来源和去向，我们不难发现：西部固定资产投资主要来源于中东部地区产业结构层次较低的企业，绝大部分固定资产投资于天然气、石油、煤矿等资源产业。西部地区的能源和矿产资源被大量开采出来，然后绝大部分供给东部地区，仍然延续着西部开采资源，东部深加工资源、消耗资源的分工格局。这种资源性产业由于产业关联度低，产业链条短，难以形成规模经济和聚集效应，而且受市场和资源性产品价格的影响，产业发展稳定性不强。随着资源存量的逐渐减少，其开发成本也越来越高，很容易导致产业衰退，破坏生态环境，往往表现出"不可持续性"。与此相伴随的利益分配格局和税收上也是更多地利于东部地区（因为企业和投资大多数来源于东部），西部获得的只是其中很少部分，而且西部必须为此付出巨额的生态成本。根据资料（广西、四川、贵州、云南、西藏、陕西、甘肃、青海、宁夏）计算，因生态破坏造成的直接经济损失为1500亿元，相当于同期GDP的13%，若按绿

色 GDP 核算这些省区的经济就没有发展。而实际上，间接和潜在的经济损失影响会更大。西部大开发实施以来，国家加大了对西部地区基础设施和生态恢复及建设的投资，但项目的建设、维持、运行都需要地方不但要牺牲局部经济利益，还要承诺配套投入和负担运行维持费，这对西部地方政府和企业（项目业主）形成了巨大的财政负担，这种政策必然迫使"地方配套承诺虚化"，使项目执行或实施效果大打折扣。如新疆塔里木河治理项目国家已投入 100 多亿元资金，但下游河道干枯或给水不足的状况并未根本转变。

二、产业规模和组织无序化

（一）产业结构层次低

西部地区的比较优势在于资源丰富和特色产业，但目前西部地区产业结构层次低，产业链短。许多资源性产业深加工能力不强，产品以"原字形"为主、技术含量低、不具有市场竞争优势。特色产业的优势还未发挥，特而不名、名而不优、优而不强的现象较为普遍。如新疆的特色农业优势突出，但农副产品的加工率不足 50%，最大的"白色产业"棉花也一半卖原棉、一半卖棉纱。

（二）产业布局不合理

由于西部地区经济基础、产业配套设施、资源禀赋、人力资源、科技发展水平、人文环境以及自然环境承载力等条件存在很大的差异，因此西部不同地区吸引东部的产业类型也会有所不同。如果按照比较优势理论各地区通过市场竞争配置资源，那么区域间产业结构理应存在很大差异，但在第一轮西部开发过程中，政府绩效考核制度以效率优先为准则，导致地方政府盲目追求经济增长，而不重视 GDP 增长质量。西部在承接东部产业转移过程中，没有充分考虑到自身的经济基础、资源环境等因素，为了本地区经济总量的增长而盲目承接产业转移。西部地区市场化改革的不完善，导致各地区产业基本上没有按照比较优势产生集聚效应，甚至没有出现市场力量推动下的产业地理集聚，因此产业地理集聚度反而更低了。现在地方保护主义和盲目投资造成西部地区低水平重复建设，区域产业结构趋同性相当严重，区域间产业过度竞争，造成资源浪费，直接阻碍了经济分工的进一步深化和专业化水平的提高，各地区的比较优势无法得到充分发挥，从而阻碍了西部地区产业结构的优化升级。

三、大项目的滞后效应、投资溢出效应外流

西部地区由于基础设施较落后，生态系统脆弱，为了改善西部经济发展的环境和可持续发展能力，国家加大了对西部地区基础设施和生态建设的投资，但这些投资建设的大项目对于西部经济拉动作用有限，且具有明显的滞后效应，在短

期内还不能充分发挥其经济效益。例如，新疆的"欧亚大陆第二桥"和北疆铁路、南疆铁路相继建成，但并未出现所谓的"沿路经济带"繁荣。

国家在西部投资的一些标志性大项目的建设和运行存在投资溢出效应。首先，西部开发重大工程的设备、材料采购以及施工建设队伍在全国招标，大部分设备和勘探、设计、建设承包商都来自东中部及国外，这种"溢出效应"不但不利于缩小东西部差距，而且还会进一步拉大差距。其次，像"西气东输、西电东送"等能源、原料开发项目本身就是为了给东部地区提供原材料和能源，以解决东部发展能源短缺和环境问题，最终产品所带来的收益更多地被东中部地区所享用，而留给西部的只有少量的收益和全部的环境破坏及污染"苦果"。最后，国家在西部的大型投资项目，尤其是能源、资源开发项目，例如水电、石油天然气、煤电一体化等项目都是中央企业垄断开发和运行的，利润归央企，地方仅获"分税所得"，而且这类项目多与当地的经济联系不紧密，配套或上下游产业对地方经济的带动效应也不显著。

当然，需要指出的是，在全国统一市场背景下，市场机制逐步发挥其配置资源的基础性作用，大量的西部开发项目在全国范围内公开招标，其项目投资溢出效应外流是必然存在的。在新一轮西部大开发战略实施过程中，在各类项目的建设与运行过程中，要注意培育西部地区项目施工建设单位，提升其资质，对于能源类项目应对西部地区采取适当方式予以补偿，在产业项目的遴选上应充分结合当地资源与产业实际。

四、资源和生态补偿机制不完善

我国西部地区的资源储量占全国的90%，然而丰富的资源并没有给西部带来应有的财富和富裕，带来的只是贫困和环境污染。时至今日，我国经济运行、资源配置的行政区划色彩还很浓，跨行政区调剂生产要素都是由国家强制调配的，价值规律的作用很小。改革开放以来，支持中东部快速发展的资源近90%来自西部。西部开发之后，国家强制调配资源的方式在继续拉大区域差距，已引起西部地区的强烈不满，尤其像新疆这样的多民族聚居地区，配置方式的不合理和经济差距的拉大逐渐激化了民族矛盾，给社会稳定和国家安宁带来了隐患。

在市场经济条件下，区域经济一体化形成的必要条件是合作各方的经济互补性，而充分条件是合作各方能够通过谈判最终达成有约束力的利益分配协议，合作各方按照资源和能力分享利益。我国东西部协同发展存在必要条件（经济的互补性），但利益分配和补偿机制还没有建立起来，仅靠有限的中央政府财政倾斜和行政指定的"对口支援"机制，远不能补偿西部地区长期以来"运走资源、留下贫困和污染"的发展格局。如果不能建立东西互利双赢、有效约束开发主体

（企业）行为的补偿机制，西部资源就会成为"唐僧肉"，西部开发将会引发新一轮经济、社会、生态"恶化"问题。建立有效的利益补偿机制是"东—西"合作长效机制的关键，是促进东西部互补、缩小区域差异、实现区域协调发展的重要策略。

五、国家西向开放战略效应滞后

（一）投资效率增长缓慢

改革开放以来，西部地区对外开放的程度一直滞后于东部，在国家启动"东联西出"的西向开放战略以来，西部地区对外开放的力度在逐步加大。但是，西部的投资环境、产业基础、人才观念等因素滞后，进而又影响了西部地区的投资效率。据估算，2000年东、西部固定资产投资效率相差2.15倍，而同年国务院"西开研究报告"估算的东、西部总投资效率差距为3.33倍。截至2011年，东、西部固定资产投资率差距为1.5倍，总投资效率差距为2.65倍，虽然投资效率差距有所缩小，但差距仍然巨大。投资效率通过招商引资力和产业竞争力，直接制约西部利用国内外"两个市场，两种资源"的能力和参与国际分工扩大对外开放度。因此，西部地区要进一步优化投资环境，转变政府职能，加强基础设施建设，促进边境贸易的发展，迎接国外和东部的产业转移。

（二）西部对外开放战略缺乏系统思考

综观西部开发十余年，我们不难发现，西部地区的发展仍然以学习东部发展模式为主，继续沿用以市场、资源换取技术、资本，注重"引进来"、不强调"走出去"的发展思路。据国家统计数据显示，西部地区对外贸易依存度从2000年的8.32%上升到2011年的10.16%，仅上升了1.84个百分点，而2011年，全国对外贸易依存度为45.1%，东部地区为75.12%，在这十二年间，全国对外贸易依存度上升了10.03个百分点。由此可见，西部地区对外开放程度与东部地区的差距大到令人难以置信的地步。造成东西部对外贸易巨大差距的主要原因之一在于，西部地区产生了主要依靠投资带动经济增长的惯性思维，而却忽视了贸易对拉动地区经济增长的巨大作用。

同时，西部地区在对外开放战略实施过程中，对自身定位不当，西部地区的比较优势未得到充分发挥。①西部地区过度依赖东部地区和发达国家，把东部地区和欧、美、日、韩等发达国家作为资金的重要来源和主要市场，而忽视了与西部地区毗连地区和国家。西部地区对外开放的舍近求远策略，使得西部地区沿边的开放优势变成了远离发达国家的区位劣势，西部地区的比较优势难以得到充分利用。②对外开放条件认识不足，认为西部地区毗连国家都是发展中国家，工业化水平较低，缺乏合作基础，却忽视了周边不发达国家在工业化初期，需要大量的技术和资金投入。同时，这些周边国家资源富饶，但由于缺乏相应的开采和加工能力而无法依靠资源产业快速发展，西部地区具有周边国家和地区所亟须的资金和重化工技术，这些正是西部地区利用比较优势"走出去"的绝好良机。

六、西部抓机遇、用政策的能力不足

21世纪，中央在启动西部大开发战略之后，为落实科学发展观与构建和谐社会，又相继提出"中部崛起战略"、"振兴东北老工业基地战略"。至此，全国一盘棋的平衡发展格局基本形成，但由于发展的基础和次序差异造成的经济差距是客观存在的，而这种差距必然在"平衡发展格局"中抓机遇、用政策的能力上显现。由于东部地区具有良好的经济基础和环境条件，已形成了用政策、抓机遇发展地区经济的能力和路径。这种能力实际起到了中央政策和市场机遇向东部地区倾斜的效果。如民营经济发展政策，由于东部地区民营经济比重大，该政策对东部地区的推动作用远大于西部地区；再如由于东部地区投资效率高于西部，吸引和利用外资政策对东部地区也起着同样的推动效应。此外，随着社会主义市场经济体制的完善，由于东部地区优先建立市场经济体制，市场化程度高推动其经济的发展机制就强。这类政策还很多，也是东、西部地区发展差距扩大的重要原因。所以，政策、机遇等因素对于我国东、中、西部地区发展的影响是相当大的。

第二节　西部大开发后续政策调整方向

一、开发思路由"夯实基础"向"谋求突破"转变

应该说，西部大开发战略实施至今，在基础设施建设、生态环境保护与建设、特色产业培育、民生改善等方面取得成效，更多地体现在基础夯实方面，这也是西部大开发战略第一阶段的重要使命，即奠定基础。2011～2030年，西部大开发进入了加速发展、全面推进的第二阶段，这一时期，不仅要在开发的速度上有所提升，在开发的质量上更要有所突破，因此，在第二阶段的前十年，开发的总体思路应当由"夯实基础"向"谋求突破"转变，项目组认为，需要重点予以突破的有：

（1）国家对西部地区的政策支持力度有所突破，如中央财政转移支付对西部的倾斜力度，税收优惠力度等。

（2）人才培养与引进的力度有所突破，中央政府及西部地区地方政府应加

大人才方面的财政支持力度，出台一些特殊优惠政策。

（3）科技创新的资金与政策支持有所突破，着力提升西部地区的区域创新能力和工农业生产领域的技术水平，提高技术含量。

（4）对于西部地区资源与生态环境的补偿政策上有所突破，针对东部地区产业向西转移造成的污染西迁以及由于"西气东输"、"西电东送"、"西煤东运"等工程造成的资源东移，国家应加大对西部地区的资源与生态补偿力度。通过上述一系列突破，真正实现差距缩小。

二、开发模式由"输血式"向"造血式"转变

经过十四年的努力，西部大开发战略取得的诸多成就为西部地区奠定了后续发展的基础条件。新一轮西部大开发战略实施中，在继续加大对西部地区支持的基础上，广大西部地区应着力培养自身的自我发展能力。实践证明，"输血式"的扶贫开发机制可以有效地解决当前的贫困，但对于解决贫困地区与贫困人口的长远发展问题效果甚微，因此，在开发模式上，国家层面以及西部地区地方政府层面应着力推进由"输血式"向"造血式"发展方式转变，真正提高西部地区、西部人口的自我发展能力。如前文所述，无论是资源存量能力、利用能力和创生能力等子能力指数，还是区域自我发展能力综合指数，西部十二省（区、市）与东部发达省区相比差距较大，其中，资源的利用能力和创生能力较弱是影响西部地区自我发展能力的关键因素。因此，西部地区应加大教育、培训投入，着力夯实产业基础，推进西部地区区域创新体系的建立与完善，加快推进西部地区的市场化进程，着力提高西部省区的资源利用能力和新资源的创造与获取能力。

三、产业重点由"资源型"向"加工制造型"转变

长期以来，西部地区产业发展的主导思想都是要发展"特色、优势"产业，这里的特色、优势，往往被简单地理解成特色、优势资源型产业，所以西部大开发以来，西部地区产业重点基本上依托于本地的资源。这种主导思想导致了西部地区过分依赖于本地区的资源型产业产品，产业结构中资源型、初加工型工业比重较高，产业链条过短，深加工少，特色优势资源并没有经过高附加值的深加工转换，变成真正的市场优势、经济优势。鉴于此，未来西部大开发的产业发展重点，应着力由"资源型"向"加工制造型"转变，告别单一的"初级产品"输出，引进技术与人才，逐步延长产业链条，做好深加工，显著提高输出产品的附加值。

项目组认为，实现产业发展重点的转变，关键是要做好地区主导产业的选择与培育，在主导产业的选择上，应更多考虑未来区域产业发展的方向，选择那些

能够在较长时间内支撑、带动区域经济发展的产业作为主导产业,因而在选择基准上应该更加侧重于产业关联度、需求收入弹性、生产率上升等方面,这些基准充分地考虑了区域产业发展方向以及产业生命力。对于较高的区位商或专业化水平、在地区生产中占有较大比重等方面的基准可作为参考因素,因为这些基准主要侧重于目前对于国民经济的贡献度,并未考虑未来的产业发展前景。

四、开发机制由"政府为主"向"政府与市场共同推动"转变

西部大开发战略是中央政府启动实施的一项国家层面的区域经济发展战略,旨在从"两个大局"出发,加快西部地区的发展、缩小区域差距。在战略的第一阶段,开发机制理应由政府来主导,出台诸如加大政府财政投入、财政转移支付向西部倾斜、税收优惠等政策,来引领和推动战略的实施。但是,西部地区国民经济与社会发展仍然要依据基本的发展规律,单方面靠政府的支持、宏观干预难以形成长效机制。因此,未来的西部大开发在开发机制上应逐步从"政府为主"向"政府与市场共同推动"转变,充分发挥市场配置资源的基础性作用。当前,西部广大省区的市场化改革进程还相对比较滞后,樊纲、王小鲁和朱恒鹏(2011)等学者的研究结果显示,从政府与市场的关系、非国有经济的发展、产品市场的发育程度、要素市场的发育程度和市场中介组织的发育和法律制度环境五个方面衡量的地区市场化改革进程,除了重庆、四川以外,西部地区其他各省在全国省级行政区域中的排名均比较靠后。政府力量太大、对经济领域的干预过多,市场发育不健全,价格机制难以有效发挥其作用,造成资源配置效率低下。

鉴于此,未来西部地区需进一步加大市场改革力度,大力发展非公有制经济,培育完善的产品市场、要素市场以及市场中介组织,完善相关法律法规,创造良好的投资环境,鼓励、吸引民间资本和国外资本参与新一轮西部大开发,由政府和市场两股力量共同推动西部大开发向前发展。

五、开发目标由"量的增长"逐步向"质的提高"转变

改革开放至西部大开发战略启动二十多年,东部地区迅速崛起,逐步拉大了西部地区与东部地区的差距。无论是总量指标还是人均指标,西部地区落后的状况非常显著,综合实力弱、基础设施落后、居民收入低、生活质量差、产业薄弱等,这是西部大开发之初的基本情况。鉴于此,西部大开发的第一个阶段,短期内加大投入、加大投资,加快经济增长,迅速提升西部综合实力、提高居民收入等,是完全有必要的,但是从长期来看,基于可持续发展思想,这种靠投资、资源开发的经济增长是不可持续的。如前文所述,西部开发十四年来,西部地区综合实力、人均收入等各方面指标均有较大幅度的提升,但是西部省区经济的高速

增长主要是靠高投入支撑的，经济增长的高投资拉动型特征依然明显，仅有西藏、重庆两区（市）属于投资出口双拉动型经济，其他各省均属于投资拉动型经济，所以有专家指出，"西部大开发"变成了"西部大投资"、"资源大开发"。因此，未来西部地区需进一步加快经济增长方式的转变，开发目标由"量的增长"逐步向"质的提高"转变，即在高度重视经济增长速度的同时，更要关注经济增长的质量问题，通过加大教育与科技投入，不断变革产业结构、产品结构、贸易结构、技术结构等诸多方面的经济结构，加快西部市场化改革进程，显著提升文化教育、卫生医疗、社会保障、人居环境等方面的民生水平，提升西部居民的幸福感。

第九章　新一轮西部大开发重点及政策完善思路

西部大开发战略实施以来，西部地区经济社会取得了长足的进展，但是西部地区只是缩小了与东部地区和全国平均水平的相对差距，由于基数小，绝对差距仍在扩大，同时，西部地区的发展还面临着一系列亟待解决的问题。从目前西部地区的发展现状看，西部地区已经进入全面建设小康社会的关键时期，各种社会矛盾频发，经济社会转型加速，新一轮西部大开发必须要有重点、有步骤地推进，根据对西部大开发战略实施效果的评价，针对西部大开发战略实施过程中出现的诸多问题，适时调整战略重点以及政策措施，以更加有效的举措，全力推进西部大开发战略迈向更高层次。

第一节　新一轮西部大开发的重点

一、继续加大基础设施建设

美国发展经济学家罗斯托认为，最低限度的资本积累和与之相适应的社会基础建设是经济起飞的前提条件。虽然西部大开发第一阶段以交通、水利以及通信为重点的基础设施建设取得了重大成就，但与全面实现小康社会的要求还有很大距离。西部地区基础设施投资占全国的比重仍然很低，基本与中部地区一致，仍远低于东部地区，这和西部大开发期初设定的加快构建适度超前、功能配套、安全高效的以现代交通和水利为重点的现代化基础设施体系还有一定差距。因此，新一轮西部大开发政策要进一步提高基础设施建设的水平，加快完善铁路、公路骨架网络，推动重大水利工程建设，着力解决西部地区交通和水利建设的两块"短板"问题。

交通重点解决通道建设和路网完善问题，优先建设"八纵八横"骨架公路，尽快形成横连东西、纵贯南北、通江达海、连接周边国家的西部骨架公路网络。重点加强成渝、关中—天水、广西北部湾等重点经济区内部及与周边区域之间的干线公路建设；提高南疆地区、青藏高原东缘地区、武陵山区、乌蒙山区、滇西边境地区、秦巴山—六盘山区等集中连片特殊困难地区，以及西藏、新疆、内蒙古、广西、宁夏等民族地区干线公路网整体服务水平，加强扶贫干线公路建设。铁路要加快西部地区与东中部地区联系的区际通道、与周边互联互通的国际通道建设；民航要加强枢纽机场和干线机场建设，新建一批具有重要作用的支线机场。

水利发展的主要任务是合理开发和优化配置水资源，重点解决西南地区工程性缺水和西北地区资源性缺水问题。加强水资源配置工程建设，重点建设农村人饮解困工程、长距离调水工程、大型灌区节水改造工程、江河治理重要工程、水土保持生态建设工程、重点城市防洪及病险水库除险加固工程等。加快实施最严格水资源管理制度，加强水资源开发利用和水环境保护的统一管理；进一步加强西部地区节水型社会建设试点工作力度，开展全国加快水利改革试点，开展农业水价综合改革试点。在充分节水的前提下，合理建设跨流域、跨区域调水工程，解决西北地区资源性缺水问题。

二、更加注重生态环境的建设和保护

西部是我国生态环境系统最为脆弱的地区，西部大开发以来，生态环境建设取得了很大成就，但是西部地区生态环境恶化的状况没有得到根本改变。"南水北调"、"西气东输"、"西电东送"、"西煤东运"等重大项目使西部为国家经济做出了重要贡献，但由于相应的资源开发生态补偿机制没有建立，资源开发导致的资源开发地水土流失等地质灾害和环境问题越发严重。另外，2000年以来，国内区际产业转移的步伐逐步加快，东部产业向西转移的规模日趋扩大，随之而来的是大量高投入、高能耗、高污染的产业集中进入西部地区，给西部地区十分脆弱的生态环境系统带来了巨大的风险。因此，为西部地区的可持续发展着想，新一轮西部大开发需要更加注重生态环境的建设与保护，牢固树立绿色、低碳、循环经济的发展理念，建立健全生态环境建设的财政投入机制以及资源与生态环境的补偿机制，着力建设生态文明。具体来说，需做好以下几个方面的工作：

（1）针对西部大开发进程中产生的资源消耗、环境污染，加快建立相应的资源与生态环境补偿机制，按照"谁开发谁保护、谁受益谁补偿"的基本原则，将资源与生态补偿问题制度化、法制化。

（2）西部大开发第一阶段的退耕还林、退牧还草工程已经取得了显著成效，进入第二阶段以后，国家及西部地区地方政府应着力巩固退耕还林、退牧还草取得的成果，按照十八大的要求，大力推进生态环境保护修复和生态文明建设。

（3）水是生命之源，关系到人类的生存，在西部大开发进程中，需高度重视重点流域和区域的水污染防治，严格保护西部居民的饮用水水源，确保饮用水安全。

（4）大力控制和治理工农业生产的污染，健全工业企业的污染防控体系，加大环境执法力度，推进固体废弃物综合利用，大力发展循环经济，严格控制工业"三废"排放量，与此同时，大力推进农村环境综合治理，加强农业面源污染治理。

三、突出重点区域的发展

西部地区地域辽阔，各地自然条件和社会经济水平千差万别，在要素资源、财力有限的情况下，目前西部地区不具备全面增长的资本和其他资源，向所有地区进行大规模投资从而实现平衡增长是不可能的。按照非平衡增长理论，西部地区的发展只能有选择地在若干区域进行，其他地区通过利用这些区域发展的外部经济而逐步得到发展。就目前西部地区的区域现状来讲，在重点区域的选择上，应重点关注增长极区域、农产品主产区、重点生态区、资源能源富集区、开放前沿区和"老少边穷"地区六类区域。

（一）增长极区域

根据增长极理论，在资源稀缺条件下，经济相对落后的区域应该首先把有限的资源用于发展有比较优势的地区，建立若干个经济增长极，从而形成一股强大的推动力量，促进这些地区的快速发展。要促进西部地区发展，要坚持非均衡发展思路，把构建西部经济增长极作为战略重点，通过培育重点区域增长极拉动整个西部经济发展，以逐步缩小同东部的差距。根据区域发展条件，西部地区应重点培育成渝、关中—天水、天山北坡、南北钦防、银川平原、呼包鄂、酒嘉玉、兰白西、黔中和滇中等区域，着力将这些地区培育和打造成西部地区经济发展的增长极、西部大开发的战略新高地，辐射和带动周边地区发展。

（二）农产品主产区

农业是西部地区的基础产业，西部地区众多的特色农产品产区在我国占有重要的地位。《全国主体功能区规划》提出的全国"七区二十三带"为主体的农业战略格局中，有三区九带分布在西部，即长江流域农产品主产区的优质水稻、优质专用小麦、优质棉花、油菜、畜产品和水产品产业带；河套灌区农产品主产区的优质专用小麦产业带；甘肃新疆农产品主产区的优质专用小麦和优质棉花产业带，集中生产粮食、棉花、油料等大宗农产品。对于这些西部主要的农产品产区，未来西部大开发应进一步予以支持与发展。

（三）重点生态区

西部地区是我国重要的生态屏障区和生态功能区，在我国"两屏三带"的生态安全战略格局中，有两屏两带分布在西部，分别是青藏高原生态屏障、黄土高原—川滇生态屏障、北方防沙带、南方丘陵山地带。另外，在《全国主体功能区规划》中，西部地区由 20 个国家层面的重点生态功能区，主要包括水源涵养型 6 个、水土保持型 3 个、防风固沙型 6 个、生物多样性维护型 5 个，分布在西部地区的 10 个省（区、市）。针对这些重点生态区，未来西部大开发应进一步加大综合保护、集中治理的力度，构建我国生态安全屏障体系。

（四）资源能源富集区

西部地区是我国的资源富集区域，是我国"三化"建设的重要能源基地，经地质勘查探明有储量的矿产有 161 种，有 45 种矿产的潜在价值占全国的比重超过 50%。其中，煤炭资源的保有储量占全国总量的 40%，原油的探明储量占全国总量的 28%，天然气的探明储量占全国总量的 88%。西部地区重要的资源能源富集区主要有鄂尔多斯盆地（煤炭、石油、天然气、煤层气）、塔里木盆地（石油、天然气）、川渝东北地区（天然气、页岩气）、天山北部及东部地区（煤炭、有色金属）、攀西—六盘水地区（煤炭、铁、钒、稀土等）、桂西地区（铝、锰）、甘肃河西地区（镍、钴、铜、钨、钼、铁等）、柴达木盆地（钾、氯、镁、锂、硼等）等，针对这些资源能源富集区，未来西部大开发应进一步加大勘查开发力度，做到合理开发利用与生态环境保护相结合，形成国家能源资源重要战略接续区。

（五）开放前沿区

西部地区具备了向西、向北、向西南大力发展对外经济贸易合作的地缘区位优势，随着丝绸之路经济带、中巴经济走廊等一系列区域经济合作战略构想的提出，以及国家层面相关政策的出台，西部广大省区将成为未来我国对外开放格局中的前沿与门户，未来西部大开发战略实施过程，诸如丝绸之路经济带、中巴经济走廊、中国—东盟自由贸易区、大湄公河次区域合作等区域经济合作框架，将与西部大开发战略产生政策叠加效应，共同推动西部地区的外向型经济的发展。基于此，内蒙古、新疆、广西、云南等省区，应加强相关区域合作框架的机制研究，制定发展战略与政策，充分争取国家层面的政策与资金支持，真正将本地区建设成我国向西、向南、向北开放的前沿。

（六）"老少边穷"区

西部地区分布着我国诸多的"老少边穷"区，即革命老区、少数民族地区、边疆地区和穷困地区，如六盘山区、秦巴山区、武陵山区、乌蒙山区、滇桂黔石漠化区、滇西边境山区、大兴安岭南麓山区、西藏、四省藏区、新疆南疆三地州等，并且这些困难地区往往连片贫困，虽然从 20 世纪 80 年代开始，中央政府实施了一系列扶贫开发政策，但效果并不理想，区域性返贫现象严重。为此，新一轮西部大开发应进一步加大对这些特殊困难区域的政策扶持和资金投入力度，稳定解决扶贫对象温饱，逐片解决贫困问题，与此同时，不断创新机制，着力提升这些区域及其人口的自我发展能力。

四、进一步做大做强特色优势产业

比较优势理论是地区产业分工的理论基础，也是西部地区发展地方产业经济的理论依据。按照比较优势理论的观点，各个地区依托各自特有的发展条件和比较优势，实现产业（产品）分工，对于各个地区的经济发展都是有利的。西部地区未来的经济发展，应该充分发挥本地区的优势，从国家整体发展的要求出发，确定本地区的特色优势产业（产品）予以重点扶持和发展。从现实来看，西部地区的优势在于农产品资源、能源矿产资源和旅游资源，那么，在新一轮西部大开发战略实施过程中，国家及西部地方政府应该继续加大对于西部地区特色优势产业的扶持力度，不仅要做大相关产业，更要通过提高科技含量、延长产业链、提高产品附加值来做强西部的相关优势产业，使资源优势真正转化为市场优势、经济优势。具体来说，需重点发展如下特色优势产业：

（一）特色农牧业及农产品加工业

西部地区的水土光热资源相当丰富，为西部地区发展特色作物种植业和畜牧业创造了优越条件，除了水稻、小麦、棉花、油菜、畜产品等大宗农产品以外，甘肃的土豆、陕西的苹果、新疆的瓜果、云南的烟草、广西和云南的甘蔗、内蒙古和新疆的甜菜、四川、云南、甘肃、青海及新疆等地的优质蔬菜、云南、甘肃、内蒙古、陕西和西藏等地的花卉、重庆、宁夏、甘肃、新疆和青海等地的中药材等，具有非常突出的发展优势，未来的西部大开发战略实施过程中，西部地区应着力加强本地特色农产品的生产基地建设，与此同时，为做强相关产业链，需加大相关农产品的加工转化力度，延长产业链条，增加产品附加值，从而形成具有显著区域特色的农产品加工体系。

（二）优势能源产业的后续深加工产业

西部地区能源资源相当丰富，但是由于西部科技水平相对落后，优势能源产品的深加工不足，因而以初级产品的输出为主，并且，随着能源的逐步开发，开采成本越来越高，西部地区的资源优势逐步弱化，开采、输出初级能源产品的经济发展模式已经不可持续。为此，未来西部大开发需加强优势能源产业的后续深加工产业，通过企业自主研发、与科研院所合作、技术市场等途径，提高产业的技术水平和加工深度，延长产业链，增加附加值，从而改变以输出初级资源产品为主的经济发展模式。

（三）装备制造业

装备制造业是为其他行业提供技术装备的产业，具有产业关联度高、吸纳就业能力强、技术资金密集的特点。西部大开发以来，西部地区的装备制造业发展迅速，是西部地区国民经济的支柱产业，也形成了许多重要的装备制造业基地，如重庆的汽车、摩托车、仪器仪表、内燃机、机床工具、大型输变电设备等产业（产品），陕西的通用设备、专用设备、交通运输设备、电气机械及器材等产业（产品），四川的交通运输设备、电气机械及器材、通信设备、计算机等产业（产品），甘肃的电气机械及器材、专用设备和通用设备等产业（产品），云南的交通运输设备、电气机械及器材、通用设备制造等产业（产品），等等。未来西部大开发战略实施过程中，国家及地方政府应进一步支持装备制造企业的技术创新，发展高端装备制造，做强西部地区装备制造业基地。

（四）战略性新兴产业

就现实看，西部地区由于人才和技术的匮乏，发展高新技术产业存在较大难度，但从长远来看，引领未来区域经济发展的战略性新兴产业均属于高技术产业，它们对国民经济未来发展起方向性的引导作用，代表着技术发展和产业结构演进的方向，为了在未来经济发展格局中不被边缘化，西部地区应在人才和技术资源有限的情况下，科学选择、培育本地的战略性新兴产业，加强产业核心技术的研发，从而为未来的区域经济发展奠定技术与产业基础。

（五）现代服务业

目前，西部各省（区、市）服务业发展水平普遍偏低，尤其是现代服务业发展滞后，对于国民经济的支撑与带动作用不显著，银行、证券、保险等金融行业体系不健全，信息与咨询业发展规模小、层次低，教育与科学研究水平落后，都成为制约西部地区经济发展的障碍之一，西部地区的旅游业资源虽然丰富，但并没有发展成为西部地区的强势产业，宣传、品牌、营销渠道等方面建设滞后。在未来西部大开发战略实施过程中，西部地区应着力发展现代服务业，提高其对于国民经济的贡献率。

五、加快发展社会事业，着力改善西部民生

保障和改善民生是政府的重要职责，是实施西部大开发战略的根本目的。虽然西部大开发以来，西部地区的居民生活水平与质量有了较大提升，相较而言，西部民生水平与东部地区还存在较大差距，教育、医疗卫生、就业、社会保障、文化等方面发展相对滞后，西部地区老百姓并未享受到与东部地区居民同样的公共服务。鉴于此，中共中央国务院《关于深入实施西部大开发战略的若干意见》（中发〔2010〕11 号）以及《西部大开发"十二五"规划》（2012 年 2 月）均提出要大力发展社会事业、着力保障和改善民生。具体来说，需做好以下几个方面的工作：

（1）大力发展教育事业，科技是第一生产力，而教育是科技的源泉，二者相互促进、共同推动经济的发展。没有先进的教育就培养不出高科技人才，就产生不了高科技成果，同样也培养不出经济建设所需的一切人才。

（2）进一步扩大就业。从某种意义上讲，就业是第一民生，"有事做、有饭吃"这是老百姓简单的要求，也是政府最重要的任务。在未来西部大开发过程中，要着力解决西部地区的就业问题，大力拓宽就业渠道，不断扩大就业规模。

（3）完善西部各类保险体系，提高医疗服务水平。即进一步提高居民养老保险制度的覆盖率直到全覆盖，提高西部地区医疗卫生服务能力，逐步实现我国基本公共服务的均等化。

六、加强开放型经济要求的体制机制建设

西部地区陆地边境线长达 1.8 万千米，与周边 14 个国家和地区接壤，是我国通往中亚、南亚、东南亚以及俄罗斯、蒙古的重要通道，地缘优势突出。西部地区的开放水平，决定着我国对外开放的广度和深度。扩大西部地区对外开放，是新一轮西部大开发战略的重点。西部地区要实施更加积极主动的开放战略，加大向西开放力度，不断拓展新的开放领域和空间。国务院有关部门要抓紧研究推进沿边地区开发开放的政策措施，加快推进重点边境城镇、重点口岸、重点开发开放试验区建设，打造沿边对外开放前沿地带和经济增长极。加快发展内陆开放型经济，建设重庆、成都、西安、昆明、南宁、贵阳等内陆开放型经济战略高地，积极推动宁夏形成我国面向阿拉伯、穆斯林国家开放的重要窗口。

七、加强西部地区城市群建设

一直以来，西部地区不仅经济发展水平落后于东部地区，城镇化进程也相对滞后。据统计，2012 年末中国城镇人口数达到 71182 万人，以城镇人口所占比例表示的城镇化率为 52.57%，城镇化发展呈现"东高西低"的格局，东、中、西部地区城镇化率分别为 56.4%、53.4% 和 44.9%。随着中央城镇化工作会议拟定的一系列政策的加紧落实，以及"新丝绸之路经济带"这一全新理念的提出，西部城市群崛起将激活西部大开发战略升级，西部地区将迎来新一轮的开发机遇。除了西部地区已经形成的成渝地区、关中—天水地区、北部湾地区、呼包鄂榆地区等重点城市群将加速发展外，一些潜力城市群，如黔中、滇中、银川沿黄、兰州—西宁—格尔木、呼包鄂、银川平原、酒嘉玉等城市群也将加速形成。但由于这些地区仍是经济发展水平低、人口密度低、城市密度很低的区域。要使这些区域形成完整的经济带，首先还得提高当地的城市群建设。否则经济带沿线地区仅仅成为贸易交流的一个过道，无法带动当地经济社会发展。因此，优化西

部地区城镇布局，选取一批经济发展基础好、特色鲜明的城市，开展示范工程建设，加强城镇市政基础设施建设，同时积极打造适合各地城市区域特色的发展载体，如以贸易、金融为主的自贸区建设。

八、西部各省加强合作，共谋外向型经济发展之路①

随着"丝绸之路经济带"、中巴经济走廊、中国—东盟自由贸易区、大湄公河次区域合作等战略的提出，西部地区迎来了发展外向型经济的难得机遇，西部地区各省应加强合作，共谋外向型经济发展之路。从现实来看，西部地区各省在参与上述区域经济合作框架中的优势、职能、定位有所区别，所具备的产业基础及其他条件，存在较大差异，如陕西的高新技术和先进制造业、甘肃的新材料产业、四川的电力设备产业、新疆的石油、棉花产业等，因此，为避免产业发展的重复建设与恶性竞争，突出产业差别化，西部各省应在国家发改委的协调下，加强合作，共谋外向型经济发展之路，建立省级区域的联动协调机制，做到合理分工、优势互补。为此，建议西部地区成立共同的战略研究机构或小组，研究制定西部大区域产业发展规划，作为未来西部地区产业发展的共同的行动纲领。

第二节　新一轮西部大开发政策完善思路

一、完善现有政策体系，发挥政策集成优势

西部大开大发政策涉及面广，数量众多。从整体上看，既有国务院颁布的纲领性文件，也有各部委制定的具体政策措施，还有各省（区、市）地方政府的地方政策，因此，不仅会不可避免地出现政策内容的重叠或遗漏，还会不同程度地削弱政策的执行力度。这就要求对现有的政策进行全面的梳理与补充，以使政策体系更加协调、完善，形成政策集成优势，充分发挥西部开发政策推动西部经济发展的作用。

二、根据西部发展需要，建立差别化分类扶持政策体系

要改变过去的普惠制办法，针对现有特定区域的扶持政策进行整合，按照区别对待、分类指导的原则，对西部中心城市、资源富集区、老工业基地、贫困地区、生态脆弱区、边境地区等不同类型区域，实行有针对性的差别化分类扶持政

---

① 本部分内容作为阶段性成果，发表在《宏观经济管理》2014 年第 4 期。

策，明确国家扶持的标准、范围、时限、方式和具体措施，切实提高政策的实施效果。如对新疆、西藏、内蒙古、广西、云南等沿边和少数民族地区，应制定更加优惠的扶持政策；对北部湾、成渝、关中—天水等核心经济区，在产业布局和重大建设项目上予以优先扶持。

三、完善法律法规，建立西部发展长效机制

西部大开发实施以来，中央和地方政府等相关部门制定了大量的政策措施，但其中有许多政策具有临时性的特点，政策的延续性不强。此外，政策执行中还会出现替换性执行、选择性执行、附加性执行等。因此，在西部大开发的新阶段，需要建立长效的政策保障机制。应加快立法程序，确立西部大开发的法律地位，避免政策的短期效应和执行困难。

第十章　新一轮西部大开发后续政策完善建议

西部大开发战略实施以来，取得了重大的进展与明显的成效，但也不可避免地出现一些问题，在对现有政策内容进行全面梳理与反思的基础上，需要对新一轮西部大开发政策在保持政策连续性和稳定性的同时，进行适时调整与补充，以使政策体系更加协调、完善，形成政策集成优势，充分发挥西部大开发政策对西部发展的促进作用。

第一节　继续加大财政投入政策的重点

西部地区经济发展滞后，地方财政收入有限，进而用于经济社会发展的资金投入十分有限。可以说，资金问题是制约西部发展的首要问题。西部大开发战略的持续推进，需要有长期、稳定、充足的资金供给。西部大开发的第一阶段，国家财政投入起到了重要的作用，但由于财政对西部的投资资金来源单一，资金量有限，社会资本、民间资本参与西部开发建设的资金规模还相对较小。同时，由于中央财政投资一般都需要地方给予一定的配套资金，而西部因地方财力有限，在筹措地方配套资金方面往往存在一定困难，影响了西部的投资效率。新一轮西部大开发建设中，中央将能源资源优化利用、环境生态补偿机制和公共服务均等化作新一轮开发的重点任务，提出的总体目标包括综合经济实力上台阶，基础设施更加完善，形成现代产业体系，人民生活水平上台阶，提升基本公共服务能力，逐步实现均等化，生态环境保护取得显著成效。不论是基础设施、产业体系与生态环境建设，还是人民生活水平与公共服务能力提升，都需要一大笔资金，因此，必须继续加大对西部地区的财政投入，适当调整资金投入的结构与重点。

一、加大建设资金投入力度，提高西部人均占有水平

新一轮西部大开发建设中，中央应进一步加大对西部地区投资的力度，逐步提高国家财政在西部地区的投资比重，尤其是中央财政性建设资金用于西部地区

的比例，使西部人均占有国家财政投资额超过东部沿海地区。西部大开发第一阶段，虽然中央财政对西部地区的投入在不断加大，但从总量和人均占有量看，还是要显著落后于东部和中部地区，为加快西部地区的社会发展与经济增长速度，在新一轮西部开发中，要从占比和人均占有量方面做适当调整，逐步提高西部地区的所占比重，显著提高西部地区的人均占有量并超过东中部地区。国家政策性银行贷款、国际金融组织和外国政府优惠贷款，尽可能多安排西部地区的项目。对国家新安排的西部地区重大基础设施建设项目，其投资主要由中央财政性建设资金、其他专项建设资金、银行贷款和利用外资解决，不留资金缺口。

二、加大财政转移支付力度，调整财政转移支付结构

西部大开发以来，中央财政对西部地区的投入力度加大，据报道，2000 ~ 2012 年，中央财政累计对西部地区财政转移支付 8.5 万亿元，中央预算内投资累计安排西部地区累计超过 1 万亿元，分别占全国总量约 40%[①]。但从财政转移支付的结构和效果看，存在结构不合理、效果不明显的问题，特别是一些税收返还项目和专项转移支付项目。在新一轮西部大开发建设中，应加大对不同形式转移支付项目的执行效果的评估，不断优化财政转移支付结构，整合现行的各类专项转移支付和一般转移支付，逐步扩大一般性转移支付规模，对于效果不明显的项目应予以逐步削减，逐步形成以一般性转移支付为主、专项转移支付为辅、政策性拨款为有益补充的转移支付体系。鉴于西部地区的民生建设存在较大的资金缺口，新一轮西部大开发在科技教育、社会保障、医疗卫生、文化体育、环境保护等方面，需进一步加大中央对西部地区的财政转移支付规模，而对于西部连片特困地区在扶贫资金方面予以重点倾斜，确保最低标准的公共服务的提供，实现经济稳定、社会和谐发展。

三、拓宽投融资渠道，引导外资、民资、东资参与西部开发

西部大开发战略实施以来，西部地区建设投入资金明显增加，一批大型国家项目的陆续上马在短时期内拉动了地方经济的快速发展。但同时，这种投资是以政府推动为主，外商投资、西部民间资本和东部地区资金并没有相应地大规模跟进。在中央财政投入资金有限的情况，如果外资、民资、东资不能大规模跟进，则西部大开发的长远目标将很难实现。因此，在新一轮西部大开发进程中，中央及西部地区地方政府应着力拓宽投融资渠道，有效引导外资、民资、东资参与西部开发。一方面，进一步优化西部地区投融资的硬环境和软环境，以良好的投资

---

① 余晓洁. 中央财政累计对西部财政转移支付 8.5 万亿元. 新华网，http://news. xinhuanet. com/politics/2013 – 10/22/c_ 117824894. htm，2013 – 10 – 22.

环境来吸引外部资金进入西部，如减少政府审批程序、提高政府办事效率；加快西部市场化进程，为外资、民资、东资参与西部大开发提供公平竞争的市场环境，打破条块分割、地区封锁；另一方面，进一步健全国家投融资政策体系，充分发挥财政资金的积极引导作用，对于符合中长期投资计划的项目，应采取投资补贴、贴息贷款、减免税收、加速折旧、再投资返还等措施，广泛吸引民间资本参与西部开发，最终使外资、民资、东资成为推进西部大开发的主导力量。

第二节　实施倾斜支持的金融信贷政策

金融是现代经济的核心，西部大开发十几年来的实践证明，西部地区金融系统、广大金融机构不断改善金融服务、扩大信贷投入，以信贷结构调整促进经济结构的战略性调整，为促进西部大开发战略的实施提供了强有力的金融支持。但就西部地区经济发展与金融支持力度与特点而言，在西部大开发第一阶段，西部地区的金融信贷还存在诸多问题，如商业性金融内在动力不足，财政投资和政策性金融占据主导地位；缺乏带动力强、科技含量高、发展潜力大的产业项目，限制了商业性金融支持西部开发的动力；信用环境有待改善，贷款担保体系不完善，中小企业贷款难问题仍然比较突出等。在新一轮西部大开发进程中，中央及金融机构应加大对西部地区的支持力度，制定实施向西部地区倾斜支持的金融信贷政策，保障新一轮西部大开发战略的顺利推进。

一、加大金融信贷支持力度，优化信贷结构

有效的倾斜性金融政策是一种资金、技术、人才等生产要素所不能替代的无形资源，新一轮西部大开发中，国家开发银行、农业发展银行等政策性银行要进一步加大对西部地区基础产业建设的信贷投入，新增贷款逐年提高用于西部地区的比重。重点支持铁路、主干线公路、电力、石油、天然气等大中型能源项目建设。对投资大、建设期长的基础设施项目，根据项目建设周期和还贷能力，适当延长贷款期限。进一步提高国际金融组织和外国政府优惠贷款用于西部地区项目的比重，并在贷款担保和归还方面给予相应的支持。另外，不断调整与优化信贷结构，促进经济增长向依靠消费、投资、出口协调拉动转变，向依靠第一、第二、第三产业协调带动转变，向主要依靠科技进步、劳动者素质提高、管理创新转变。

二、增强金融服务功能，促进产业结构调整和升级

根据西部地区经济发展的实际情况，进一步增强金融服务功能，提升金融服

务水平，加强信贷政策与产业政策的协调配合，促进产业结构调整和升级。

（1）多渠道拓宽和加大信贷投放，挖掘和争取信贷资源，根据市场需求推动融资多元化，积极搭建银企合作平台，定期召开银企洽谈会，帮助企业合理利用自身的经济资源来实现融资的多元化。

（2）加大对特色优势产业的信贷支持力度。西部地区矿产资源、农产品资源丰富，加快西部优势资源的加工与转化是西部经济发展的必然选择，为此，金融信贷应加大对特色优势产业的支持力度。

（3）加大对循环经济、环境保护和节能减排技术改造等项目提高支持力度，对不符合产业政策的企业和项目进行限制和控制，处理好"高污染、高能耗和资源性产品"行业与发展之间的关系，加大对企业降低能耗、治理污染、减少排放的金融支持力度。

三、改善民生，强化对经济薄弱环节的金融支持

针对西部地区社会经济发展薄弱环节和社会弱势群体，金融机构应加大对这些薄弱环节与弱势群体的信贷支持力度，促进经济社会的协调可持续发展。

（1）要进一步加强对"三农"的金融服务，加大对农村的信贷资金投放，积极发展面向农户的小额贷款业务，探索发展农村多种形式担保的信贷产品。

（2）要推动金融扶贫，通过多种形式，积极探索改善农村地区贫困人群的金融服务，创新金融服务手段，帮助西部地区贫困人口走出困境。

（3）要加大对中小企业发展的金融支持力度，完善中小企业信用担保体系，解决中小企业融资难的问题。这就要创新与完善中小企业信贷管理机制、管理流程和服务产品。

（4）要加大金融支持就业的力度，不断完善"小额担保贷款＋创业培训＋择业就业"的长效机制。

第三节 调整税收优惠政策重点

税收政策是政府宏观调控的主要手段，也是中央政府推进西部大开发战略的重要政策之一，西部大开发以来中央政府实施的一系列税收优惠政策，提高了企业的利润率，加快了企业以及西部省区的资本积累，在引导企业投资方向、推动西部特色产业发展、促进地区经济发展、缩小地区经济差距等方面起到了显著的效果。但是总体而言，过去的税收政策和财税分配体系在促进西部大开发中存在诸多问题，与现实的需要相差甚大，必须着重从整体上对税收政策体系进行规划

和设计。在新一轮西部大开发战略的实施过程中，中央政府应进一步加大对西部地区税收优惠政策的倾斜力度，通过更加优惠的税收政策，吸引民间资本和东部地区资金参与西部开发，帮助西部企业加快积累，促进特色优势产业的形成与区域经济发展。

一、制定比东部更优惠的税收政策

长期以来，我国税收优惠主要向东部沿海地区倾斜，不仅建立了经济特区，还有许多沿海、经济开放区、经济技术开发区等，设立在这些区域内的企业在所得税方面享受优惠税率、定期减免税等优惠政策。尽管西部大开发以来，对西部地区也规定有减免企业所得税的优惠，对西部的外商投资企业也给予了种种优惠，但总体来看，给予西部地区的税收优惠政策力度还不够大，基本上是把东部地区现行的优惠政策搬到西部大开发中，只能说是拉平了西部地区与东部地区原有的差距。因此，西部大开发第一阶段的税收优惠政策的执行效果明显不及东部地区，起不到税收政策引导资本流向的作用，大量的民间资本依然倾向于东部发达地区，客观上造成西部地区与东部地区差距的进一步拉大。因此，建议在新一轮西部大开发战略的实施过程中，加大税收优惠力度，制定比东部更优惠的税收政策，可以考虑将企业所得税的优惠税率进一步下调，吸引外部资金进入西部。与此同时，可以效仿改革开放之初东部地区采取的特区政策，在西部地区现有特区数量规模的基础上，在自我发展能力不足的少数民族地区、西部边疆地区、连片特困地区增设若干特区，采取更加优惠的税收政策助推这些地区的经济起飞。

二、调整税收收入分配比例、完善税收优惠方式

2009 年以前，我国实行的是生产型增值税制，在增加财政收入、控制投资规模、防止盲目投资方面发挥了积极的作用。为减轻企业税负、为企业创造更加有利的发展环境，同时也为了扩大内需，自 2009 年 1 月 1 日起，我国已开始在全国实施增值税转型改革，即与国际增值税制接轨，将之前一直实行的生产型增值税转为消费型增值税。这种新的增值税制虽然具有拉动投资、促进内外资企业税负公平的好处，但也存在加剧资源紧张、减少税收收入的负面效应。鉴于西部地区的财政困难，采用消费型增值税会减少西部地区的财政收入，因此建议中央政府对西部地区采用一定的配套措施予以弥补，如增加对西部地区地方的财政补贴、适当调整中央和地方的税收收入分配比例等。另外，西部大开发第一阶段采取的税收优惠政策主要是对一些税种实行免征或低税率优惠方式，这种方式对盈利能力强的大型企业来讲作用明显，但西部地区企业规模整体偏小、企业盈利能力弱，免征或低税率优惠方式的作用不大。因此，下一阶段需要进一步完善税收

优惠方式，可以考虑对于西部地区的企业采取增加费用扣除、加速折旧、延期纳税、投资抵免等优惠形式，增强税收优惠政策运行的实际效果。

三、扩大税收优惠面、延长税收优惠时限

西部地区经济落后，产业基础薄弱，短时期内针对少数产业的税收优惠政策难以真正起到推动西部产业经济起飞的作用。在新一轮西部大开发战略实施过程中，建议对西部的产业实施更宽的税收优惠面，适当调整西部地区鼓励类产业目录，凡是能够体现西部地区特色优势资源的产业、有利于促进优势资源转化的产业都可以考虑进入鼓励类产业目录，并且，将鼓励类产业的"企业主营业务收入必须占企业收入的 70% 以上"的规定适度调整，将这一比例适当降低（如50%），以此来扩大优惠覆盖面，加快西部地区特色优势产业的发展。另外，鉴于西部地区基础薄弱的产业不仅仅局限于第一产业、第二产业，服务业（尤其是现代服务业）发展亦相当滞后，因此，在鼓励类的产业当中，应扩大第三产业的覆盖面，凡是有利于三产整体规模提升的服务行业，也可作为税收优惠对象，制定相应的税收优惠政策。同时，为了使税收优惠政策起到长期激励效果，建议延长税收优惠时限把现行主要税收优惠政策再延长 10～20 年。

四、对资源型产业给予西部地区更大的财税能力空间

在新一轮西部大开发战略实施过程中，在资源型产业的财税分配问题上，课题组建议给予西部地区更大的财税能力空间。从国际上来看，目前许多国家在资源型产业的利润分配上已经向资源地倾斜，如澳大利亚和巴西。西部地区是中国典型的资源型产业区，农产品资源、矿产资源、能源较为丰富，是中国重要的矿产资源生产地，许多地区以资源开采与生产为支柱产业，因此，建议中央制定实施向西部倾斜的税收制度，给予西部地区更大的财税能力空间，通过资源税的地方分成来获得地方收益，减少税源地的税收流失，解决税收与税源背离这一问题，并刺激资源开采业的进一步发展，发挥地方的资源优势，适当提高资源税税率，增加资源产地地方的财政投入。

第四节　承接产业转移，落实差别化产业政策

西部大开发战略实施以来，西部各地均把开发投资重点放在基础设施和生态环境建设等领域，对特色产业的发展没有引起足够的重视，使得西部地区发展缓慢，缺乏长远的产业支撑，与全国、特别是东部地区相比，西部地区产业发展滞

后、产业层次较低的状况还没有得到根本改变，发展中面临不少突出困难和问题。在新一轮西部大开发战略实施过程中，应该将更多的资金、资源投入西部地区产业发展当中，积极的、有选择的承接东、中部地区的产业转移，深入落实中央针对西部地区产业发展所制定实施的差别化的产业政策，推进产业结构调整与升级，不断提升西部地区的自我发展能力。

一、有选择的承接产业转移，促进西部产业升级

产业转移是优化生产力空间布局、形成合理产业分工体系的一条重要途径，也是加快经济转变、调整产业结构的必然要求。20 世纪末以来，我国东部沿海地区产业向中西部地区转移步伐加快，中西部地区发挥资源丰富、要素成本低、市场潜力大的优势，积极承接国内外产业转移，不仅有利于加速中西部地区新型环境发展和经济发展进程，促进区域协调发展，而且有利于推动东部沿海地区经济转型升级，在全国范围内优化产业分工格局。然而，近年来的产业转移实践证明，产业转移也会对承接转移区域产生一定的负面影响，尤其是使承接地区成为污染产业集中地而变成垃圾收容所，从而面临巨大的环境风险，不利于经济社会的可持续发展。针对这种情况，中央政府应建立强有力的政策导向机制，从宏观政策上对东部地区的产业转移进行有序引导，并且对产业转移设置严格的环境准入门槛，哪些产业需要转移，重点转移投向哪些区域，哪些产业不允许向西部转移，都应该有比较明确的政策导向和详细的产业发展规划。对于已经转入西部地区的产业，特别是存在一定的环境污染风险的企业，要进行必要的跟踪监控，对于不符合排污规定的企业予以严格的控制与严厉的处罚。另外，研究出台西部地区承接产业的政策措施，给予更多优惠政策，从财税、金融、产业与投资、土地、商贸等方面明确扶持政策，促进东部地区产业向西部地区有序转移，积极鼓励和引导西部地区根据各自的特点承接产业转移。

二、落实差别化的产业政策

为加快西部地区现代产业体系的建立，西部大开发战略实施以来，中央政府以及西部地区地方政府出台了一系列政策措施，引导西部地区产业结构的调整和特色优势产业的发展。《中共中央、国务院关于深入实施西部大开发战略的若干意见》（中发〔2010〕11 号）明确要求"实行有差别的产业政策，制定西部地区鼓励类产业目录，促进西部地区特色优势产业发展"。2014 年 10 月 1 日，《西部地区鼓励类产业目录》正式实施，目录中鼓励类产业主要包含两部分，一是国家现有产业目录中的鼓励类产业，二是西部地区包括新增鼓励类产业，对西部地区实行有差别的产业政策。设在西部地区的鼓励类产业企业，可以根据《财政

部、海关总署、国家税务总局关于深入实施西部大开发战略有关税收政策问题的通知》（财税〔2011〕58号）《国家税务总局关于深入实施西部大开发战略有关企业所得税问题的公告》（国家税务总局公告2012年第12号）的规定，享受相应税收优惠政策。当前，最重要的工作就是要实实在在的落实这些差别化产业政策，在相关产业项目的审核准入、金融信贷、土地审批等方面，应进一步完善政策、简化程序，提高项目落地的效率，而西部地区则要结合本地区未来发展定位和产业发展方向，做好规划，凝练项目，加大招商引资力度，确保企业能在政策框架下享受最大限度的优惠。

第五节 制定实施更加优惠的农产品加工业扶持政策

一、农产品加工是西部优势资源转化战略的重要组成部分

农产品加工业是农业产业链的延伸和发展，对提高农产品附加值、调整农业产业结构、促进就业、增加农民收入等具有重要意义，往往被称为"1.5次产业"。当前，西部地区农业所占比重依然过高，占GDP比重比东部地区高出6个百分点，结构调整任务艰巨。从另一个角度看，西部地区农产品资源丰富，加快推进农产品加工业的发展是西部地区优势资源转化战略的重要组成部分。西部大开发以来，在国家有关扶持西部地区特色优势产业发展、扶持农产品加工业发展相关政策（如西部地区鼓励类产业目录及相关财税优惠政策、2002年国务院办公厅《关于增进农产品加工业发展的意见》等）的支持下，西部地区农产品加工业得以快速发展，涌现出一批特色优势农产品基地、特色农产品加工龙头企业和特色农产品加工业产业集群。然而，由于西部地区基础薄弱，农业产业化水平不高，时至今日相对完善的产加销产业链仍未形成，缺乏国内外有影响的农产品品牌，农产品资源优势并没有有效转化成市场优势与经济优势。

二、实施更加优惠的西部农产品加工业扶持政策

国家层面应进一步制定实施针对西部地区的更加优惠的农产品加工业扶持政策，西部各省（区、市）要认真研究、凝练项目，推动相关农产品加工业扶持政策的贯彻落实。具体如下：

（1）财政政策方面，增加农产品产地初加工补助资金、农业综合开发资金以及扶贫开发资金，用于推动农产品加工业的发展。

（2）税收政策方面，对于西部地区农产品加工行业的企业，采取更加优惠

的税收政策，可以考虑进一步下调农产品加工企业的增值税税率，免征、减征企业所得税，并提高农业深加工产品的出口退税率。

（3）金融支持政策方面，对于西部地区的农产品加工企业，加大信贷资金支持力度，满足农产品加工企业的资金需求，助推中小型农产品加工企业的发展壮大。

（4）科技支持政策方面，有关农业科技专项资金适度的向西部地区的农产品加工企业倾斜，助推西部地区农产品加工环节的研发与成果转化。

（5）用地与用电优惠政策方面，针对西部地区农产品加工企业采取更加优惠的土地使用与电力使用的政策，对农产品加工（含初加工与深加工）用电履行优惠用电价格，助推农产品加工领域的招商引资。

第六节　制定实施更加有效的生态环境保护政策

一、加快编制实施国家重点生态功能区生态保护与建设规划

建立生态功能保护区，保护区域重要生态功能，对于防止和减轻自然灾害，协调流域及区域生态保护与经济社会发展，保障国家和地方生态安全具有重要意义。《全国主体功能区规划》（2011）公布的 25 个国家重点生态功能区中，有 16 个功能区分布在西部，另有 5 个功能区含若干西部区域，而这 25 个国家重点生态功能区所覆盖的 436 个县级行政区中，有近 300 个分布在西部地区。可以说，西部地区承担了我国保护脆弱生态和资源多样性即保障国家生态安全的重要职责。2012 年 6 月开始，国家林业局负责 25 个重点生态功能区生态保护与建设规划的编制工作，目前已经分别于 2013 年 12 月和 2015 年 1 月通过了两批共 11 个国家重点生态功能区生态保护与建设规划（第一批 5 个，甘南黄河重要水源补给、大别山水土保持、南岭山地森林及生物多样性、秦巴生物多样性、武陵山区生物多样性与水土保持等；第二批 6 个，阿尔泰山地森林草原、三江源草原草甸湿地、桂黔滇喀斯特石漠化防治、三峡库区水土保持、浑善达克沙漠化防治和藏东南高原边缘森林等）。通过规划的编制与实施，可以合理引导当地的产业发展，保护和恢复生态功能，进一步强化生态环境监管。下一阶段的工作：一方面，需要加快其余 14 个重点生态功能区的规划编制工作，尽快落实规划要求；另一方面，在落实规划工作过程中，西部地区要凝练项目，积极争取中央财政对重点生态功能区的转移支付资金。

二、加快立法，建立西部地区生态补偿机制

生态补偿是目前发达国家保护生态环境的有效手段之一，并且以立法形式确立生态补偿的原则、责任主体、标准与方式，特别要明确界定生态环境产权。当前，我国的生态补偿机制还很不完善，最典型的是广大西部资源富集区为东部地区提供了大量廉价的能源和原材料，却付出了环境污染的高代价，而这种牺牲却并没有得到合理的补偿。为此，在新一轮西部大开发战略实施过程中，加强生态环境保护方面的一项重要工作就是要尽快建立起较为完善的生态补偿机制，加大对西部地区地方政府与农牧民的利益与生态环境补偿，保障西部脆弱的生态环境能够切实得到保护。

首先，应综合考虑西部地区生态环境保护的主体所付出的各项成本，科学评估每一个生态环境保护项目（如河流、森林、草场、湖泊、矿山、保护区等）成本，明确成本付出主体以及成本数量。

其次，完善生态补偿机制，加大中央政府对于重点生态功能区的转移支付规模，对于西部地区生态环境的受益者，其应当对西部生态环境保护主体予以一定的补偿，而对于那些因提供西部地区生态服务功能而丧失的自身利益和发展机会的主体，国家应该给予补偿。

最后，为了使西部地区生态补偿制度化、法律化，应加快有关生态补偿的立法工作，明确生态环境产权，使得西部地区生态环境补偿问题有法可依。

三、加强标准研究，分阶段开征生态税

近些年来，不断地有专家呼吁开征生态税，引起社会各界的广泛关注与讨论，多数民众对开征生态税一事持一种抵触与反对的态度，主要原因在于：第一，民众对于生态税的内涵理解不够；第二，长期以来公众承受的"税负"太高了，减轻税费的诉求长期得不到满足[1]；第三，界定范围、制定标准仍存在技术上的难度。然而，从经济学角度来看，对产生正外部性的主体给予补贴，向产生负外部性的主体进行征税，这是庇古税的基本原理。

在实际的经济生活中，由于市场失灵问题的存在，对于因环境污染而造成的外部负效应，必须由政府通过相关的法律法规或财税政策来予以纠正。而政府通常采用的手段有：设定排放标准、征收生态税（环境保护税）和发放可转让排放许可证，其中，征收生态税以其简单、易行而被发达国家广泛采用，已成为环境保护最有效和通用的做法。近年来，随着国内区际产业转移步伐的加快，大量

---

① 高税负下开征生态税不合时宜. 搜狐财经，http://business.sohu.com/20081120/n260752521.shtml，2008 – 11 – 20.

"两高一资"产业（企业）项目西迁，伴随着的是污染的西迁，给西部地区乃至全国生态环境造成了巨大的风险，但是目前还没有一种十分有效的办法治理这种情况的发生。课题组认为，无论是从我国当前的国情出发，还是借鉴发达国家的先进经验，适时开征生态税是一个十分必要的手段。就当前的情况来看，必须加强有关生态税征收对象范围界定、课税方式、课税标准等方面的研究，有计划的分阶段开征生态税。

第七节　加快市场化进程、扩大对外开放政策

当前，经济社会开放度不高是制约西部地区发展的重要因素，一方面，从对内开放来看，西部地区市场化改革进程相对滞后，市场经济发育不健全，市场机制在西部地区还没有成为资源配置的基础性方式，区域市场分割还较为明显，生产要素流动受到诸多制约；另一方面，从对外开放来看，制约西部地区进一步发展的主要障碍之一在于西部地区的对外开放度不高，进出口贸易发展滞后，外向型经济仍处于初级发展阶段，以 2012 年为例，西部十二省进出口贸易总额 2300 多亿美元，仅相当于广东省的 1/4。因此，在新一轮西部大开发战略实施过程中，加快市场化进程、扩大对外开放是西部广大省区面临的重要战略任务。

一、扩大民间资本与外资的投资领域

西部大开发是一项长期战略，单靠政府财政性投资难以满足巨大的资金需求，必须吸引民间资本和国外资本参与其中，一方面可以弥补资金缺口，另一方面有利于推进市场化改革。长期以来，电力、水利设施、铁路、港口、卫生、医疗以及城乡基础设施建设等领域，以及银行、证券、电信等第三产业，民间资本持有者虽然具有强烈的投资愿望，但由于体制机制的原因，政府垄断尚未完全打破，民间资本很难进入。目前，对于国内民间资本来讲，应着力打破部分行业垄断，取消对民间资本的准入限制，允许民间投资进入这些领域有所作为，推动西部地区的市场化改革进程，实现更大范围内的资源优化。对于外资来讲，西部地区扩大对外开放首先要扩大外商投资的准入范围，鼓励外商投资于西部地区的农业、水利、生态、交通、能源、市政、环保、矿产等基础设施建设和资源开发，允许外商在西部地区依照有关规定投资电信、保险、旅游业，兴办会计师、律师、工程设计等已承诺开放领域的中外合资企业。要加强西部地区的引资平台建设，加强西部地区经济技术开发区、工业园区、物流园区等各类园区的软、硬件建设，改善外商投资的环境。

二、抓住机遇，大力发展对外经济贸易

国家提出建设"新丝绸之路经济带"和"21世纪海上丝绸之路"的战略构想已一年多，目前，亚投行开张在即、丝路基金积极筹建，中哈、中巴签署系列合作协议，新疆启动先行项目，均表明"丝带"战略正从"务虚"向"务实"阶段迈进，西部地区迎来了难得的发展机遇。西部地区各省（区、市）应紧紧抓住这个难得的历史机遇，加快向西开放步伐，大力发展对外经济贸易，要运用区位优势大力发展边境贸易。进一步扩大西部地区的生产型企业经营对外贸易的自主权，采取措施鼓励西部省区发展特色优势产品加工与出口，从西部各个省区的实际出发，有针对性地制定发展出口优势产业、扩大出口的战略和对策。在西部地区在发展对外贸易的过程中，要重视产业结构优化与升级，大力发展资源性产品的深加工和精加工，提高出口商品的质量和附加值。以现有工程项目设计、建设单位为基础，着力培育一批具有国际竞争能力的对外承包工程企业，积极承接境外工程项目承包和劳务合作业务。

第八节 做好顶层设计，形成"丝带"
共建省区协调发展机制

一、"丝绸之路经济带"建设是升级版的西部大开发

习近平主席关于共建"丝绸之路经济带"战略构想的提出，引起了沿带各国（地区）的广泛共鸣，党的十八届三中全会明确提出"推进丝绸之路经济带（以下简称丝带）、海上丝绸之路建设，形成全方位开放新格局"，使"丝带"建设上升到国家战略层面，为新一轮西部大开发注入了新的活力，被誉为升级版的西部大开发。西部各省区积极响应，从本地区的区位、资源、历史基础、特色优势等方面出发，纷纷开始布局并确立本省区在"丝带"建设中的定位与发展战略，以期分享政策红利，如陕西的"丝带新起点"、宁夏的"丝带战略支点"、青海的"丝带绿色通道、战略基地、重要节点"、甘肃的"丝带黄金段"以及新疆的"丝带核心区"等。各省区的积极行动，对于推动"丝带"建设与区域经济发展具有积极的意义。

二、做好顶层设计，形成协调发展机制

"丝绸之路经济带"首先是一个"带"的概念，西部沿带省区作为我国的欠

发达地区经济发展滞后，即所谓"整体塌陷"，应作为一个整体共同参与"丝带"建设，区域合作是发展的关键，避免"单打独斗、各自为战"。鉴于目前西部各省的战略定位与规划，项目组建议应做好顶层设计，形成"丝带"共建省区协调发展机制，制定统一协调发展政策，共同推进区域经济发展。

（1）从国家层面成立类似于"西部地区开发领导小组办公室"的组织协调机构，制定"丝带"整体发展规划。

（2）从西部区域层面，成立西部地区具体领域共同的战略研究机构以及政策制定与实施机构，围绕特色产业发展、基础设施建设、生态环境保护、文化交流合作等具体领域，研究、制定、实施西部大区域发展规划、政策，作为未来西部地区参与经济带建设具体领域的行动纲领。如制定共同的产业发展政策，加强省际间政策协调和产业发展统筹协调，确定各个节点省（区、市）的产业定位和功能布局，避免重复建设以及同质化竞争。

（3）从各省区角度成立专门的"丝带"建设组织机构，一方面，对接国家层面、西部层面以及其他省区的"丝带"组织协调机构，形成有效沟通机制；另一方面，作为本省区的组织领导机构，协调省内各地区丝带建设行动。

第九节　着力改善民生，健全基本公共服务均等化政策

西部地区是"老、少、边、穷"困难最集中的地区，交通、通信、医疗卫生、文化、自来水、垃圾处理等公共服务设施落后，公共服务供给水平较低，离中央的要求仍有较大差距。在新一轮西部大开发的总体目标中，提出要使"人民生活水平上台阶，提升基本公共服务能力，逐步实现均等化"，这就要求西部开发新的阶段要进一步健全基本公共服务均等化政策。

一、加大对西部地区基本公共服务的转移支付力度

实现西部地区公共服务的均等化意味着西部地区享受的公共服务水平应该跟东部地区大致相同。西部地区基本公共服务基础设施相对落后，决定了短时期内难以实现服务均等化。而完善基础设施、提升公共服务能力，就必须加大对西部地区人民生活服务基础设施的投入力度。但目前西部地区地方财政困难，难以提供充足的资金用于居民基本公共服务设施的建设，这要求在新一轮西部大开发中，随着国家经济实力的增强而逐步提高西部地区的转移支付系数和占全国总额的比例，逐步缩小西部地区地方标准财政收支缺口，同时增加对西部地区公共服

务均等化及社会事业发展的投资比例，用于教育、医疗、社保、扶贫开发等方面的专项转移支付重点向西部地区倾斜。

二、加大教育、卫生、社会保障等领域的经费投入

在教育方面，增加教育经费投入，多渠道筹措西部地区教育专款，继续实施"农村寄宿制学校建设工程"，适当提高农村寄宿生生活保障标准，改善中小学办学条件，探索建立教育扶贫实验区，进行教育移民试点等。在卫生方面，逐步提高新型农村合作医疗和城镇居民基本医疗保险的筹资水平及政府补助标准，继续加快农村三级卫生服务网络和城市社区卫生服务体系建设，提高突发公共卫生事件防控和应急能力，完善城乡医疗救助制度，集中解决地方病多发问题。在社会保障方面，建立健全以社会保险、社会救助、社会福利为基础，以基本养老、基本医疗、最低生活保障制度为重点、以慈善事业、商业保险为补充的社会保障体系，完善城乡居民社会保障体系，提高最低生活保障标准，加快建设新型农村社会养老保险制度，实现全覆盖。加大保障性安居工程和农牧民定居工程实施力度。

三、重点加强西部集中连片特困地区的公共服务均等化

集中连片特殊困难地区基本属于"老、少、边、山、穷"，是我国全面建设小康社会的最困难区域，扶贫开发任务异常艰巨。在国家划定的 14 个集中连片特困地区当中，有 7 个位于西部地区，有两个位于中部—西部地区，还有 1 个位于东部—西部地区，可以说，西部地区集中了大部分的连片特困地区。这些地区是实现中央要求的基本公共服务均等化最困难的地区，在新一轮西部大开发战略实施过程中，应对这些地区实现特殊的扶贫政策，重点加强该地区的公共服务均等化。基础设施建设和社会事业重点应逐步转向集中连片特殊困难地区，加大扶贫开发力度，把教育移民、生态移民与扶贫脱困有机结合起来，从而显著提升集中连片特殊困难地区人民的生活综合质量和基本公共服务水平，使其接近或达到全国平均水平。

第十节 完善协调机制，创新实施注重实效的对口支援政策

对口支援西藏、对口支援汶川、对口支援新疆等一系列对口支援政策的实施，为加速落后地区发展、灾区重建注入了强大的动力，可以说，对口支援是中

央做出的一项英明决策，是在中国特色社会主义制度的条件下做出的一种安排，也是一种创举。在欠发达地区发展、灾区恢复重建中发挥了特殊重要的作用。在新一轮西部大开发战略实施过程中，要继续做好对口支援工作，完善支援方、受援方之间的协调机制，创新实施注重实效的对口支援政策。

一、建立健全协调机构，完善协调机制

现实当中，现行对口支援政策涉及的支受双方行政单位众多，如 2010 年启动的新一轮对口援疆，涉及东、中部的 19 个省市和新疆 12 个地（州）市的 82 个县（市）以及新疆生产建设兵团的 12 个师等多个不同地域、不同级别的行政单位，这种援助机制在协调上往往存在一定的困难，存在支援省市以完成援助任务为目标、在规划编制与项目实施中存在各自为政的问题，各方行动与受援方经济社会发展规划难以有效统一，受援地社会资源不能有效整合。因此，建议建立健全协调机构，完善协调机制，通过逐步完善专门的协调机构及稳定的协调机制（如定期的联席会议），统筹协调各支援方的行动，避免重复建设、资源浪费和短期行为。

二、加大职业培训，注重人力资源开发

当前，西部欠发达省区自我发展能力不足的一个重要原因在于人口素质偏低，就业人员的职业技能相对较弱。为此，在对口支援工作实施过程中，双方应注重受援方人力资源开发，加大各级各类职业培训力度。首先，双方应就人力资源开发制定明确的规划，对于培训对象、培训时间、批次、方式、资金来源等问题，做好前期规划；其次，要加大受援地区各种职业技能培训，增大培训面，为当地培训不同层级、不同类别的农民技术人才，围绕受援省区的特色优势产业发展，为受援地区培养产业发展所需人才；最后，多渠道筹集资金，为人才支援提供经费保障。

三、推进产业支援，提升受援地区自我发展能力

对口支援的最直接目的一般是灾后家园重建、民生改善，但提高欠发达省区的经济发展水平、帮助欠发达地区加快发展应该是最终目的。从对口支援的现实来看，以家园重建、民生改善为目的的民生基础设施建设相对比较容易，短时期内加大资金投入、加快基础设施建设速度就可以达到目的，如自从 2010 年新一轮 19 个省市对口支援新疆启动以来，以民生改善为首要目标，通过近 5 年的援疆建设，民生方面已经取得了巨大的进展。然而，从长远来看，加快提升受援地区的自我发展能力，实现其经济社会的快速、可持续发展应该是长期而艰巨的任

务。为此，在新一轮西部大开发战略实施过程中，对口支援工作应以夯实受援地区的产业基础、提升其自我发展能力为着力点。首先，受支双方要加强调研，了解受援地区产业发展的实际需要，提高援助项目规划设计的科学性和实用性；其次，结合援助项目的实际特点，合理安排项目实施规划，严格控制项目预算，杜绝出现"半拉子"工程；最后，创新援助项目资金管理机制，充分发挥资金的运作效率，确保权力行使安全、资金运用安全、项目建设安全和干部成长安全，确保援助项目的顺利实施和资金的安全使用。

参考文献

［1］白津生．西部大开发中的政策性金融支持研究［J］．甘肃社会科学，2009（2）：52-55．

［2］白永秀，赵伟伟．新一轮西部大开发的背景、特点及其措施［J］．经济体制改革，2010（5）：134-137．

［3］白永秀．西部大开发五年来的历史回顾与前瞻［J］．西北大学学报（哲学社会科学版），2005（1）：5-13．

［4］毕涛，吴彦．西部大开发战略政策实施效果实证研究——以新疆维吾尔自治区为例［J］．新疆财经大学学报，2007（4）：39-42．

［5］毕玉中．加大新疆向西开放力度，构建新型对外开放格局——住疆全国人大代表建议［N］．兵团日报，2013-3-14．

［6］财政部预算司．十年回眸中央财政助力西部发展［J］．中国财政，2010（8）：15-17．

［7］陈聪．技术进步对新疆就业的影响研究［D］．新疆财经大学博士学位论文，2009．

［8］陈黛斐，韩霖．西部大开发税收政策实施以来的效应、问题及前景——对贵州省若干企业的调查［J］．税务研究，2006（10）：47-51．

［9］陈登．我国公共政策绩效评价机制研究［D］．华南理工大学博士学位论文，2013．

［10］陈栋生．中国西部大开发10年回顾与前瞻［J］．云南财经大学学报，2010（1）：3-8．

［11］陈瑞莲，谢宝剑．回顾与前瞻：改革开放30年中国主要区域政策［J］．政治学研究，2009（1）：61-68．

［12］程广斌，任严岩，程楠等．西部地区自我发展能力——内容解构、评价模型与综合测评［J］．工业技术经济，2014（1）：123-129．

［13］程广斌，王永静．丝绸之路经济带：西部开发的新机遇［J］．宏观经济管理，2014（4）：62-63+68．

［14］程广斌，王永静．新疆在新一轮西部大开发中的地位与作用［J］．科

技经济市场，2013（10）：67–69.

［15］程瑜，李瑞娥．西部大开发：制度背反与哲思［J］．财贸研究，2013（3）：28–37.

［16］丁任重．西部大开发与区域经济协调发展问题研究［M］．成都：西南财经大学出版社，2007.

［17］丁任重．西部经济发展与资源承载力研究［M］．北京：人民出版社，2005.

［18］段晓红．从西部大开发的实践反思民族地区财税政策［J］．西南民族大学学报（人文社科版），2008（7）：142–146.

［19］范柏乃，龙海波，王光华．西部大开发政策绩效评估与调整策略研究［M］．杭州：浙江大学出版社，2011.

［20］方爱平，李虹．基于DEA模型的西部区域科技投入产出效率分析——以西部大开发12个省、市、自治区为例［J］．科技进步与对策，2013（15）：52–56.

［21］冯瑾．张春贤：希望继续支持新疆对外开放和大通道建设［N］．新疆日报，2013–7–18.

［22］符太增．中国西部大开发的财政经济政策［M］．北京：经济科学出版社，2005.

［23］傅桃生．实施西部大开发的战略思考［M］．北京：中国水利水电出版社，2000.

［24］淦未宇，徐细雄，易娟．我国西部大开发战略实施效果的阶段性评价与改进对策［J］．经济地理，2011（1）：40–46.

［25］高长武．西部大开发战略的酝酿与决策实施［J］．中共党史研究，2011（3）：26–36.

［26］高鸿业，刘文忻等．西方经济学（宏微观部分）［M］．北京：中国人民大学出版社，2004.

［27］龚一萍．经济增长与制度分析［J］．华东经济管理，2006（7）：37–41.

［28］顾六宝．西部大开发中"贫困陷阱"问题的经济计量模型及实证研究［M］．北京：人民出版社，2009.

［29］郭晋晖．中央财政转移支付超4万亿元，西部人均财力接近东部［N］．第一财经日报，2012–3–19.

［30］郭树森．论西部大开发的必要性——赴新疆、四川、重庆采风的体会［J］．江西社会科学，2000（9）：7–9.

[31] 国家发展改革委员会. 西部大开发"十二五"规划. 2012.

[32] 国家发展和改革委员会. 2011 年国家西部开发报告 [M]. 杭州：浙江大学出版社，2011.

[33] 国家统计局人口和就业统计司. 中国人口和就业统计年鉴 [Z]. 北京：中国统计出版社，2007 – 2013.

[34] 国务院西部地区开发领导小组办公室. 实施西部大开发总体规划和政策措施 [M]. 北京：中国计划出版社，2002.

[35] 韩保江. 新一轮西部大开发政策的调整与创新 [J]. 国家行政学院学报，2010（6）：79 – 83.

[36] 何德旭，姚战琪. 政策性金融与西部大开发 [J]. 金融研究，2005（6）：17 – 32.

[37] 何家理. 西部大开发战略与退耕还林政策走势分析 [J]. 理论月刊，2005（7）：179 – 181.

[38] 胡运权. 运筹学教程 [M]. 北京：清华大学出版社，2003.

[39] 黄健英. 西部大开发的背景分析 [J]. 中央民族大学学报，2000（3）：14 – 19.

[40] 吉新峰，安树伟. 西部大开发以来我国西部地区经济格局变动研究 [J]. 西南大学学报（社会科学版），2010（1）：121 – 126.

[41] 江世银. 继续推进西部大开发的各种政策主张及方案设计 [J]. 贵州财经学院学报，2006（6）：68 – 74.

[42] 江世银. 继续推进西部大开发战略的产业政策 [J]. 理论与改革，2006（4）：151 – 153.

[43] 江世银. 西部大开发新选择——从政策倾斜到战略性产业结构布局 [M]. 北京：中国人民大学出版社，2007.

[44] 蒋飞海，吴平. 西部大开发财税优惠政策效应与未来取向 [J]. 重庆社会科学，2010（9）：76 – 81.

[45] 金海年. 制度影响经济增长的分析框架 [D]. 中共中央党校博士学位论文，2013.

[46] 蓝常高. 西部大开发税收政策的回顾与展望 [J]. 经济研究参考，2011（11）：35 – 37 + 76.

[47] 黎诣远. 经济数学基础 [M]. 北京：高等教育出版社，1998.

[48] 李道湘，魏晓东，沈桂萍. 西部大开发与西部社会发展问题研究 [M]. 北京：中央民族大学出版社，2008.

[49] 李国平，彭思奇，曾先峰等. 中国西部大开发战略经济效应评价——

基于经济增长质量的视角〔J〕.当代经济科学,2011(4):1－10＋124.

〔50〕李含琳.西部大开发战略的经验总结与实践反思〔J〕.甘肃理论学刊,2010(3):5－8.

〔51〕李京文,郑友敬,杨树庄,龚飞鸿.中国经济增长分析〔J〕.中国社会科学,1992(1):15－36.

〔52〕李靖宇,王文凭.继续实施西部大开发战略的现实论证——西部大开发战略实施十年的成效、问题与对策〔J〕.重庆工商大学学报(西部论坛),2009(5):32－42.

〔53〕李平安,王同经.中国西部大开发对策比较研究〔M〕.西安:陕西人民教育出版社,2003.

〔54〕李硕.民间资本白皮书:关于西部大开发的战略思考〔M〕.哈尔滨:黑龙江科学技术出版社,2011.

〔55〕李万明,吴奇峰,王能.西部开发政策效率评价与反思〔J〕.开发研究,2014(2):1－5.

〔56〕李香菊.西部大开发10年来税收政策分析与前瞻〔J〕.税务研究,2010(2):21－25.

〔57〕李小华.西部大开发的地缘政治意义〔J〕.中国社会科学院研究生院学报,2002(S1):10－11.

〔58〕李子奈,潘文卿.计量经济学〔M〕.北京:高等教育出版社,2005.

〔59〕林建华,任保平.西部大开发战略10年绩效评价:1999～2008〔J〕.开发研究,2009(1):48－52.

〔60〕林靖.西部大开发战略推进中民营经济发展问题研究〔D〕.辽宁师范大学博士学位论文,2013.

〔61〕林颖.西部大开发税收优惠政策的绩效分析〔J〕.税务研究,2012(11):90－93.

〔62〕刘军,邱长溶.西部大开发税收优惠政策实施效果评估〔J〕.当代经济科学,2006(4):64－71＋126.

〔63〕刘京伟.西部大开发中的贵州发展问题研究〔M〕.北京:中国农业出版社,2010.

〔64〕刘克非,李志翠,徐波.西部大开发成效与中国区域经济收敛性——基于横截面数据和面板数据的综合考察〔J〕.云南财经大学学报,2013(5):59－65.

〔65〕刘丽娜,李海鹏,谢冰.我国政府绩效评价研究的元分析:2006～2010〔J〕.科技管理研究,2011(20):68－72.

[66] 刘乃全，贾彦利．国外区域政策有效性评价研究 [J]．当代经济管理，2006（4）：65－68＋98．

[67] 刘生龙，王亚华，胡鞍钢．西部大开发成效与中国区域经济收敛 [J]．经济研究，2009（9）：94－105．

[68] 刘望秋．保护新疆生态环境，建设生态文明 [J]．兵团党校学报，2008（3）：30－31．

[69] 刘卫东，刘毅，秦玉才等．2009年中国区域发展报告：西部开发的走向 [M]．北京：商务出版社，2010．

[70] 刘以雷．西部大开发与新疆跨越式发展 [M]．北京：社会科学文献出版社，2011．

[71] 刘忠，牛文涛，廖冰玲．我国"西部大开发战略"研究综述及反思 [J]．经济学动态，2012（6）：77－84．

[72] 楼海鹏．区域经济政策评价研究 [D]．浙江大学博士学位论文，2007．

[73] 陆张维，徐丽华，吴次芳等．西部大开发战略对于中国区域均衡发展的绩效评价 [J]．自然资源学报，2013（3）：361－371．

[74] 马凯．2007年国家西部开发报告 [M]．北京：中国水利水电出版社，2007．

[75] 麦勇，贾彦利．国外区域政策有效性评价综述 [J]．工业技术经济，2006（6）：2－3＋12．

[76] 纳麒，董棣．关于完善"西部大开发"政策的若干思考 [J]．云南社会科学，2005（4）：44－48．

[77] 倪志凌，谢金静．产业转移背景下对西部大开发的反思——基于生态环境的视角 [J]．科学经济社会，2008（3）：14－17．

[78] 牛天喜．邓小平区域经济思想与西部大开发战略的实施及其意义 [J]．陕西师范大学学报（哲学社会科学版），2004（S2）：40－42．

[79] 努尔夏提．资源诅咒、真实储蓄率与新疆能源产业发展 [D]．华中科技大学博士学位论文，2010．

[80] 庞智强．西部大开发战略：效果反思与政策建议 [J]．兰州商学院学报，2007（3）：45－54．

[81] 彭晖，张丽淑．西部大开发战略实施效果综合评价 [J]．科技进步与对策，2009（10）：46－50．

[82] 秦敬云，陈甫军．我国经济增长率长期演变趋势研究与预测——基于2000～2010年国内省域面板数据的分析与预测 [J]．经济学动态，2011（11）：

18 - 24.

[83] 盛广耀. 新一轮西部大开发的战略思考 [J]. 贵州社会科学, 2011 (12): 84 - 88.

[84] 石磊, 寇宗来. 经济增长与制度创新的不可分性及其联合生产模型——对经济长波的进一步解释 [J]. 上海经济研究, 1999 (3): 18 - 22.

[85] 宋媛, 马骁. 以完善的财政转移支付制度推进西部大开发战略实施 [J]. 中央财经大学学报, 2010 (6): 13 - 17.

[86] 苏明. 实施西部大开发战略的财政政策定位与建议 [J]. 财政研究, 2012 (10): 26 - 33.

[87] 孙海鸣, 赵晓雷. 2008 年中国区域经济发展报告: 西部大开发区域政策效应评估 [M]. 上海: 上海财经大学出版社, 2008.

[88] 孙天琦. 西部大开发中的货币政策与财政政策配合 [J]. 中国金融, 2011 (12): 85 - 86.

[89] 谭刚. 西部大开发战略对四川省经济增长影响研究 [D]. 西南财经大学博士学位论文, 2013.

[90] 潭江蓉, 白志礼. 西部大开发对外开放政策实施效果评价 [J]. 开发研究, 2006 (3): 74 - 76.

[91] 陶晓燕, 朱九龙, 王世军. 论西部大开发中的生态环境保护与可持续发展 [J]. 河海大学学报 (哲学社会科学版), 2005 (1): 39 - 41 + 93 - 94.

[92] 田双全, 黄应绘. 从城乡居民收入差距看西部大开发的实施效果 [J]. 经济问题探索, 2010 (9): 20 - 25.

[93] 田运康. 西部大开发的国际意义 [J]. 青海社会科学, 2002 (2): 44 - 49.

[94] 万伟力. 论西部大开发决策的依据及重大战略意义 [J]. 青海社会科学, 2000 (5): 40 - 44.

[95] 王佳谊. 完善中央财政对西部欠发达省份转移支付的政策建议 [J]. 甘肃科技, 2013 (9): 7 - 10.

[96] 王金照. 构建现代产业体系; 新一轮西部大开发的重中之重 [J]. 资源环境与发展, 2013 (4): 28 - 31.

[97] 王君萍, 王维华. 西部大开发: 政策失缺与长效政策的确立 [J]. 开发研究, 2005 (6): 26 - 29.

[98] 王洛林, 魏后凯. 中国西部大开发战略 [M]. 北京: 北京出版社, 2002.

[99] 王燃. 西部大开发的大背景 [J]. 青海社会科学, 2001 (3):

45 - 48.

[100] 王永静，程广斌．玛纳斯河流域生态环境建设问题分析［J］．生态经济，2013（5）：171 - 174.

[101] 王永静，程广斌．新疆生态环境建设问题探讨［J］．宏观经济管理，2012（10）：77 - 78.

[102] 魏后凯，孙承平．我国西部大开发战略实施效果评价［J］．开发研究，2004（3）：21 - 25.

[103] 魏后凯，袁晓勐．我国西部大开发税收政策评价及调整方向［J］．税务研究，2010（2）：3 - 8.

[104] 温宏君．西部大开发以来呼和浩特市发展中的环境污染问题研究［D］．内蒙古师范大学博士学位论文，2013.

[105] 温来成．深化西部大开发税收政策改革的思考［J］．税务研究，2010（2）：9 - 12.

[106] 温来成．西部大开发与财政制度安排［M］．北京：中国财政经济出版社，2005.

[107] 吴垠．西部大开发的战略新维度［J］．资源环境与发展，2013（3）：36 - 37.

[108] 肖育才．西部大开发税收优惠政策评价及未来取向［J］．财经科学，2012（3）：85 - 92.

[109] 新疆财政年鉴编辑委员会．新疆财政年鉴［Z］．北京：中国财政经济出版社，1999 - 2013.

[110] 新疆维吾尔自治区统计局．新疆统计年鉴［Z］．北京：中国统计出版社，1999 - 2013.

[111] 新疆自治区党委组织部人才办综合处．新疆维吾尔自治区中长期人才发展规划纲要（2010～2020 年）［R］．2011.

[112] 许文．西部大开发的税收优惠政策问题研究［J］．税务研究，2010（2）：31 - 34.

[113] 闫龙飞，张天舒．西部大开发税收优惠政策实施效果的实证分析［J］．税务研究，2010（2）：38 - 41.

[114] 闫泽滢．未来 10 年西部大开发税收政策取向［J］．税务研究，2010（2）：42 - 43.

[115] 颜鹏飞，王兵．技术效率、技术进步与生产率增长：基于 DEA 的实证分析［J］．经济研究，2004（12）：55 - 65.

[116] 杨华，周杰．加大对西部地区的中央财政转移支付力度——瞿丽雅在

全国政协十一届四次会议上建议［N］．贵州政协报，2011－3－9．

［117］杨立生．拓展西部大开发的直接融资渠道［J］．经济问题探索，2005（3）：119－121．

［118］杨丽媪．"污染西迁"：西部大开发新难题［J］．生态经济，2007（5）：14－17．

［119］姚慧琴，任宗哲等．中国西部经济发展报告（2009）［M］．北京：社会科学文献出版社，2009．

［120］叶金生．西部大开发与东中西部发展关系研究［M］．武汉：武汉出版社，2006．

［121］易宏军．对实施西部大开发战略问题的再认识［J］．陕西师范大学学报（哲学社会科学版），2006（S2）：332－334．

［122］殷孟波．西部大开发资金渠道问题研究［M］．北京：中国金融出版社，2006．

［123］于海峰，赵丽萍．西部大开发税收优惠政策的效应分析及对策［J］．税务研究，2010（2）：26－30．

［124］于今．中国西部大开发的经验、教训与展望［J］．国家智库，2011（6）：91－101．

［125］余小江，贺新元．论党的三代领导集体关于民族地区经济发展战略的演进——兼论"西部大开发"战略提出的历史背景［J］．西南师范大学学报（人文社会科学版），2002（2）：43－46．

［126］余永跃．西部大开发制度创新的特征分析［J］．理论月刊，2005（5）：31－32．

［127］袁庆明．新制度经济学［M］．北京：中国发展出版社，2005．

［128］岳利萍，白永秀．从东西部地区差距评价西部大开发战略实施绩效——基于主成分分析法的视角［J］．科研管理，2008（5）：84－88＋92．

［129］曾长秋，朱林生．论西部大开发中的市场缺陷及其有效协调［J］．探索，2005（2）：144－147．

［130］曾培炎．西部大开发决策回顾［M］．北京：中国党史出版社，新华出版社，2010．

［131］张波，李敬．西部大开发税收优惠政策的实施与调整：重庆证据［J］．改革，2009（12）：62－66．

［132］张杰．国家的意愿、能力与区域发展政策选择——兼论西部大开发的背景及其中的政治经济学［J］．经济研究，2001（3）：69－74．

［133］张岚．西部民众对西部大开发的认同差异研究［D］．兰州大学博士

学位论文，2014.

　　[134] 张玲玲．西部大开发的金融支持 [J]．天府新论，2007（S2）：93－94.

　　[135] 张梦中，马克·霍．定性研究方法总论 [J]．中国行政管理，2001（11）：39－42.

　　[136] 张守成．浅议西部大开发中地方政府职能转换 [J]．青海社会科学，2005（3）：55－58.

　　[137] 张文合．我国区域政策评价与展望 [J]．社会科学研究，1991（2）：29－32.

　　[138] 赵恒．西部大开发税收优惠政策实施效果评析 [J]．税务研究，2006（12）：44－49.

　　[139] 赵茂林．论西部大开发中的生态环境保护和建设 [J]．生态经济，2006（1）：59－62.

　　[140] 赵曦，严红，成卓．深入推进西部大开发战略的制度与机制设计 [J]．天府新论，2012（2）：64－70.

　　[141] 赵曦．中国西部大开发战略前沿研究报告 [M]．成都：西南财经大学出版社，2010.

　　[142] 中国财政年鉴编辑委员会．中国财政年鉴 [Z]．北京：中国财政杂志社，1999－2013.

　　[143] 中国行政管理学会课题组．政府公共政策绩效评估研究 [J]．中国行政管理，2013（3）：20－23.

　　[144] 中华人民共和国交通部．中国交通统计年鉴 [Z]．北京：中国交通年鉴社，2010－2013.

　　[145] 中华人民共和国水利部．中国水利统计年鉴 [Z]．北京：中国水利水电出版社，2010－2013.

　　[146] 中央党校经济研究中心课题组．西部大开发的经济学思考 [J]．经济研究，2000（6）：33－40.

　　[147] 周端明，朱芸羲，王春婷．西部大开发、区域趋同与经济政策选择 [J]．当代经济研究，2014（5）：30－36.

　　[148] 周谷平．中国西部大开发发展报告（2012）[M]．北京：中国人民大学出版社，2012.

　　[149] 周民良，祝丹涛，李秀芹．西部大开发：背景、重点及政策选择 [J]．经济学家，2000（4）：39－44.

　　[150] 周知．基于 DEA 的国家重大区域规划政策效率评价 [D]．大连理工

大学博士学位论文，2013.

　　［151］朱承亮，岳宏志，李婷．基于 TFP 视角的西部大开发战略实施绩效评价［J］．科学学研究，2009（11）：1662 – 1667.

　　［152］朱明熙，周小林等．政府作用新探：西部大开发中的政府职能与财政金融支持［M］．北京：中国财政经济出版社，2005.

　　［153］朱正威，蔡艳芝．中国西部大开发 10 年研究论文集［C］．西安：西安交通大学出版社，2008.